知识积累与自主创新：企业内生性成长规律研究

张　军　著

国家自然科学基金面上项目：

组织二元性视角下企业创新能力提升机理研究——基于演化逻辑与认知逻辑整合的框架（编号：71472003）

关系不对称条件下企业吸纳用户参与创新的动机建构、组织过程与后果研究（编号：71972003）

安徽省自然科学基金面上项目：

价值共创视角下用户参与提升企业创新能力的机理研究（编号：2008085MG236）

科学出版社

北　京

内 容 简 介

本书从知识积累的视角探索企业自主创新能力构建机制，进而探索企业内生性成长规律。采用多种研究方法、多源数据，从不同视角对知识积累提升企业自主创新能力的内在机理进而促进企业成长的规律进行系统性探索，提出企业自主创新的能力冰山理论，识别出知识积累促进企业自主创新能力提升过程中的时间滞延与临界规模效应特征，揭示出不同知识积累模式在提升企业自主创新能力中的互补效应与组合效应，及其促进企业成长的不同路径。

本书适合经济学、管理学领域内专业人士阅读，特别是创新管理领域的高校师生、研究者以及企业管理者阅读。

图书在版编目（CIP）数据

知识积累与自主创新：企业内生性成长规律研究／张军著. —北京：科学出版社，2021.8

ISBN 978-7-03-065826-5

Ⅰ. ①知…　Ⅱ. ①张…　Ⅲ. ①企业成长–研究　Ⅳ. ①F271

中国版本图书馆 CIP 数据核字（2020）第 145619 号

责任编辑：魏如萍／责任校对：贾娜娜

责任印制：张　伟／封面设计：有道设计

科学出版社出版

北京东黄城根北街 16 号

邮政编码：100717

http://www.sciencep.com

北京建宏印刷有限公司 印刷

科学出版社发行　各地新华书店经销

*

2021 年 8 月第　一　版　开本：720 × 1000　B5

2022 年 8 月第三次印刷　印张：13 3/4

字数：278000

定价：125.00 元

（如有印装质量问题，我社负责调换）

作 者 简 介

张军，管理学博士、教授、博士生导师。安徽工业大学学术委员会委员、学科建设与科学研究专门委员会副主任委员。

毕业于浙江大学管理学院，师从“中国创新管理之父”许庆瑞院士，主要从事创新、战略与企业竞争力研究。在《科研管理》《科学学研究》《中国管理科学》《管理工程学报》等重要期刊发表学术论文50余篇、专著3部、教材1部，参与撰写英文学术专著1部。论文多次被《新华文摘》、中国人民大学书报资料中心、中国社会科学网全文转载。

近5年主持国家自然科学基金面上项目2项（结题一项，后评价获“优秀”；在研一项）、安徽省自然科学基金面上项目2项、安徽省科学技术厅重大专项课题1项、安徽省经济和信息化厅委托课题1项、省级智库子课题2项、安徽省高校优秀青年骨干人才国内外访学研修项目1项。此外，承担企业咨询课题、政府委托咨询课题多项。作为核心成员，共参与国际重大、国家社会科学重大、国家自然科学、国家社会科学重点、工程院及其他省部级项目约30项。

序　言

随着数字化与智能化社会的来临，数据已经成为一种独特的知识要素，并基于互联网、大数据、区块链以及人工智能等新兴技术的广泛运用渗透到各行各业，已然成为区别于传统劳动、资本与土地等要素的重要的新型生产要素。对企业而言，亟须利用数字化技术来推动业务增长，这就使得很多企业开始数字化转型。在转型过程中，企业的数字信息技术逐渐完善，依靠数据驱动的知识管理业务越来越多，为充分利用组织内现有信息和组织外的专业知识，知识管理在现代数字化信息社会扮演着越来越重要的角色。实际上，知识管理的实践在 20 世纪 90 年代后逐步成为众多创新型企业的重要管理实践内容，在我国，华为、腾讯、阿里巴巴、中车集团等行业领军企业已开展了多年的知识管理工作，但不少企业的知识管理体系仍不完善，对于知识的本质认识不到位，缺乏对知识这一重要生产要素的有效管理，难以将组织内外知识有效地转化为企业的自主创新能力。

在迈向 2035 年的创新型国家建设过程中，如何在宏观制度、中观产业以及微观企业层面实现创新型国家的系统性转型意义重大。在微观层面，企业的知识管理能力成为推动微观层面企业实现由传统要素驱动向知识创新要素驱动的必要能力，如何最大限度地利用数字化、信息化、网络化、智能化与社会化的知识管理创新工具有效地捕获、吸收、积累、转移、共享与应用创新知识成为未来智能社会的关键能力。从微观层面构建知识管理与企业自主创新能力的演化框架意义重大，有助于我国微观企业实现高质量发展，助推我国自主创新能力建设，最终迈向创新型国家的行列。

知识积累作为知识管理中的重要一环，张军教授将知识积累与组织自主创新能力的关系研究作为切入点，聚焦于知识创造与积累对自主创新能力构建、演化的作用机制，并探究知识创造与知识积累如何影响企业的内生性成长规律，尤其是基于时空框架区分企业知识积累的不同模式，揭示了不同知识积累模式促进企业自主创新能力提升的异质性作用方式，发现了知识积累在提升企业创新能力的过程中存在时间的延滞与临界规模的特征，认为知识积累必须经过企业内化形成创新能力后方能促进企业的可持续成长，进而识别出知识积累如何转换为现实生产力的重要边界条件。研究问题清晰，研究视角较为新颖，研究内容丰富，创新观点突出。在研究方法上，张军教授深入运用管理学中的调查访谈法、案例研究方法、探索性因子分析方法、回归分析法、系统动力学方法等多种研究方法，系统讨论了知识积累与自主创新能力的关系以及影响企业的内在机理，探究了知识积累提升企业自主创新能力的战略路径与组织机制，进而为微观层面企业如何基于知识积累构建自身的知识管理模式提供了重要的理论框架，为微观层面企业如何基于知识积累系统性实现自主创新能力的构建提供了战略实现路径参考。

总的来说，张军教授对于知识积累与自主创新能力的研究具有重要的研究价值，其研究结论对进一步促进微观层面的企业知识管理，提高知识管理有效性与企业创新能力的协同性具有重要的理论意义与现实参考价值，也必将为我国微观层面企业更好地开展企业知识管理实践，落实创新驱动发展战略实现企业高质量发展，最终在微观层面助推我国实现世界科技强国提供基础动力。

陈　劲
教育部人文社会科学重点研究基地——
清华大学技术创新研究中心主任
清华大学经济管理学院教授

前　言

本书主要内容是笔者及其团队所承担的国家自然科学基金面上项目所做研究的成果，聚焦于企业知识创造与积累对自主创新能力建构及其演化的作用机制并进而影响企业内生性成长的内在规律。本书选题可以追溯到2003年，彼时硕士毕业不到一年的笔者，机缘巧合之下主持了由宝钢股份委托研究的“基于网络和知识管理的学习型组织构建”项目。项目开展的一年多时间里，笔者多次进入企业现场蹲点观察、组织各类员工访谈，并多次邀请曾经参与过宝钢一期、二期建设的专家进行座谈，同时查阅了大量资料和理论书籍，发现：国际上那些卓越的公司，如施乐公司、惠普、IBM、麦肯锡等，都注重自身知识积累与管理，而那时国内企业鲜有从战略层面上关注企业知识管理的问题，有关本土企业知识管理的系统性理论研究更少。博士论文选题时，笔者进一步基于近60家企业的走访调查，更加深刻地认识到“关键技术是买不来的，自主创新的实现必须依靠自力更生、自我积累，才能获取关键技术‘根’上的自主知识产权，才能真正实现发展的‘自主性’”这一道理。然而，关于知识积累、自主创新与企业内生性成长规律之间到底存在怎样的内在规律，现有研究却缺乏系统答案。据此，知识积累、自主创新与企业内生性成长规律的研究成为笔者这些年研究关注的焦点，期望通过全面而深入的系统性研究，建构基于本土企业面向自主创新的知识管理理论体系，进而为企业创新实践提供切实有效的指导框架。

长期以来，知识与创新的关系研究更多集中在宏观经济层面，如琼斯、罗默等学者多从国家层面或欧洲共同体（现为欧盟）的跨国区域层面对知识积累与区域创新间关系进行有益探索，但较少从微观创新主体的企业层次洞察知识创造与积累对自主创新及其能力构建的影响。当前，我国经济正处于从资源拉动向创新驱动的经济发展方式转变的战略转型期，企业自主创新能力的提升与发展，直接关系到我国建设创新型国家目标能否实现。因此，在当今竞争加剧、动荡不已的国际环境中，如何提升企业自主创新能力并实现企业可持续成长，就成为学界与业界关注的焦点。

据此，本书首先结合我国当前所处的战略时期特点，基于大量的实地调查，从自主性获取视角解析企业自主创新能力的内在结构，为本书提供了核心概念基础。其次，在对大量企业创新实践中知识活动特征进行分析的基础上，按照时空框架识别出企业知识积累模式类型，构建出全书整体理论架构。最后，在此架构内，依次探索基于知识积累模式划分的企业创新能力发展规律、不同知识积累模式影响企业成长的内在机理，以及知识积累视角下我国企业创新能力构建的战略路径等，在“基本关系—内在机理—实现路径”逻辑链上层层铺展主要问题。

本书将笔者近年来围绕知识积累、知识创造与企业自主创新能力建构及企业成长关系这一主题发表的 12 篇研究成果整合成知识积累与自主创新能力及企业内生性成长规律的理论体系，并针对企业创新管理实践给出建构企业自主创新能力的战略路径与组织机制的思路。具体而言，全书共分为 11 章，在回溯与讨论知识积累与企业创新能力构建的现实背景与理论基础后（第 1、2 章），分别讨论知识积累与企业创新能力关系（第 3～6 章）、知识积累与创新能力影响企业成长的内在机理（第 7、8 章），以及知识积累提升企业创新能力的战略路径与组织机制（第 9、10 章）等三个基本问题。最后，本书对知识积累、自主创新能力与企业内生性成长的基本规律进行了总结，并对未来研究进行了展望（第 11 章）。

通过采用多种研究方法、多源数据对知识积累与自主创新关系这一主题进行多角度研究，本书在以下几个方面具有一定创新。

第一，在“自主性”辨析基础上识别出创新驱动发展战略背景下的企业微观层次创新能力的理论内涵与内在结构，并通过实证研究进一步识别出创新能力由“潜在”与“现实”两个相互依存、不可分割内容构成的本质特征，提出能力冰山理论，并在此框架下验证了潜在创新能力、现实创新能力间相互依存、不可分割的关系，揭示了潜在创新能力与现实创新能力的构建分别受不同前因影响，并且通过不同路径影响企业成长的内在规律。

第二，基于时空框架区分企业知识积累的不同模式，揭示了不同知识积累模式促进企业创新能力提升的不同作用方式，以及知识积累提升企业创新能力过程中存在时间滞延与临界规模效应的特征。发现了不同知识积累模式在提升企业创新能力过程中互为条件、相互促进的内在规律。识别出企业能力刚性的来源不是知识积累本身，而是知识积累的方式，并识别出异质性知识积累在提升企业创新能力并克服能力刚性过程中的关键性作用。

第三，知识积累对企业成长的影响，因知识积累的模式不同而经由不同的作用路径，总体而言，知识积累必须经由企业内化形成创新能力后才能有效促进企业成长，并且，基于外部来源的知识积累对企业成长的效应，相比于内生性知识积累所产生的企业成长效应而言，具有路径短、生效快、更新频繁的特征。

第四，企业新创知识的积累对企业成长的影响，表现出显著的时间滞延效应，并且随着时间的推移呈现出先提升后降低的边际贡献递减特征。不同新颖程度的知识创造对企业成长的贡献存在长短不同的时间滞延，具体而言：随着新颖程度提高，知识创造所产生的企业成长效应表现出需要等待越长的时间间隔。高新颖程度的知识创造需要更高的领域内知识集聚才能更好地发挥出新创知识对企业成长的促进效应。不同新颖程度知识的企业成长效应的滞后期不同，使得不同新颖程度的知识创造在促进企业成长过程中，因新颖度不同而产生的不同贡献之间的关系识别需要在构建包括时间维度在内的新框架下进行研究。

第五，企业创新能力的形成，常常发端于企业初次成功创新过程中获得的集体性经验，我们称其为种子知识。种子知识提供了企业创新能力形成的起点，通过企业内部基于集体性知识解读的组织机制的作用，随着企业发展所产生的内部不同模块之间不均衡发展而产生的价值缺口所形成的驱动力，逐渐从种子知识发展为包含核心能力与互补性能力的不同能力模块，不同能力模块随着创新层次的跃迁进一步形成能力集束，最终在企业整体层次上实现一体化，完成创新能力构建的第一个周期。从时间维度上来看，创新能力需要随着外部环境的动态变化，始终保持与外部环境之间的新要素互换而实现创新能力自身更新。因此，企业创新能力的形成呈现出“点—线—面—体”的创新要素变化、创新层次跃迁的时空演化特征，并在创新能力构建行为上表现出“种子生成—复制巩固——般化+多样性——体化—与新要素交互与互换”的周期性、非均衡演化特征。

从经济与社会发展的层面来说，创新是一个永恒的问题，创新能力的建构是一个长期问题。并且，不同战略发展期，创新能力的内涵与外延也会有所差异。如果从本质上来说，创新是知识应用与重组在商业领域中的成功，那么，知识积累就是自主创新的天然基础之一。

张　军

2020 年 2 月于荟灵湖畔

目　录

第1章　绪　　论①

1.1　知识积累与自主创新：企业发展的内驱力

1.1.1　知识积累与持续创新是企业竞争力的来源

1. 创新已成为时基竞争环境中的企业突围之道

经济全球化进程的不断深化，使得当今企业的生存环境日益复杂、动荡。21世纪初，全球网络经济泡沫的破灭、2008年发端于美国次贷危机随后蔓延全球的金融危机、仍未解除的欧洲债务危机等，全球经济环境的动荡性与复杂性可见一斑，并且无一不造成企业的生存困境。企业不得不面对日益多样性并且个性化的顾客需求、不断缩短的产品生命周期、意想不到的竞争对手与颠覆式创新带来的市场断裂等挑战。生存，或死亡，对于个体企业而言，往往是瞬息而变的事情。如何在这样的环境中生存并能够为未来谋得依旧生存的机会，是每个企业不可回避的问题。

事实上，在以时基竞争（Rothwell，1994）为特征的背景下，当今世界经济系统发展的最大的悖论之一就是：市场的领导者必须不断地努力使自己最畅销的产品过时——因为他们知道，“在公司的周围，众多竞争者正在‘借用’自己的创意，并且提高同类产品的品质，进而把自己努力获取的消费者群体的胃口又吊了起来——要达到的满意度水平就这样不断地被提升”（Shapiro，2001）。世界经济的发展正将我们推入一个“创造性破坏的狂飙”（Schumpeter，1934）时代！创新已经毫无疑义地成为当代经济发展的主题之一。

与此同时，我们的社会正日益转变成为知识型社会（Drucker，1968；Bell，1973；Toffler，1990）。知识型社会的到来，意味着知识已不再是一般意义上的资

① 本章主要内容来源于：张军（2012b）。

源，而是生产过程中的一种关键性资源（Drucker，1992），是生产力、竞争力与经济绩效的关键（Prahalad and Hamel，1990）。随着知识在当代社会中的重要性日益提高，我们可以从一个全新的视角来审视组织的各种创新活动，包括技术创新、战略与组织创新等（Nonaka，1994）。在应对动态环境所带来的挑战的过程中，企业不再仅仅需要有效处理信息，更需要创造信息和知识，以解决复杂多变环境抛给企业的各种问题。从这个视角来看，创新是知识创造的一种重要方式。企业汇聚、吸纳各种外部知识，并通过内化（internalization）、组合（combination）、外化（externalization）与社会化（socialization）等活动，实现组织知识创造（Nonaka and Takeuchi，1995）的同时，也提供了企业创新的基础、潜能与手段。而“将知识储存于程序、规范、规则和结构中，并通过向其成员学习和积累这些知识”（March，1991），使得企业能够在一定的时间与空间范畴内，将企业现有能力与其他知识重新组合，产生能够把握变革的新能力（Kogut and Zander，1992），并最终获得新颖的创新性竞争优势（Leonard-Barton，1992）。因此，知识整合或重构是创新不竭的源泉（Grant，1996；Dosi et al.，1988），而累积性知识是企业创新能力的基础。

在知识日渐成为企业战略性资产，创新日渐成为企业竞争利器的背景下，作为发展中国家，如何在国际经济大潮中实现综合国力的提升与赶超，已经成为国家发展战略的核心内容。

2. 提升企业创新能力是我国转变经济发展方式的微观基础

自新中国成立以来，创新发展以1978年改革开放为节点，基本可划分为两大阶段。改革开放之前包括仿造到自行设计（1949～1956年）与独立自主、自力更生（1957～1976年）两个子阶段（许庆瑞等，2012）。其间，我国在一些关系国家安全的战略性领域取得了一定成果。这两个子阶段的创新主体是国家和政府——倾全国之力在关键领域进行创新，是当时我国国家安全与国家自立的基本要求。

改革开放伊始，根据当时国情，我国提出了工业技术发展走“引进—消化—吸收—再创新”的技术追赶路径。在从计划经济向社会主义市场经济体制转型过程中，我国的创新主体从政府主体逐渐向企业主体转变。到20世纪90年代中后期，我国明确提出了“企业是创新主体”“要通过技术创新实现我国产业化发展”的发展方针。此后，以企业为主体的创新投入与产出成果均有了较大幅度的提高。从投入角度来说，企业投入的研发费用占我国研发费用总量的比例达到68.3%（许庆瑞等，2012）。2018年，我国共投入研究与试验发展（research and development，R&D）经费19 677.9亿元，研发强度为2.19%，其中来自企业主体的投入占总经费支出比重达到 74.7%[①]。从产出角度来看，我国国内职务发明专利中，2005 年工业企业的发明专利数达到 7712 项，占到国内职务发明专利总量的 52.24%（许庆瑞等，2012）。2018 年，我国发明专利申请量为 154.2 万件，共授权发明专利 43.2 万件，其中国内发明专利授权 34.6 万件。我国有专利申请的企业较上一年新增 6 万家，对国内发明专利申请增长的贡献率达到 73.2%[②]。截至 2019 年上半年，我国发明专利申请为 64.9 万件，授权发明专利为 23.8 万件，其中：国内发明专利授权量为 19.2 万件，且职务发明专利授权量 18.3 万件，占 95.3%。至此，企业作为创新主体的作用已得到体现。

然而，在取得上述发展成就的同时，我国改革开放 40 多年的经济增长模式——过于依赖资本与自然资源的投入，而不是建立在知识与创新的基础之上——的可持续性问题也日渐受到质疑（张春霖等，2009）。因此，坚持科学发展观，转变经济发展方式，已经成为我国应对未来挑战的关键，而“促进中国以企业为主体的创新”（张春霖等，2009）是核心与基础。

2006 年，国务院发布了《国家中长期科学和技术发展规划纲要（2006—2020 年）》，确定了“自主创新”（增强国内创新能力）、“重点跨越”（选择重点领域，集中力量实现突破）、“支撑发展”（满足经济社会发展的紧迫需求）、“引领未来”（着眼长远，超前部署）的发展战略。其中，“自主创新”表达了我国减少对国外技术依赖的决心，也是该战略的主题。2010 年与 2011 年，胡锦涛先后在我国两院院士大会与清华大学百年校庆讲话中强调，“把增强自主创新能力作为战略基点，着力提升原始创新能力，大力增强集成创新和引进消化吸收再创新能力”[③]。至此，“自主创新能力”的提升作为国家竞争力提升的战略基点，被提到了国家发展战略的高度，而知识产权战略和标准战略的重要性得到了特别强调。党的十八大以来，习近平总书记更是把创新摆在国家发展全局的核心位置，高度重视科技创新，强调“我们将大力实施创新驱动发展战略，把发展着力点更多放在创新上，发挥创新激励经济增长的乘数效应，破除体制机制障碍，让市场真正成为配置创新资源的决定性力量，让企业真正成为技术创新主体”（习近平，2015）。创新已经成为我国改变经济发展模式，应对日渐深入的经济全球化带来的挑战，以及实现人与环境和谐发展的战略性手段。而企业创新能力的提升，是实现经济发展模式转变的微观的根本性基础。

① 《2018 年我国共授权发明专利 43.2 万件》，http://www.gov.cn/xinwen/2019-01/11/content_5356855.htm，2019 年 1 月 11 日。

② 《国家知识产权局用数据解读竞争力，我国企业对发明增长的贡献率达 73.2%》，http://www.ce.cn/cysc/newmain/yc/jsxw/201901/10/t20190110_31228452.shtml，2019 年 1 月 10 日。

③ 《胡锦涛在中国科学院中国工程院院士大会上的讲话》，http://www.ce.cn/xwzx/gnsz/szyw/201006/07/t20100607_21491281_1.shtml，2010 年 6 月 7 日。

1.1.2 我国企业在国际竞争中面临的问题及分析

1. 企业创新能力薄弱是我国产业缺乏国际竞争力的微观来源

改革开放以来，我国工业经济取得了较大发展。从20世纪80年代开始，我国工业经济的发展采取技术追赶策略，企业创新主要采取引进基础上的模仿性创新，以及基于对引进技术进行消化与吸收的二次创新。在追赶中学习，使得我国企业获得了一定的能力基础，工业企业总体的制造能力与技术水平取得较大提高，知识密集程度也呈现出稳步提高的趋势，主要表现为知识密集型行业在经济中比例提高，包括医药制造业、航天航空业、电子及通信设备制造业、电子计算机及办公设备制造业与医疗设备及仪表制造业等（张春霖等，2009）。

但是，进入21世纪，随着我国日益融入经济全球化浪潮中，工业企业在国际产业体系中的弱势日渐显现，以我国历史悠久的纺织业为例：纺织材料技术薄弱、印染工艺中后整理技术不足、面料设计缺乏创意等，使得我国大多数纺织企业沦为国际品牌的加工工厂，只在价值链的最低端获取加工费。我国浙江嵊州的领带生产与销售，占到欧洲领带市场的80%以上的份额，却由于没有自主品牌的支撑，在国际市场竞争中几乎无定价权可言。再如钢铁产业，2009年我国粗钢产量已经占到全球总量的46.6%（张军，2012b），作为世界第一大钢铁生产国，却在高端产品如取向硅钢方面依赖进口，被国际钢铁协会主席评价为“中国的钢铁行业已经成为一些主要的产钢国里最不具有收益性的”①。汽车产业更是几乎全行业都成为外国品牌的加工工厂，即使少有的几个自主品牌的产品，也多属中低端产品，并且关键技术与核心技术方面仍然不具有国际竞争力。缺乏自主知识产权的核心技术、关键技术以及自主品牌，已经成为我国一些产业在国际上赢取竞争优势的掣肘性因素。

产业竞争力不足，追根溯源需要在微观的企业主体层次寻找问题。深入到微观层次，我国虽然在20世纪90年代中后期就提出了“企业是创新主体”的思想，统计数据也显示企业用于研究与发展的投入以及企业职务内发明成果在全社会相应的投入和产出数据中的比重有所提高（许庆瑞等，2012），但2007年，我国企业提交了5470份专利合作条约（patent cooperation treaty，PCT）申请，其中1365份来自一家企业——华为（张春霖等，2009）。如果扣除华为的PCT申请数，我国企业2007年PCT申请总量仅相当于日本松下电器产业株式会社（2100份申请）

① 国际钢协主席：中国钢铁业全世界收益性最差，https://www.163.com/money/article/6683R4OQ00254CI3.html，2010年5月9日。

与荷兰的飞利浦电器公司（2041份申请）两家公司的申请总量[①]。2019年上半年，我国共受理 PCT 国际专利申请2.4万件，其中国内申请2.2万件。但是，PCT 国际专利受理量排名集中在广东（9807件）、北京（3179件）和江苏（1920件）三省市，约占全国总量的67.8%[②]。事实上，截至当下，除了一些新兴行业（如通信设备制造业）中的企业以及极少数精英企业（如海尔）之外，我国绝大多数企业（特别是中小企业）仍然技术落后、产品陈旧，以加工制造等价值链低端的生产活动为主，创新活动少甚至没有创新。国家统计局对我国 299 995 家工业企业的调查显示：2004～2006年，53%被调查的大型企业、86%的中型企业以及 96%的小型企业都没有持续的研发活动（张春霖等，2009）。即使有创新活动，也大多表现为微调型产品改善，表现为实用新型、外观设计类专利相对较多，发明专利数较少。2006年，我国内资企业的发明专利只占到专利总量的11%，而外资企业发明专利的比例达到74%（张春霖等，2009）。此外，创新成果缺乏对核心技术的聚焦，没有围绕特定技术的专利簇，因此难以构建有效的技术壁垒以维持自有技术的竞争力（张军，2009）。由此可见，企业创新能力不足，是我国企业乃至产业缺乏国际竞争力的根本性阻碍因素。

2. 知识与能力基础积累不足是创新能力薄弱的主要原因

浙江大学创新与发展研究中心于 2008～2010 年在对以浙江省为主的企业调研及访谈中发现，企业创新绩效不显著，主要源于企业创新资源不足，包括企业的创新经费投入不足与创新性人力资源不足（张军，2009）。

首先，企业创新经费投入不足，一种是指客观上的创新经费不足，如企业本身规模小、利润薄，没有提供创新资金的能力，也难以吸引到创新基金与创新性人才；另一种则是创新经费惜投所导致。其中，后者往往是由于企业无力感知与把握创新机会而导致的企业内部创新经费瘀滞现象，即企业由于找不到合适的创新项目而导致创新经费支出偏低。无论哪种形式的投入不足，深究其深层次原因，则可追溯到企业的能力基础或知识与经验的积累层次，即企业创新能力薄弱或相关的知识、经验积累不足，导致其难以有效感知创新机会，对创新活动前景洞察不清，从而导致创新发起困难，对创新成功与否缺乏信心，并进而出现针对创新的资金惜投结果，表现为创新倾向不足。这就形成我国企业（特别是中小企业）创新发展的“死循环”：创新能力不足—创新机会感知不良、创新信心不足、创新倾向弱—对创新的资金投入不足—创新能力难以提升—创新能力不足，归根到底是企业缺乏相关知识的积累与能力基础。

① The International Patent System in 2007. http://www.wipo.int/pct/en/activity/pct_2007.html#P245_14317.

②《国家知识产权局发布2019年上半年数据：主要指标符合预期 综合实力稳步提升》，http://stdaily.com/sipo/sipo/2019-07/12/content_777183.shtml，2019年7月12日。

其次，创新性人力资源不足已经成为我国企业创新绩效难以提升的另一重要原因。2006 年国家统计局对我国 40 个城市的调查显示，科技人才短缺已经成为阻碍创新的第二大因素。中国社会科学院对我国 1594 家企业调查显示：66%的企业认为人才短缺阻碍技术创新，而只有 50%的企业将资金短缺列在其中（张春霖等，2009）。浙江大学创新与发展研究中心团队对企业的实地调研过程中也发现：企业核心人才是企业创新得以持续的关键。例如，在对浙江省现代纺织工业研究院的实地调查中发现，数码印花过程中的色彩调配存在印花前后的色差辨识问题，是一种隐性知识。该隐性知识对于纺织面料花样设计的实施与实现环节具有重要意义，直接关系到设计创新的成败。但该隐性知识仅由某一特定员工所掌握，而该员工则由于独占该隐性知识成为浙纺院数码印花业务的核心竞争力来源。因此，从人才作为知识载体的视角来看，人才短缺在根本上反映的是知识积累特别是隐性知识积累的不足。

因此，当前我国企业在国际上缺乏竞争力的根本原因在于：企业较为普遍地缺乏创新能力。而创新能力的缺乏，主要源自企业以知识资产与智力资本为核心的基础性积累不足。如何提高知识积累从而构建企业得以有效创新的能力基础，已经成为我国企业创新能力提升的前提和关键。本书关注企业基于知识积累的创新能力演化规律与提升机理，拟解决"战略驱动转型战略背景下，我国企业创新的能力基础是什么以及如何提升企业创新能力"的关键问题。

1.1.3 研究现状分析与局限识别

1. 创新与创新能力

"在一个快速变革的时期，可能企业希望繁荣发展最好的、也是唯一方式如果不是生存就是创新。创新是将变革转化为机会的唯一方式"（Drucker，1994）。因此，作为将变革转化为机会的"企业深层次能力"（Francis and Bessant，2005：172）——创新能力被认为是企业绩效的最重要影响因素之一（Burns and Stalker，1961；Hurley and Hult，1998；Porter，1990；Schumpeter，1934）。

熊彼特并没有指出什么是创新能力，但明确界定企业创新是指"把一种从来没有过的关于生产要素的'新组合'引入生产体系"（Schumpeter，1934），以便获得超额利润。创新包括五种类型：①引入一种新的产品或提供一种产品的新属性；②采用一种新的生产方法；③开辟一个新市场；④获得一种原料或半成品的新的供给来源；⑤采取一种新的企业组织方式（熊彼特，1990）。这一界定不仅包括技术创新，也包括组织创新与市场创新。但索洛在评论熊彼特理论的基础上，提出后来被称为“技术创新”概念界定里程碑的技术创新实现的“两步论”（傅家骥，1998）以来，创新理论的发展被聚焦到技术创新范畴内。曼斯菲尔德于1977年指出，技术创新是“一种新产品或新工艺被首次引入市场或被社会所使用的过程”（Mansfield et al.，1977）。相应地，创新能力被界定为“企业产生新产品、新工艺以及改善现有产品与工艺的能力”（Dahlman and Westphal，1982），是企业所需的有效吸收、掌控、提高现有技术从而创造新技术的技能和知识（Lall，1992）。在关注第三世界国家技术追赶中如何获得自主性技术的问题中，众多研究关注创新能力的本质内容，并逐渐形成两个基本脉络：一支主要以技术创新过程为脉络界定创新能力内涵及其构成，主要以新产品开发的“输入—输出”过程探讨技术创新能力构成，主要从资源投入、过程实施与实现、创新管理的视角界定能力构成（郑春东等，1999；胡恩华，2001；李向波和李叔涛，2007；曹庆奎等，2006；官建成和史晓敏，2004）。另一支创新能力构成的研究脉络，将企业作为微观技术创新系统，探讨创新能力的构成要素（Leonard-Barton，1992；Burgelman and Maidique，1988）。此外，有学者从系统视角，将企业内外环境纳入创新能力体系中来（董岗和傅铅生，2004）。实证研究中，多从资源投入（如企业研发强度与研发人员数等）与绩效产出（如新产品数、新产品产值、专利数或新颖程度等）的视角测量创新能力，其中以创新绩效代理测量创新能力的研究居多（Cohen and Levinthal，1990；Hu and Tseng，2007；Hu，2008；McGrath，2001；Calantone et al.，2002），但是关于创新能力的研究主要存在以下两个方面的问题。

（1）企业是个“社会—技术”系统，不仅包括技术子系统，还包括社会子系统。因此，企业创新不仅包括技术创新，也包括管理创新（Evan，1966；Damanpour，1987）。虽然熊彼特最初的创新概念中不仅包括技术创新，也包括组织创新，但自索洛“两步论”提出之后，创新理论聚焦到技术领域，从而使得企业内另一个子系统创新研究相对滞后。但从企业整体层次来说，创新不仅仅是技术层面的事情，还需要组织与管理子系统的协同创新。企业创新能力不仅包括硬技术要素（Prahalad and Hamel，1990；Dosi et al.，2008），也包括组织要素（Dosi et al.，2008）。因此，应从整体层面关注企业创新更深层次的能力基础。但现有研究仍然局限于技术创新活动领域，忽视企业社会子系统的创新，从而缺乏以更全面视角洞察企业创新更深层次能力的研究。在当前我国强调提高企业自主创新能力的背景下，这一问题的研究显得更具必要性与紧迫性。

（2）现有相关的实证研究多以创新绩效代理测量创新能力，这就使研究有了从创新绩效反推创新能力存在的同义反复的方法论谬误的嫌疑（Ambrosini and Bowman，2009）。与此同时，如Eisenhardt等（2010）所指出的，能力不仅包括效率维度，还应包括柔性维度。因此，以创新绩效测量创新能力，也存在不能完全表征所测量对象内容的问题。而企业创新在本质上是指在外部环境动态变革中产生的机会（D' Este，2002；Mota and de Castro，2004；Athreye，2005）或内部能力模块间发展不均衡产生的价值潜力驱动下的一种系统性应变或求变获利，并最终获得竞争优势的系列组织活动（张军和金露，2011）。因此，按照“能力紧邻行为”（Schreyögg and Kliesch-Eberl，2007）的逻辑，应从企业的管理与组织过程中探讨能力（Teece et al.，1997；Amit and Schoemaker，1993；Bingham et al.，2007）。

2. 知识与创新

熊彼特认为创新是“生产函数的一种‘新组合’”，并且指出创新不是发明，而是对发明的技术知识的有效引入与应用（Schumpeter，1934）。这些阐述，一方面隐含地指出创新能力的本质是组合或整合能力，另一方面突出了企业创新更倾向于是“知识的应用或整合活动或过程”的思想。从这个角度来说，知识整合或知识重构是企业创新的不竭源泉（Grant，1996；Dosi et al.，1988；Spender，1996；Fleming，2001），不论是新知识与企业现有知识的整合（Grant，1996；Kogut and Zander，1992），还是企业知识间现有关系的重构（Grant，1996；Henderson and Clark，1990）。因此，企业不仅仅是信息处理系统，更是知识创造系统，应从企业知识创造的视角来审视企业创新活动，包括技术创新、组织与战略创新（Nonaka，1994）。

企业知识包括存量知识与流量知识，并且专有性知识的积累是持续竞争优势的来源（Dierickx and Cool，1989），而存量知识不仅使企业能够更好地利用相关知识，而且为企业更好地理解并评价技术进步的潜在商业价值（Cohen and Levinthal，1990）、深入理解问题解决方法（Zahra and George，2002）奠定了基础。因此，现有关于知识与创新之间关系的研究，根据知识形态可以基本分为两类：第一类关注知识存量与创新间关系，第二类则关注知识如何在转移与转化的动态中，实现对企业创新与绩效的影响。

第一类研究以资源基础观、知识基础观以及资源依赖理论为基础，将知识特别是企业专有性知识作为企业战略性资产，基于不同分类体系下的知识存量探讨知识与企业创新之间的关系（Cohen and Levinthal，1990；Al-Laham et al.，2011；Brockman and Morgan，2003；Moorman and Miner，1997；Haas and Hansen，2005；Bierly III et al.，2009）。一般认为，企业以前知识或组织记忆水平提供企业吸收外部知识的能力基础，为企业提供激发创新的新知识，有利于提高企业创新绩效（Cohen and Levinthal，1990；Walsh and Ungson，1991）。但也有研究显示，以前知识或经验实际影响的是组织知识转移的有效性，而不是企业的创新能力（Lane et al.，2001；Bierly III et al.，2009），而且以前知识存量对企业知识中的诸如管理、营销与制造性知识转移有效性影响程度大于技术与科学知识（研发活动）转移的影响（Lane et al., 2001），企业隐性知识与程序性知识对创新具有更加积极的影响（Cantor and Kihlstrom, 1989；Leiponen, 2006）。而Haas和Hansen（2005）指出，知识获取和使用的价值，应当通过知识使用对关键任务绩效的影响来评价，而不是通过测量企业所拥有知识存量大小或企业内知识流量大小来评价。

第二类研究则主要基于知识管理理论，包括外部知识获取（Bojica and Fuentes, 2012；Chamberlin and Doutriaux, 2010；Cohen and Levinthal, 1990；Zahra and George, 2002）、组织间知识转移与流动（Lane and Lubatkin, 1998；Bresman et al., 1999；Chan et al., 2010；Corredoira and Rosenkopf, 2010；Foss and Pedersen, 2002；Gupta and Govindarajan, 2000）、企业内知识整合与应用（Bierly III et al., 2009；Chirico and Salvato, 2008；Cohendet and Simon, 2007）等不同活动与创新之间的关系。在低技术型企业中，无论是嵌入在设备、原材料、软件中的知识还是非嵌入性知识（如外部研发产生的知识），外部知识获取都会促进企业创新（Chamberlin and Doutriaux, 2010）。但当企业所获得的知识与现有知识的相关程度高时，并不利于探索性创新（Bierly III et al., 2009）。也有研究指出，外部知识获取与利用是企业应用外部知识的两个步骤（Zahra and George, 2002；Bierly III et al., 2009），知识获取本身对企业绩效并没有直接影响，但对创新与绩效之间的关系具有一定的调节作用（Bojica and Fuentes, 2012）。也就是说，企业对外部所获得知识的有效应用才对创新结果具有重要意义。而对外部知识的有效吸收与利用不仅取决于企业以前的知识与经验（Cohen and Levinthal, 1990），还取决于知识源组织与知识接收组织之间在组织规范、知识基与主导逻辑等因素上的相似程度（Lane and Lubatkin, 1998）与知识特性（隐性或显性）（Bierly III et al., 2009）的影响。

现有研究主要存在以下几个方面的不足。

（1）现有研究普遍认为，知识是组织能力的基础，知识重构是企业创新的不竭源泉。但在实际研究中，常常以创新绩效或创新结果作为创新能力的代理测量，实际是从输出相对于输入的比较方式中“挤出”创新能力，但事实上，这种方式并没有打开创新能力的“黑箱”。

（2）在研究知识与创新间关系时，现有研究主要采用研发强度（Cohen and Levinthal, 1990）、专利数据（Ernst et al., 2011），或者工程师人数等（Thornhill, 2006；Al-Laham et al., 2011；Almeida and Kogut, 1999）来测量知识存量，但这些测量存在不够全面与适用性问题。如专利数据测量存量知识虽然是学界共识，但难以应用到大量非科学技术基础型企业知识存量的测量中；工程师人数虽然考虑到了企业中的个体知识，但是没有考虑到企业中以经验或惯例形式存在的集体性知识。同样地，研发强度测量企业知识受到学界的质疑（Lane and Lubatkin，1998）。事实上，尚未发现对知识的直接测量（Lane et al.，2006）。

（3）现有关于知识流量与创新间关系的研究，大多在知识流动对创新具有积极影响的潜在假设前提下，关注影响知识流动的前因，而对知识流动对创新能力的直接影响的研究较少，即较多关注知识有效流动的前因，而较少检验其后果。

（4）虽然 Dierickx 和 Cool（1989）强调企业专有性知识的积累才是持续竞争优势的来源，但关于知识积累与创新能力间关系的实证研究并不多，特别是知识积累不仅包括空间维度上集聚（如从外部获取知识与内部知识扩散形成的积累），也包括时间维度上的知识传承，现有研究更多关注空间上的知识流动带来的积累对创新的影响，对时间维度上知识积累与创新能力间关系的研究很少。

1.1.4　本书核心研究问题

基于实践问题的阐述与分析，以及现有理论对上述实践问题的解释所存在的局限性，本书将研究问题界定为：转型背景下，企业知识积累及创新能力演化规律与提升机理研究。具体可以分解为以下三个专题的研究。

（1）动态环境下企业知识积累模式与创新能力提升间关系。主要以我国转变经济发展方式的国家发展战略为背景，特别关注在动态环境中，我国企业采取不同知识积累模式对于企业创新能力构建与提升的影响。本书立足企业实践，识别出具有现实价值的知识积累模式，在此基础上探索不同知识积累模式，以及不同知识积累模式交互作用提升企业创新能力的效应特征。

（2）动态环境下企业知识积累与企业成长之间关系研究。企业知识积累是为了构建出内部独特的知识构型，为企业有效成长提供发展基础，获得竞争优势。本书将着重揭示不同知识积累模式、不同类型知识积累影响企业成长的内在机理及其作用特征。

（3）基于知识基础观的企业创新能力构建的战略路径研究。在研究动态环境下，不同知识积累模式、企业创新能力与企业成长间关系的基础上，探索构建企业创新能力的战略路径，从而为企业创新实践提供理论参考框架。这是本书的出发点，也是最终的落脚点。

三个专题研究，基于知识积累模式划分的企业创新能力提升规律研究是整个研究的基础。在此基础上，探索不同知识积累模式促进企业成长的内生机制。最后，结合企业创新实践探索出知识观下的企业创新能力构建的战略路径。各专题之间，环环相扣、逐层铺展，最终收敛到对“知识积累提升我国企业创新能力的内在规律、提升机制与实践的战略路径”的核心问题的回答上。

1.2 研究目的与意义

1.2.1 研究目的

企业积累并集聚各种知识资源，提升企业创新能力，是知识经济背景下企业创新研究的热点问题之一。然而，转型背景下企业创新的能力基础在现有研究中缺乏有效验证。据此，本书采用案例研究方法、计算机仿真方法以及定量分析方法，以“转型经济背景下，企业知识积累与创新能力间关系以及基于知识积累的创新能力发展规律”为焦点进行系统而深入的研究。

1.2.2 研究意义

1. 界定创新自主性内涵，丰富创新管理理论与知识管理理论

（1）突破长期以来学界仅仅关注技术创新能力的传统，从企业是“社会—技术”系统的视角，从企业整体层次上探讨企业创新（而不仅仅是技术创新）的更深层次能力，包括企业创新能力内涵、结构与测量方法等，为探索动态环境中我国企业创新能力内涵及其发展规律，推进创新理论的发展提供基础。针对转型经济背景中，发展中国家实现从追赶到领先的企业创新所需的能力要素及其内在结构展开研究，意在寻找促进与保障企业创新自主性的能力基础。通过实证研究的方法对企业层次“创新能力”概念进行内涵界定与构念开发，为学界关于企业“创新能力”概念统一与澄清模糊认识提供基础，这将有利于丰富与发展创新理论。

（2）采用多种方法，如案例研究方法、统计分析与系统动态学仿真方法等，对企业知识积累与创新能力之间关系，以及基于知识积累的企业创新能力的发展规律进行研究，与许多企业能力理论研究中易存在以“一种能力”解释“另一种能力”的同义反复逻辑不同，本书主要将企业的知识基础及相关知识活动作为企业能力的基础与“原料”，探索企业知识积累与创新能力间关系以及企业层次创新能力的发展规律，在一定程度上规避能力研究方法论上的同义反复问题，也通过

多方法交叉验证的方式提高本书结论的稳健性。本书将不仅有利于丰富创新理论，而且有利于推进企业能力理论、知识管理理论的研究，也为演化理论的发展提供了实证证据。

2. 建构理论框架，指导发展中国家从“追赶”到“超越”的创新实践

本书将在我国企业自主创新能力内涵界定、创新能力发展规律以及创新能力与企业绩效之间关系的研究基础上，进一步探讨提升我国企业创新能力的演化规律与提升机理，这无疑将为我国企业创新能力的积累与创造提供一定的理论框架与实践指南。同时，本书也将为发展中国家技术发展从“追”到“超”的转型提供依据。此外，研究结论也将为促进我国企业创新能力提升的政策设计与宏观文化的建设提供依据，有助于促进我国经济发展方式的转型与实现。

1.3 研究内容与结构安排

在文献研究与实地调查的基础上，针对“动态环境中，知识积累、创新能力与企业成长间关系的内在规律”这一核心问题进行研究。首先，基于自主性获取视角解析企业自主创新能力的内在结构，为本书提供概念基础。其次，在文献梳理的基础上，本书基于企业知识活动的实践特征、按照时空框架识别出企业知识积累模式类型，从而构建出本书的整体理论框架。在此框架下，依次探索基于知识积累模式划分的企业创新能力发展规律、不同知识积累模式影响企业成长的内在机理，以及知识积累视角下我国企业创新能力构建的战略路径等三个在“基本关系—内在机理—实现路径”逻辑链上层层铺展的主要问题。

1.3.1 基于自主性解读视角的企业创新能力内涵与结构研究

建设创新型国家战略的提出，意味着自主创新将成为我国经济社会的核心驱动力。然而，自主创新在根本上并不仅仅强调创新主体对创新过程的掌控，更强调创新主体对熊彼特租金的收益权，特别是收益分配支配权的获取。但这种收益权不是法律授予而只是法律保障的，其获取在根本上依赖于企业自身的创新能力。也就是说，我们强调自主性，其核心是为了保障企业能够充分获取或保障从自身

的创新努力中获得的利益，但利益保障在根本上依赖的是企业底层能力。为了更加深入探究知识积累与企业自主能力之间的关系，本书第 3 章基于自主性解决视角界定企业创新能力的内涵、结构与测量，并采用实证方法予以验证，从而为后续研究提供概念基础。

1.3.2 知识积累与企业创新能力关系研究

为什么一些企业能够实现高效竞争、快速成长，而另一些企业则饱尝失败滋味？转型经济环境中，在创新日益成为企业的必需而不是可选活动的条件下，影响企业创新成功的关键性因素是什么？按照熊彼特增长理论，创新和知识积累在技术进步与经济增长中具有重要作用（严成樑和龚六堂，2009）。深入到企业微观经济系统中，“知识与信息是企业的一种资产，因为它们影响到企业的生产可能性曲线”（Prescott and Visscher，1980：447），其积累状况提供未来新的但不确定的市场扩张的可能（Kogut and Zander，1992）。而所谓能力，简单而言就是指能够使企业把事做成、集体拥有并具有行动导向的知识（Dosi et al.，2000）。所以，知识积累对于企业能力发展具有重要意义。但是，企业知识如何影响企业创新能力的形成与发展的内在机理却不清楚。事实上，现有研究一般默认知识的战略性作用，但对知识如何提供未来扩张可能的相关研究却较少。对此，我们基于时空维度划分不同类型知识积累模式的框架下，首先对不同知识积累模式与企业创新能力关系从多个角度进行研究，具体内容包括：①知识积累模式与企业创新能力基本关系（第 4 章）；②知识积累模式之间交互作用与企业创新能力间关系（第 5 章）；③不同知识积累模式交互作用与创新能力发展间动态演化关系（第 6 章）。

三个研究采用不同方法，交叉验证、横纵结合，多视角剖析企业知识积累与创新能力提升之间的关系。

1.3.3 知识积累影响企业成长的内在机理

创新是手段，用创新驱动企业高质量发展才是根本目的。据此，在探索知识积累与企业创新能力间关系的基础上，我们将视野进一步延伸到企业成长这一根本性出发点上来。具体研究中，我们首先基于大样本调查数据，采用统计回归分析方法对不同知识积累影响企业成长的内在路径进行检验，识别出不同知识积累模式如何通过不同路径影响企业成长的内在规律。其次，采用定量分析与定性研究相结合的研究方法，针对前述研究中识别出来的知识异质性之于企业知识积累与创新能力提升的重要性的发现，我们进一步在第 8 章，基于华为科技公司的纵向案例研究，以企业新创知识（企业异质性知识存量积累的内生性来源）为关注焦点，探索新颖度区分视角下的企业知识创造对企业成长的影响，然后我们收集 2008～2017 年通信设备制造行业企业面板数据，对新颖度区分下的企业异质性增量知识如何影响企业成长的内在规律进行验证。具体包括：①知识积累促进企业成长的路径研究（第 7 章）；②新颖度区分下知识创造与企业成长关系研究（第 8 章）。

两章内容实际包含三个子研究，分别采用问卷调查所搜集数据、典型案例研究方法（采用定量方法进行定性研究）、行业性企业面板数据等不同数据来源，定性与定量相结合、探索与验证相结合的方法，多源数据交叉验证，多角度探索知识积累对企业成长的影响规律。

1.3.4　知识积累提升企业创新能力的战略路径

在模式划分识别知识积累与企业创新能力间关系的基础上，进一步探索知识积累影响企业成长的内在机理，最后基于知识观探索知识积累提升企业创新能力的战略路径，形成第 9 章内容，即知识观下企业创新能力形成路径。

采用两个企业案例，通过质性分析方法，构建“创新要素”与“创新层次”二维框架，分别选择“技术”“组织”“市场”三个主要创新要素，以及“要素层”“部门层”“组织层次”三个创新层次，构建出“3 × 3”型研究框架，探索内生性知识转化与积累驱动下的企业创新能力形成路径。

1.3.5　构建企业创新能力的微观组织机制

针对企业创新实践中如何构建提升企业创新能力的组织机制，本书采用案例研究方法，深入到企业的微观过程中，解构企业创新能力构建的内在机制，即第 10 章：构建企业创新能力的组织机制。最后，本书针对“知识积累、自主创新：企业内生性成长规律”这一主题的研究结果进行了提炼与系统化，并对本书研究进行反思与评价，给出了本书研究的未来展望（第 11 章）。

1.4 研究方法

选择什么样的方法进行研究，需要考虑三个方面的问题：①该研究所要回答的问题类型是什么？②研究者对研究对象与事件的控制程度是怎样的？③研究的重心是当前发生的事情，还是过去发生的事情？（殷，2004）本书的核心是基于知识积累的企业创新能力提升机理与企业成长规律，由“基本关系”“内在机理”“战略路径”三个基本内容构成，由于各部分内容关注焦点不同，所选择的研究方法也有所差异。遵循“理论与实践相结合”以及“定性与定量相结合”的原则，并根据各具体研究核心主题的特征，本书选择不同方法与之匹配。除了理论研究（主要是指文献研究）之外，本书的主要方法包括案例研究方法、计算机仿真方法与统计分析方法。

1.4.1 案例研究方法

由于案例研究最适合“怎么样”和“为什么”之类的研究问题，并且研究对象是正在发生的事件，以及研究者对于当前正在发生的事件不能控制或极少控制（殷，2004）。本书中，第 8 章关注基于时间序列上知识积累与企业成长间关系，第 9 章关注知识观下企业知识形成与积累驱动企业创新能力形成路径的动态过程，这两章研究主题需要按时间顺序追溯相互关联的各种事件，并找出它们之间的相互关系或前因后果，是关于“怎么样”以及“为什么”的问题，因此选择案例研究将会对研究问题更富有解释性。此外，对于企业创新能力演化过程的研究，大样本的定量研究虽然可以描述广泛的组织过程，但不能深入创新能力如何利用、运作或发展的详细的微观过程。因此，精心设计的案例研究对于理解企业创新过程中资源创造与再造过程的微妙之处更加合适（Ambrosini and Bowman，2009）。此外，自主创新是我国特定时期特定情境下提出的概念，虽然现有研究文献有关于企业创新有效性的研究，但难以提供本书合适的理论框架。因此，第 3 章中关于我国企业自主创新能力的本质内容及其内在结构的探索，采用探索性案例研究方法，并利用扎根理论进行了编码。

1.4.2　计算机仿真方法

能力形成与发展过程是历史性的，具有时间路径的性质，使得一般统计分析方法难以洞察这一过程，所以第 6 章采用计算机仿真的方法，就环境动态、企业知识管理对创新能力影响的过程进行仿真建模。计算机仿真本质上是对“现实世界”的简约模拟，主要是抓住真实世界的过程、系统或事件运作的本质特征进行建模并模拟运行（Davis et al.，2007），从而为认识现实世界提供思路。系统动态学作为一种仿真的思想方法，具有较好的内部效度，而且适用于纵向的、非线性过程的模拟（Davis et al.，2007）。同时，系统动态学模型可以同时考察多个活动过程，因此可以用于观察微观组织过程对宏观涌现特征（如企业创新能力）的影响，并可通过仿真过程清楚观察这种涌现特征的产生全过程。在复杂多变的环境下，系统动态学模型用以洞察创新能力演化过程及其内在规律比较简洁可行。

1.4.3　统计分析方法

统计分析方法主要基于一定的理论假设通过大样本调查对理论进行检验，本书中，第 3 章采用统计分析方法进行探索性因子分析、验证性因子分析以及线性回归分析，进行企业创新能力量表开发。第 4、5 章分别对动态环境中企业知识积累与创新能力间关系以及不同知识积累模式间交互对企业创新能力的影响进行实证检验。第 7 章在华为科技纵向探索性案例研究提出的研究命题基础上，收集行业面板数据，采用固定效应模型进行计量分析，验证新颖度区分下的知识存量积累对企业成长的影响。设计良好的定量性实证研究，能够量化变量并有效检验变量间关系，进而在统计上检验理论命题和假设的合理性。

第 2 章　理论回溯与整体研究框架

2.1　理 论 基 础

2.1.1　创新理论

创新理论发展已有百年，逐渐发展成包含多个研究层次、涉及多学科领域的较为完整的理论体系。创新理论强调知识积累与技术进步是经济发展的内生性要素，表现在微观上是企业的知识存量积累与创新推动企业成长。从微观企业层次来说，企业创新理论研究主要关注技术创新发展及其影响因素。从企业创新研究本身来说，随着经济全球化进程日益加深，企业创新逐渐从依赖内部研发的相对封闭模式转向依赖创新网络的开放式创新（Chesbrough，2003）；从关注企业技术子系统创新逐渐转向技术要素与非技术要素兼顾的全面创新（许庆瑞，2007）。但是，关于企业创新的能力基础研究，长期以来却并没有获得实质性进展。特别是在西方创新理论研究中，更加关注创新绩效，以创新绩效反推创新能力存在的研究模式，使得创新能力本身的"黑箱"并没有被打开。

关于企业创新能力的来源，传统创新理论存在两种基本模式：企业家精神（熊彼特创新模式 I）（Schumpeter，1934）和大型企业的研究与发展惯例（熊彼特创新模式 II）（Schumpeter，1942）。因此，企业家精神（Freiling et al.，2008；Augier and Teece，2008）、创业导向（Hult et al.，2004）、R&D 投资（Cohen and Levinthal，1990）、掌握专业知识的人（Leonard-Barton，1992）等被认为是影响企业创新能力的重要因素。现有基于要素观（Leonard-Barton，1992；Westphal et al.，1981；Burgelman and Maidique，1988；魏江和许庆瑞，1996）与过程观（Koc and Ceylan，2007；Hult et al.，2004；胡恩华，2001）对创新能力的研究，较多关注新思想来源给定情况下的创新的组织实施与实现过程，较少关注到创新能力的来源问题；较多关注技术创新能力，较少从企业整体层次关注企业创新深层次的能力基础。

但随着环境的日益变化，创新领域不断出现新的现象，如颠覆式创新（disruptive innovation）、山寨现象、反哺创新（reverse innovation）等，传统创新理论在解释这些现象生成的内在机理方面存在不足。

2.1.2　企业能力理论

企业能力理论（Richardson，1972）具体主要包括资源基础观、能力基础观与知识基础观等。其中，资源基础观强调企业“独特的资源集合”（Penrose，1959），经过企业“独特的时间路径形成战略性资产存量”（Dierickx and Cool，1989），利用其价值性、稀缺性、不可模仿性与难以替代性（VRIN）（Barney，1991）构建竞争优势。但是，资源基础观的静态分析特征，难以解释当今多变环境中企业竞争优势的维持与发展问题。能力基础观对资源与能力进行了区分，强调能力是对资源的配置，而不是资源本身（Amit and Schoemaker，1993）。随着环境日益动荡，培育“企业整合、构建与重塑内外资源以应对变革环境的才能”，即动态能力（Teece et al.，1997）日益受到关注。但是，动态能力理论由于其研究中方法论上同义反复的嫌疑而受到诟病。知识基础观强调企业知识特别是企业专有性质知识是企业战略性资产，这种战略性资产的内生性积累是企业获得持续竞争优势的来源（Dierickx and Cool，1989）。事实上，整合了资源基础观与能力基础观的思想，认为能力就是指能够使企业做事的、集体拥有并具行动导向的知识（Dosi et al.，2000），同时暗示了行为主体的知识结构（认知图式）对于企业未来发展的重要作用。

企业能力理论主要从整体上描述企业能力的特点，如独特性（Penrose，1959；Barney，1991；Wernerfeld，1984）、动态性（Teece and Pisano，1994；Teece et al.，1997；Eisenhardt and Martin，2000）、阶层性（Collis，1994；Winter，2003）等，但没有关注到能力是企业行动力的基础，与企业行为紧邻（Iansiti and Clark，1994；Schreyögg and Kliesch-Eberl，2007）。虽然 Amit 和 Schoemaker（1993）强调了“配置”（deploy），Eisenhardt 和 Martin（2000）强调以新产品开发、联盟、并购等为主要形式的企业对资源的“整合、重塑、获取与释放”活动，但能力的微观基础如行为主体的态度（Chandy and Tellis，1998）、管理者认知（Gavetti，2005）的重要性一直被忽略。

创新在本质上是企业为了获得持续改善或附加的经济绩效或创造全新的价值主张而求变或应变的系统性组织行为。而创新能力是“制造变革的能力”（Cebon and Newton，1999），是一种高阶能力，也是一种动态能力。它强调对低阶能力或企业资源、知识构型的“创造性破坏”（Schumpeter，1934）力量，在本质上是“偏离企业现有知识轨迹的新知识创造”（Pandza and Thorpe，2009）或改善、增进现有知识的潜能。创新能力需要强调“创新”的组织行为特征，主要表现为“求变”或“应变”的发起、实施过程与实现结果（Damanpour，1991），其中主体的主动性与能动性不容忽视。然而，创新主体的知识结构（认知图式）在创新能力形成中的作用仍然没有得到足够的关注。

2.1.3　演化理论

演化理论（Nelson and Winter，1982）关注事物的生成过程，强调组织对变异的选择机制，企业通过选择实现适应。选择机制是演化的重要内容，它使能最适应其环境的技术、组织惯例和产品保留下来并得以流行（Foster and Metcalfe，2001）。“选择–适应”模式意味着企业的创新活动是源于外部环境的变异所激发的适应性行为，而这些适应性行为的产生是基于企业以前积累的经验和沉淀下来的惯例。因此，“选择–适应”模式在总体上被认为是线性关系（Pandza and Thorpe，2009）。传统演化理论采用生物学演化类比的方式分析作为“社会—技术”系统的企业，变异被认为是外生的。在此逻辑下，组织对变异的选择相对而言是被动适应的，时序上也相对滞后（张军和金露，2011）。企业创新能力的发展也是“被选择”的，是在经验与知识积累基础上的进一步适应的结果，具有连续性与渐进性。

与传统演化理论不同，现代演化理论对“变异”来源进行了重新界定——变异不仅可能来源于外部环境的变化，也可能是组织内生形成的。现代演化理论强调“变异—选择—发展”之间的交互作用，指出企业在产品、组织和生产方法上的创新产生了变异，并把这种变异转变成不同的盈利可能性，同时，竞争的动态又把各种盈利可能性转变成不同程度的增长（Nelson and Winter，1982；Dosi et al.，1988；Metcalfe，1998）。企业在外部变异激发下被动选择的同时，也在内部积极地创造变异，旨在形成应对外生的可能变异所导致的不确定性的内部补偿机制（张军和金露，2011）。而这个补偿机制相对于变异而言，是积极的、先导性（或前摄性）的，是建立在行为主体基于“变异—行为—行为结果”之间因果关系的认知图式基础上的。对创新而言，作为驱动要素的变异，不必是外部环境的变革，而是那些具有进一步改善潜力但已经被当前结构限制的变革（Meyer and Gupta，1994；Eccles and Nohria，1992；张军和金露，2011）。而行为主体的认知因素在其中所起到的作用不仅包括连续渐进的推进，也包括由于前瞻性认知（远见）导致创新能力的间断与突破。后者被认为是一种非线性关系（Pandza and Thorpe，2009）。但是，关于演化理论有关创新能力如何产生间断与突破，以及知识与能力基础的积累与创新能力轨迹的间断发展之间如何交互等内在机理都缺乏有效研究。

2.1.4 知识管理理论

知识管理理论的繁荣源于知识基础观在企业微观管理实践中的发展。知识基础观思想源于 Alchian（1950）对于不确定性条件下，拥有不完全知识的行为主体有目的的活动对经济活动结果的影响的关注。他认为，企业是生产性知识与能力积累的载体，对未来的把握取决于特定企业的知识积累状况（Alchian，1950）。20 世纪 90 年代开始，越来越多的学者开始关注知识与创新之间的关系。经典观点有 Nonaka 和 Takeuchi（1995）提出的“知识创造型企业”，强调基于知识转化与创造的视角审视企业的创新活动，如技术创新、组织创新能力。他们构建了企业知识螺旋发展的 SECI 模型，即知识社会化（socialization）、外部化（externalization）、组合化（combination）以及内部化（internalization）的不断转化过程是知识创造的过程，并指出创新是知识创造的一种形式。20 世纪 90 年代之后，知识基础观成为解释企业竞争力来源的主导性观点之一（Kogut and Zander，1992；Nonaka and Takeuchi，1995；Grant，1996，1997；Spender，1996），知识管理理论逐渐发展起来。

知识管理理论关注知识创造、发展、保留和转移是怎样被描述为学习过程的（Easterby-Smith et al.，2009）。企业的知识管理，是指识别、开发与提升组织内知识，从而帮助企业有效竞争的各种组织活动（Alavi and Leidner，2001）。知识管理可以基本分类为知识管理技术与将人力过程视为最重要知识的管理（Alvesson and Kärreman，2002；Easterby-Smith et al.，1999；Gloet and Berrell，2003）。两种观点源自不同认知论基点：实证主义与社会建构主义，而这影响如何评价与管理企业知识（Swan et al.，1999）。但这两种观点是互补而并非相互排斥的，是可以整合的。

本书将会在整合创新理论、企业能力理论、知识管理理论的基础上，以演化观与动态能力观对企业创新能力提升机理进行研究。本书的主要理论基础如图 2.1 所示。

图 2.1　本书的主要理论基础

2.2　企业创新能力研究现状

“在一个快速变革的时期，可能企业希望繁荣发展最好的、也是唯一方式如果不是生存就是创新。创新是将变革转化为机会的唯一方式”（Drucker，1994：preface1）。创新已经成为当代超竞争环境中企业竞争优势获取的关键来源（Tushman et al.，1998），直接关系到企业的生存与发展（D' Aveni and Gunther，1994）。因此，作为将变革转化为机会的企业深层次能力，通过实施较对手更多、更好概念的方式而获得竞争优势的能力基础（Francis and Bessant，2005：172），创新能力被认为是企业绩效的最重要影响因素之一（Burns and Stalker，1961；Hurley et al.，1998；Porter，1990；Schumpeter，1934；Mone et al.，1998）。

自 1912 年奥地利经济学家约瑟夫·熊彼特（Joseph Alois Schumpeter）首次从经济学视角提出“创新”概念及其系统理论以来，创新理论已经经过了百年发展。创新研究已经成为新增长理论与战略管理等多个研究领域的重要内容，研究对象包括发生在各个层次的创新行为或创新活动，理论基础分布于多个学科领域。但是，在微观企业层次，创新能力及其构成以及创新能力的发展与演化规律等仍然是热点问题，一些关键性问题仍然未能得到满意的解决。

2.2.1　创新内涵的演化

我国典籍《广雅》中对“创”的释义是“创，始也”。新，则是相对于旧而言的，指初次出现的事物。因此，“创新”，简单而言就是“开始或发起一个相对于旧的不同的事物或过程”。在西方，“创新”一词起源于拉丁语中的“innovatio”，基本内涵为“革新”，包含三层含义：①创造，即创造原先没有的新东西；②改变，即对原有的事物进行改造和发展；③更新，即对原有事物进行替换。

将经济属性赋予到“开始或发起一个相对于旧的或现有事物不同的事物或过程”中，“创新”就有了新的意义。1912 年，奥地利经济学家约瑟夫·熊彼特首次从经济学视角系统提出“创新”概念及其系统理论，明确指出了发起一个相对于旧的不同的过程并取得相应结果，如一种“从来没有过的关于生产要素的‘新组合’”，是为了获得垄断利润。他指出：追逐垄断利润是促进企业创新的动机，创新是创造性毁灭的过程，创造性毁灭是资本主义发展的动力（Schumpeter，

1942）。但事实上创造性毁灭并非所有创新模式的特点。随后发展的熊彼特增长理论指出：存在两种创新模式——垂直创新与水平创新。其中，垂直创新也称为质量梯子模型，强调创造性毁灭，创新的结果是新产品会将旧产品驱逐出市场；水平创新也称为种类扩张模型，强调并不一定产生创造性毁灭的结果，认为新、旧产品可以并存于市场。在现实经济系统中，两种创新模式并存，并常常交替出现在企业微观实践中。熊彼特增长理论强调研发与创新是技术进步与经济增长的内生因素，并提出了经济增长的内生机制（严成樑和龚六堂，2009）（图 2.2）。这一经济增长内生机制同样适用于企业层次的增长逻辑。

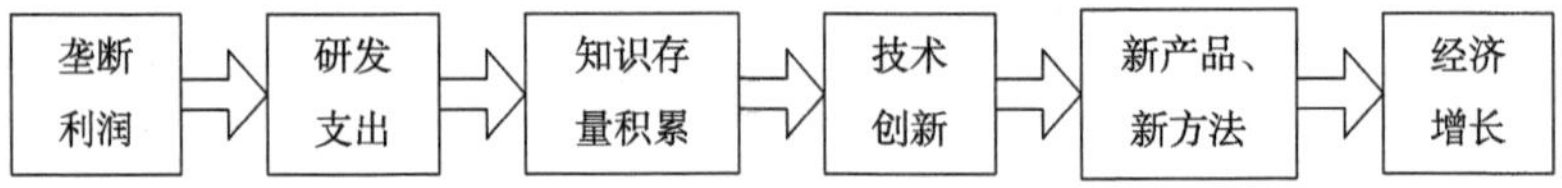

图 2.2 熊彼特内生性经济增长机制

最初的"创新"概念是指"把一种从来没有过的关于生产要素的'新组合'引入生产体系"的过程与结果（Schumpeter，1934），以便获得垄断利润。创新包括五种类型：①引入一种新的产品或提供一种产品的新属性；②采用一种新的生产方法；③开辟一个新市场；④获得一种原料或半成品的新的供给来源；⑤采取一种新的企业组织方式（熊彼特，1990）。熊彼特最初所提出的创新概念，内涵十分丰富，既包括产品创新、工艺创新等隶属于生产力范畴的技术系统活动，也包括市场创新、组织创新等隶属于生产关系范畴的社会系统活动。

但索洛在评论熊彼特理论的基础上，提出后来被称为"技术创新"概念界定里程碑的技术创新实现的"两步论"，即"新思想来源"与"随后阶段的实现发展"是技术创新有效实现的两个基本条件的观点（傅家骥，1998）以来，创新理论的发展因此被聚焦到技术创新范畴内，并因为聚焦而使得创新研究的边界清晰化，并进一步促进了（技术）创新理论的快速发展。在此框架下，技术创新被界定为"一种新产品或新工艺被首次引入市场或被社会所使用的过程"（Mansfield et al.，1977）。Freeman 和 Soete（1997）从技术创新的组织活动构成角度，认为技术创新包括新产品的销售或与新工艺、新设备的第一次商业化应用相关的技术、设计、制造、管理与商业活动等。这一界定因为涉及具体组织活动而更具现实的操作性意义。在随后相当长的时期内，技术创新概念及其内涵都围绕上述曼斯菲尔德等于 1977 年所给出的定义而发展，存在共识，也存在一定的争论。其中争论主要包括对新产品或新工艺中所谓新颖性程度的界定与争论（Crossan and Apaydin，2010）、关于"首次"的参照系的确定（如企业、市场、产业，乃至世界）、创新过程包括哪些环节等方面。而针对创新决定因素的研究，长期以来是创新研究的核心，主要聚焦于创新的领导、组织层次管理性前因与过程层次的协同等方面，分别以高层梯队理论、资源基础观与动态能力理论以及过程理论为理论基础而展开（Crossan and Apaydin，2010）。

随着学界对创新现象的深入了解，创新定义逐渐放宽，并逐渐向组织整体层次的创新回归，而不再仅仅局限于企业的技术创新子系统。借鉴欧洲委员会 1995 年版《创新绿皮书》中的创新定义，Crossan 和 Apaydin（2010）将创新界定为：经济与社会领域对增值的新颖性事物的生产或采纳、消化与利用的过程及其结果，包括更新与扩展产品、新服务与新市场，开发新生产方法，建立新的管理体系，等等，并特别强调创新既是过程也是结果。由于在一定程度上，创新结果是由创新过程决定而产生的，因此学界对其中的创新过程更加关注。针对创新过程，有学者将其界定为“将机会转化为实际应用的过程”（Tidd and Trewhella，1997），并以此为脉络作为探讨创新能力构成的依据。Baumol（2002）则将创新过程更加细致地描述为“可盈利性变化的机会认知和追求这些机会的各种方式，并通过这些方式将机会落实到实践中”的过程（Francis and Bessant，2005）。上述定义跳出了技术创新研究的思想框架约束，从创新活动所包含的逐利属性出发，识别出企业创新实现过程的关键环节，即企业创新的发起、问题解决尝试以及实施等，在所涉范畴上更接近于熊彼特最初所提出的创新概念，但对创新本身的微观过程特征认识更加深入。但这些定义尚没有引起学界足够的关注，大多研究仍在技术创新研究传统中进行，这也反映在关于创新能力的研究上，大多也仍然局限在技术创新领域。

值得一提的是，面向 21 世纪挑战，基于我国现实国情，我国学者提出“自主创新”概念（陈劲，1994）。所谓自主创新，是指依靠自身力量独自研究开发、进行技术创新的活动。包括三个显著特点：在核心技术上的自主突破、关键技术的领先开发、新市场的率先开拓（杨德林和陈宝春，1997）。而傅家骥（1998）将自主创新界定为“企业通过自身的努力或联合攻关探索技术的突破，并在此基础上推动创新的后续环节，完成技术的商品化，获得商业利润，以达到预期目标的一种创新活动”。自主创新强调“在创新中不单纯依赖技术引进和模仿，而是以创造市场价值为导向的创新中掌握自主权，并能掌握全部核心技术或知识产权，以打造自主品牌、赢得持续竞争优势为目标”（郑刚等，2008），是一种“自主掌控下利用一切可利用资源，形成体制、机制、产品以及技术上的竞争力”（倪光南，2006）。从自主创新概念本身来说，旨在从国家战略意义上强调技术创新所产生的知识产权的自主性，这是与我国特定阶段的国家发展战略相匹配的，但从学术意义上来说，并没有突破技术创新本身的内涵。所以，本书其他部分涉及自主创新的概念，并不强调其学术意义。

2.2.2 创新能力内涵及其结构研究

1. 创新能力内涵

现有大多创新文献对创新能力界定及其内涵研究，仍然默认在技术创新领域。大多情况下，创新能力被认为与引进新工艺、新产品或新创意的能力有关(Koc and Ceylan，2007)，是“制造变革的能力”(Cebon and Newton，1999)。有学者以曼斯菲尔德等（1977）关于技术创新的定义为基础，将技术创新能力界定为“企业产生新产品、新工艺以及改善现有产品与工艺的能力”(Dahlman and Westphal，1982)。但这一同义反复式定义方式，并没有触及技术创新能力的本质。

有学者从战略管理的角度，将技术创新能力界定为组织支持企业技术创新战略的一系列综合特征（Burgelman and Maidique，1988），是以资金能力作为支撑，为支持技术创新战略实现，由产品创新能力和工艺创新能力为主体并由此决定的系统整合能力（魏江和许庆瑞，1996）。它具体包括对可利用资源的分配（资源配置能力）、对行业发展与技术发展的理解能力（学习能力）、企业结构与文化条件（组织创新能力）、战略管理能力（Burgelman and Maidique，1988；官建成和史晓敏，2004）与战略计划能力等（官建成和史晓敏，2004）。

从创新过程有效实现所需依赖的基础或要素的角度来看，创新能力是指企业所需的有效吸收、掌控、提高现有技术从而创造新技术的技能和知识（Lall，1992），或能持续不断地把知识和创意转化到新产品、新流程和新体系中，并能够为公司以及公司股东创造收益的能力（Lawson and Samson，2001）。上述定义主要基于创新过程中底层知识流动与转化脉络而给出的，但是忽略了技术创新中的“新思想来源”这一重要环节。事实上，“识别、拓展并利用商业机会的才能”以及“可将技术能力转化为经济活动的方式”在创新过程中都是创新成功的基础（Carlsson and Eliasson，1994）。也有学者将“产品创新、工艺创新”与“现实市场需求、未来市场需求”分别组合，从技术创新能力类型的角度识别出四种技术创新能力，即通过提供新产品满足市场需求的能力；通过运用相应的流程技术来生产产品的能力；通过发展和引入新的产品与新的生产过程来满足未来需求的能力；应对由对手和未知环境所带来的没有预见的技术挑战的能力（Adler and Shenbar，1990）。

2. 创新能力的结构与测量

对于创新能力的内在结构，从其剖析创新现象的视角来看，现有相关研究可以基本分为两条研究脉络：一条脉络主要以技术创新过程为基础界定创新能力内涵及其构成，主要以新产品开发的发起到实现过程探讨技术创新能力构成。在对 524 篇相关文献综述的基础上，Crossan 和 Apaydin（2010）将创新的核心过程归纳为创新发起、组合管理、开发与实施、项目管理以及商业化等过程，并认为这些过程之间主要是先后序列性关系。胡恩华（2001）则从技术创新实现所需的能力层面出发，将技术创新能力界定为企业从对市场技术需求分析、技术创新构思、规划和决策开始，经过研究开发、工程化、商业化生产，到市场应用等多个环节的能力的综合。并且，这些环节的能力之间是一种串联而非并联的关系（杨宏进，1998）。但在测量中，大多学者则认为技术创新能力主要包括管理能力、投入能力、研发能力、制造能力、营销能力、实现能力（或产出能力）等子能力，主要采用静态的资源投入数量指标进行测量（魏江和许庆瑞，1996；胡恩华，2001；李向波和李叔涛，2007；曹庆奎等，2006；郑春东等，1999；郑春东和和金生，2000；黄德春和陈思萌，2008）。但能力是嵌入在组织与管理过程中的（Teece et al.，1997；Amit and Schoemaker，1993；Bingham et al.，2007），仅仅以资源数量进行测量显然存在较大局限。

另一条创新能力构成的研究脉络，将企业作为微观技术创新系统探讨创新能力的构成要素。其中，比较具有代表性的观点是从战略管理视角出发，将技术创新能力界定为组织支持企业技术创新战略的一系列综合特征，包括对可利用资源的分配（资源配置能力）、对行业发展与技术发展的理解能力（或学习能力）、企业结构与文化条件（或组织创新能力）、战略管理能力（或战略计划能力）等（Burgelman and Maidique，1988；官建成和史晓敏，2004），而技术创新的核心能力主要包括研发能力、生产制造能力、市场营销能力等（官建成和史晓敏，2004）。从技术创新所需的基础性要素的层次，Leonard-Barton（1992）指出技术创新能力的核心是掌握专业知识的人、技术系统、管理系统的能力以及企业价值观。李金明（2001）在讨论企业创新能力的构成时指出：企业创新能力是一种能力、一种制度、一种文化，而不仅仅是技术的创新。创新能力分布在企业活动的各个环节中，以人、企业知识，以及各种价值观、惯例或制度作为基础。此外，有学者从系统视角，将企业内外环境纳入创新能力体系中（董岗和傅铅生，2004）。刘锦英等（2006）进一步从企业升级的视角指出，创新能力应当包括创新动力、创新环境、创新决策能力、新知识的产生和获取能力、投入能力、组织管理能力所决定并由这几种要素组合而成的系统整体功能。

实证研究中，现有的创新研究常常聚焦于研发活动，而将市场导向等其他因素的影响排除出去。早期研究将创新能力操作化为研发强度或专利数（Crossan and Apaydin，2010），即多从资源投入（如企业研发强度与研发人员数等）与绩效产出（如新产品数、新产品产值、专利数或新颖程度等）的视角测量创新能力，其中以创新绩效代理测量创新能力的研究居多（Cohen and Levinthal，1990；Hu and Tseng，2007；Hu，2008；McGrath，2001；Calantone et al.，2002）。但这些构思及其测量已经被证明对于各组织类型与目的而言，概化效度有限（Adams et al.，2006），特别是在企业越来越趋向于市场导向的当代情境中。

2.2.3 创新能力提升的影响因素研究现状

关于企业创新能力、绩效提升因素及机制研究，依据研究层次，可划分为个体、企业与网络等三个层次（Rothaermel and Hess，2007）。

1. 个体层次因素

个体层次的相关研究，主要关注企业家或高管人员等企业中“具有权势的个体”（Hambrick and Mason，1984）对企业创新绩效、能力的影响。

一般认为，企业家精神（Schumpeter，1934）或创业导向（Freiling et al.，2008；焦豪等，2008）以及高管持有的较高抱负水平（Helfat and Raubitschek，2000）有利于提高企业创新绩效和能力。而高管的战略方向变革（Rosenbloom，2000）、管理者认知（Tripsas and Gavetti，2000）等因素具有较强的创造性破坏作用，对创新能力发展的影响具有不确定性，是创新中的“双刃剑”。

总体而言，个体层次研究实质关注的是创新能力的来源或深层次硬核，其中管理者的认知因素被作为组织能力的微观基础正日益受到学界的关注，并认为是产生战略性感知与能力发展路径创造的来源（Pandza and Thorpe，2009）。

2. 企业层次因素

企业层次的相关研究，主要可以区分为静态因素，如组织结构性特征或资源状况对创新的影响，与动态因素，如组织过程，对创新能力、绩效的影响。

早期研究倾向于关注组织结构特征与资源状况的影响，前者主要关注结构复杂性（Damanpour，1991，1996）、规范化程度（Utterback and Abernathy，1975）、集权与分权（Argyres，1996；Argyres and Silverman，2004）等；后者关注企业初始知识存量或以前经验水平（Helfat and Raubitschek，2000；刘满凤和唐厚兴，2011）及知识网络（Hansen，1999）、资源状况（Nohria and Gulati，1996；Daniel et al.，2004；Voss et al.，2008；王莉红和顾琴轩，2013）、企业在行业中所处的位置（Cockburn et al.，2000）等对创新的影响。

基于组织过程的相关研究，常以新产品开发过程为研究对象，以知识管理活动为脉络，从知识转移与利用（Spithoven et al.，2010；Donate and Guadamillas，2011；Powell et al.，1996；Tsai，2001）、知识共享（Filippini et al.，2012；Sáenz et al.，2009；Hong et al.，2011；宋志红等，2010）与知识创造（Nonaka and Takeuchi，1995）等过程探讨创新能力、绩效的提升。企业层次的研究主要建基于企业的资源基础观。其中，知识作为战略性资源，被认为是生产力、竞争力与经济绩效的关键（Prahalad and Hamel，1990），而知识重构是企业创新的不竭源泉（Grant，

1996；Dosi，1988），特别是企业专有性知识的积累是企业持续竞争力的根本来源（Dierickx and Cool，1989）。但知识积累如何推动企业创新能力提升与发展在现有研究中仍然是个“黑箱”（van Wijk et al.，2008）。

3. 网络层次因素

近年来，对于创新能力提升的影响因素研究，开始关注企业与其外部各类关联性组织或机构所形成的各类网络的结构、关系以及认知特征对焦点企业创新能力或创新绩效的影响。研究对象包括创新网络（Graf and Krüger，2011）、知识网络（Almeida et al.，2004）、战略联盟（Rothaermel and Hess，2007；Dussauge et al.，2000；Hess and Rothaermel，2011）、研发或技术联盟（Sen and Egelhoff，2000）等。关注的焦点包括网络结构特征（Schilling and Phelps，2005）与关系强弱（Vanhaverbeke et al.，2009；Tiwana，2008）。值得注意的是：网络层次研究的理论基础仍然是资源基础观，其关注内容是企业的外部知识、资源构型，以及组织间知识、资源流动及转移，其实质仍然是知识积累与重构对焦点企业创新能力发展的影响。

4. 对现有研究的简评

上述研究分别从不同层次、多个角度对创新能力及其发展进行了有益探讨，但仍存在几点不足。

（1）不同层次研究之间相互分割、缺乏联系。创新是一种复杂的经济活动和社会现象，其有效性受到不同层次的多种因素的共同影响。现有研究中的分离现象使得我们对创新现象的观察缺乏全面性和系统性。

（2）在“能力发展是连续性的”潜在假设下探讨创新能力提升机制，难以解释为什么一些成功企业败于朝夕之间的现象。企业创新能力发展模式并不是单一的，其发展过程常常呈现出多种模式并存或交替出现的特征，但现有研究并没有区分不同创新能力发展模式的差异性，这使得现有研究在解释创新发展规律时具有较大局限性。

2.3 知识与创新关系研究回顾

熊彼特在提出创新概念的同时，也区分了“创新”与“发明”的差异。他指出，“发明创造与实施相应创新，在经济性与社会性方面完全是两码事”

（Schumpeter，1939：85）。发明与创新之间虽然在来源方面相互联系，但它们在过程、不确定性等方面存在很大差异；创新不是发明，而是对发明的技术知识的导入与商业化应用（Schumpeter，1939）。因此，创新在本质上是一个知识重构的过程，而组织持续创新的唯一方法就是不断更新其知识基（Dosi，1988；Grant，1996；Kogut and Zander，1992；Fleming，2001）。在某种程度上，无论是科学领域，还是我们现实生活中的任何新颖创造，都是已有概念或物质重构的结果（Nelson and Winter，1982）。知识与创新的内在联系，也体现在创新研究所属理论基础的分布特征上。对从 1981～2008 年创新研究的回顾与分析中发现，创新研究的理论基础虽然分布在多个学科领域中，但大部分研究的主要理论基础都集中于学习与知识理论（Crossan and Apaydin，2010）。

熊彼特对创新概念的界定，一方面隐含地指出创新的本质是组合或整合，另一方面突出了企业创新更倾向于是“知识的应用或整合活动或过程”的思想。因此，知识整合或知识重构是企业创新的不竭源泉（Grant，1996；Dosi et al.，1988；Spender，1996；Fleming，2001），无论是新知识与企业现有知识整合（Grant，1996；Kogut and Zander，1992），还是企业知识间现有关系的重构（Grant，1996；Henderson and Clark，1990）。从这个角度来说，企业不仅仅是信息处理系统，更是知识创造系统，应从企业知识创造的视角来审视企业创新活动，包括技术创新、组织与战略创新（Nonaka，1994）。值得一提的是，企业知识创造在根本上主要是企业知识整合的结果，即基于企业情境特征与目标市场特征的现有知识整合或现有知识与外部新知识整合所产生的新知识，而不等同于发明所创造的新知识。而快速的情境性知识的创造是企业应对快速变革环境的关键（Eisenhardt and Martin，2000）。事实上，在前述的经济增长的内在机制中，知识存量积累与创新之间的承接关系的有效性，直接影响创新成败。而熊彼特增长理论更加倾向于从宏观经济层面对两者间关系进行研究（ Romer，1990；Jones，1995a，1995b；Lucas，1988；Young，1998；Howitt，1999），但对微观企业层次知识存量积累与创新之间关系的研究并不多见，但这一问题的研究对于当代超竞争环境下企业如何提升自主创新能力的问题，具有重要的理论意义与现实意义。

基于企业的知识基础观（Grant，1996；Spender，1989；Kogut and Zander，1992）认为，企业知识包括存量知识与流量知识（Dierickx and Cool，1989）。其中，存量知识不仅使企业能够更好地利用相关知识，而且可以为企业更好地理解并评价技术进步的潜在商业价值（Cohen and Levinthal，1990）、深入理解问题解决方法（Zahra and George，2002）奠定基础。而企业专有性知识的积累是持续竞争优势的来源（Dierickx and Cool，1989）。因此，本书将现有关于知识与创新间关系的研究，根据知识形态可以基本分为两类：第一类关注知识存量与创新间关系，第二类则关注知识如何在转移与转化的动态中，实现对企业创新与绩效的影响。以下将以此分类为基础，逐一阐述。

2.3.1　知识存量与企业创新之间关系研究

基于组织理论，知识是指可使一个人顺利、有效地做某件事情的累积性实践技能或专业知识（Kogut and Zander，1992），包括技术诀窍（know-how）、信息或更具可阐述性维度的“知道什么”的知识。知识是嵌入在组织活动中的“know-how”，而不是存储在参与者脑海中的类似图书馆、被动的知识（Dosi et al.，2008）。知识嵌入在组织的基本要素中，包括成员、任务与工具，分别是人因性知识、技术因知识与组织因知识，知识也嵌入在组织工具与技术、组织任务及其相互关系以及由成员—工具—任务组成的各种网络中（Argote and Ingram，2000：153-154）。企业知识的这些特点使其被放在优先的位置上考虑竞争优势的来源（Spender and Grant，1996；Teece et al.，1997），成为最具战略重要性的企业资源（Grant，1996；Hill and Deeds，1996）。

知识存量与创新间关系研究，主要以资源基础观（Wernerfeld，1984；Barney，1986；Barney，1989；Rumelt，1984）、知识基础观（Grant，1996；Kogut and Zander，1992；Nonaka and Takeuchi，1995；Spender，1996）以及资源依赖理论（Selznick，1949；Thompson and McEven，1958；Pfeffer，1972a，1972b）为基础，将知识特别是企业专有性知识作为企业战略性资产，基于不同分类体系下的知识存量探讨知识与企业创新之间的关系（Cohen and Levinthal，1990；Al-Laham et al.，2011；Ernst et al.，2011；Brockman and Morgan，2003；Moorman and Miner，1997；Haas and Hansen，2005；Bierly III et al.，2009）。

关于知识存量与创新能力之间关系研究，一般认为：企业以前的知识或组织记忆水平提供企业吸收外部知识的能力基础，为企业提供激发创新的新知识，有利于提高企业创新绩效（Cohen and Levinthal，1990；Walsh and Ungson，1991）。现有知识通过提高获取信息的效率而提高产品创新绩效（Brockman and Morgan，2003）。企业进行系统性知识积累（Iansiti，1995a）、保留具有直接开发经验的核心人员不仅是非连续性技术变革环境下新产品成功开发的关键（Iansiti，1995b；Gino et al.，2010），也是企业新产品、新服务导入率的重要决定因素（Smith et al.，2005），并能够有效促进技术的商业化（Zahra and Nielsen，2002）。在特定时间截面上，企业知识存量水平越高，创新数越多（Thornhill，2006）。但企业现有知识与新产品创新程度之间的关系研究结论并不一致，如有研究发现两者之间并没有显著关系（Moorman and Miner，1997；Brockman and Morgan，2003）。产生上述结论不一致的原因，可能是在研究中没有区分知识的不同特性而混合了不同特性对创新影响的不同效应。

由于关于知识的研究遍布于各个学科领域，具有不同视角，因此也存在多种不同的分类体系（表 2.1）。不同类型的知识，在企业创新过程中往往表现出不同的作用。现有研究中，大多研究都是在特定的知识分类体系下探讨知识与创新间关系的。

表2.1　知识存量的不同分类体系

分类依据	知识类型	描述及特点
可表述性	显性知识	显性知识可编码、可清晰地被阐述，因此易于在个体与组织之间传递与扩散
	隐性知识	隐性知识则由于深深根植于经验、技能以及诀窍类知识中而难以转移，不能被正式传递
过程性或事件性	陈述性知识	陈述性知识也称事实信息
	程序性知识	程序性知识则主要指获取与管理陈述性知识的策略、规则与技能。程序性知识难以被清晰地表述，包含隐性维度以及如何做事或某特定任务，特别是如何最好实施的知识
所属主体层次	个体知识	个体知识是指单位内部个体所有的特定任务知识的总存量；指根植在管理者与员工脑海里的隐性知识和能力
	集体知识	集体知识是指嵌入在组织成员中包括如何协调、共享、分配以及重组个体知识的知识 组织知识包括嵌入在组织层次仓库中的体制化知识与编码化经验，以及企业员工之间以及企业及其伙伴之间相互信任、尊重与友谊的水平
所属专业领域	技术知识	技术知识是指与产品、技术以及工艺相关的知识
	市场知识	市场知识主要包括市场相关知识、服务市场的知识、客户问题的知识等维度
知识来源	内部知识	企业内部自有性知识，特别是指企业通过内部研发、自身积累、创造等获得的内生性知识
	外部知识	企业边界外获取或拟获取知识，需要经过内化才能成为企业内部知识
知识提供“产品-市场”的可拓程度	核心知识	核心知识通常是产品或服务的核心并形成产品或服务基础的科学或技术知识
	集成知识	集成知识是指将不同活动、能力和产品整合或如何整合成一个或多个垂直链的知识

资料来源：张军（2012b）

1. 显性知识、隐性知识

依据知识本身可阐述性以及可编码程度，可将知识基本划分为显性知识与隐性知识（Polanyi，1958，1966），类似分类如罗默曾经将知识划分为可传递性知识与不可传递性知识（张军，2005）。但知识的显性或隐性划分是相对的，因为即使是显性知识，也有隐性的成分（Polanyi，1966），并且显性与隐性知识之间是可以相互转化的（Nonaka and Takeuchi，1995）。

显性知识可编码、可清晰地被阐述，因此易于在个体与组织之间传递与扩散

（Grant and Baden-Fuller，2004）；而隐性知识则由于深深根植于经验、技能以及诀窍类知识（know-how）中而难以转移、不能正式传递（Polanyi，1966；Grant and Baden-Fuller, 2004）。在创新过程中，隐性知识由于其难以言喻性（Polanyi，1958）、黏滞性（Szulanski，1996；von Hipple，1994）与嵌入性（Argote and Ingram，2000）等特征，难以流动和模仿，从而更加有利于构筑企业持续竞争优势（Dierickx and Cool，1989；Barney，1991）。但同样因为这些特征，企业难以从外部获取隐性知识，并且难以与企业现有知识实现有效整合（Kogut and Zander，1992）。隐性知识通过帮助提高对显性知识的解释能力而提高企业创新绩效（Cohen and Levinthal，1990；Dhanaraj et al.，2004；Uzzi，1997）。并且隐性知识是累积性的，由社会嵌入性所增进（Uzzi and Lancaster，2003），因此，隐性知识的转移需要知识拥有者这一方更直接的帮助以及知识主体间更频繁互动与更丰富的沟通（Cockburn and Henderson，1998；Kale et al.，2000）。而显性知识则由于可编码、可表述而易于传播与转移，一般而言，对于提高创新过程效率以及短期绩效作用显著（Zahra and George，2002）。但也有学者发现，当企业内不同部门之间已经建立直接联系缓解不可编码知识的转移问题时，进行编码知识转移对企业创新项目绩效反而是有害的（Hansen，2002）。而电子文本式知识转移可能对创新新颖性产生不利影响，特别是在高经验团队中，可能直接导致方案竞争失败（Haas and Hansen，2005）。

与显性、隐性知识划分具有较大重叠度的另一类知识划分是陈述性知识与程序性知识。其中，陈述性知识也称事实信息，而程序性知识则主要指获取与管理陈述性知识的策略、规则与技能（Cantor and Kihlstrom，1989）。相对于陈述性知识，程序性知识难以清晰表述，包含隐性维度（Gupta and Govindarajan，2000）以及如何做事或某特定任务，特别是如何最好实施的知识（West and Noel，2009）的性质。这些性质使程序性知识能够对创新具有积极影响（Bojica and Fuentes，2012）。

综上所述，隐性知识与显性知识的区分，是最能体现知识本质特征的分类。这种本质差异直接导致知识可转移性差异。因此，现有研究常常将知识的显性与隐性特征作为研究知识流动或转移的条件因素对待。并且基于显性、隐性特性划分的知识与基于现实、潜在特性划分的能力之间难以清晰切割，在一定程度上两者具有等同性，所以现有研究对显性知识、隐性知识与创新能力之间直接关系的研究较少。

2. 个体知识、集体知识

企业是个体的集合。但企业知识不仅仅包括个体知识的总和，还包括嵌入在组织活动与集体性做事方式中的集体知识（Argote and Ingram，2000；Matusik，

2002；Leiponen，2006）。其中，个体知识是指单位内部个体所有的特定任务知识的总存量（Zhao and Anand，2009），集体知识是指嵌入在组织成员中包括如何协调、共享、分配以及重组个体知识的知识（Kogut and Zander，1992；Spender，1996；Grant，1996；Brown and Duguid，2001）。总体而言，个体知识与集体知识（或私人知识与公共知识）都对企业创新绩效具有积极影响，特别是集体性知识，无论是显性知识还是隐性知识，都对企业创新绩效具有显著的促进作用。但如果仅仅依赖个体所有的隐性知识，则可能对创新产生不利影响（Leiponen，2006；Matusik，2002），如个体隐性知识与新产品开发过程中更多的质量疏失正相关（Matusik，2002）。

在企业进行国际化的情境下，当企业选择在国外新设企业时受到两种个体层次资源的强烈影响，即企业家个体独特的以前知识（个体知识），以及企业家以前的社会与商业关系（个体社会资本），特别是企业对国外市场机会的识别受到他以前关于国际市场知识的影响（Evers and O' Gorman，2011）。类似地，跨国公司利用其派驻人员，一方面，将派驻人员的个体知识与技能传播扩散到国外子公司，另一方面，通过派驻人员对跨国公司内沟通与控制机制的影响来促进知识的有效转移，最终实现子公司创新绩效的提升（Hocking et al.，2004；Tung，1982）。由于企业内具有权势的个体对企业绩效会产生重要影响（Hambrick and Mason，1984），因此创新研究中关注的个体知识一般是指企业家或企业的一些关键性人员所拥有的知识与经验。

从组织智力资本的角度来看，智力资本中的人力资本、组织资本分别与企业个体知识、组织知识相关。它们对组织创新能力具有不同影响（Subramaniam and Youndt，2005）。其中，人力资本是指根植在管理者与员工脑海里的隐性知识和能力（Carmeli and Tisher，2004；Hatch and Dyer，2004；Martinez-Torrez，2006；Chen，2004），它与根本性创新能力之间存在负向关系；而组织资本是指嵌入在组织层次的仓库中的体制化知识与编码化经验（组织资本）（Walsh and Ungson，1991；Wu and Tsai，2005），则对渐进性创新能力具有促进作用；但人力资本与组织资本的交互效应则对根本性创新具有显著的正向关系。

综上所述，个体知识与集体知识共同构成了企业知识。从能力的视角而言，更加强调企业集体性知识及其构型。现有研究一般认为，组织的集体性知识（或组织资本）对创新具有积极影响；个体知识与创新关系的研究结果，取决于知识隐性程度、社会资本等因素。

3. 技术知识、市场知识

在探讨企业创新能力或创新绩效提升过程中，许多研究依据知识所属的专业领域，将企业知识划分为技术知识与市场知识（Díaz-Díaz et al.，2008；Zahra and

Nielsen，2002；Fang et al.，2010）。技术知识是指与产品、技术以及工艺相关的知识（Burgers et al.，2008）。市场知识主要包括市场相关知识、服务市场的知识、客户问题的知识等维度（Shane，2000）。市场知识有利于提高对市场不均衡性（包括客户问题、未表述需求与技术变革的未知价值）的感知与意识，进而提高企业新机会发现及其有效利用的能力；而技术知识有利于提高对新机会识别与利用的能力，进而带来技术突破。

技术知识与市场知识在地理特异性方面存在显著差异，因此在需要进行跨界知识转移时对企业绩效产生了不同的影响（Fang et al.，2010）。研究显示：技术知识资产通过提升创新能力而对财务绩效产生积极影响；外部获得的技术知识、招募外部人才对创新具有显著积极影响（Díaz-Díaz et al.，2008），而技术许可因技术转移方式、企业所属行业特征等因素的影响对创新显示出不同的影响结果（Díaz-Díaz et al.，2008；王华等，2010）。

Allen（1977）在研究知识转移时曾将知识区分为科学知识与技术知识，并认为技术知识包含于组织内部，不在不同企业研究中心之间转移。而科学知识可在组织间自由扩散（Allen，1977；Marquis and Allen，1966）。这种观点主要是基于组织面对竞争性环境并且是逐利者的角度提出的。既没有考虑到社会资本的因素，也没有考虑科学知识与技术知识的吸收、应用问题。

综上所述，技术知识与市场知识，从其内容特性来说最接近企业创新活动经济价值实现的需求（即创新逐利本性的要求），因此在创新能力研究中，始终是研究热点之一。总体而言，技术知识与市场知识在创新过程的不同阶段上发挥不同的作用，并且受到多种因素的影响，如知识隐性程度、地理特异性、知识来源、获取成本或投资支出等因素。

4. 内部知识、外部知识

企业是个系统，具有系统边界。以组织边界为划分标准，企业知识可以分为内部知识与外部知识。在微观的企业创新系统中，内部知识与外部知识最终都要整合到新产品、新服务、新工艺以及新体系中。创新是内部知识开发与外部知识获取和应用的结果（DeCarolis and Deeds，1999）。对于企业创新过程而言，“借”是创新的催化剂，而不是“发明”。创新在很大程度上依赖于企业从外部环境中吸收信息与知识的能力（March and Simon，1958）。但企业需要开发一定水平的内部知识，才能理解与应用外部知识（Bierly and Chakrabarti，1996；Cohen and Levinthal，1990）。实证研究中，内部知识的概念常常与企业以前的知识、内部研发能力（或研发强度）等概念关联在一起。研究显示：内部知识与创新绩效之间呈现倒“U”形关系，而不同来源的外部知识却与创新绩效存在不同关系，如技术许可对创新的影响受到多种因素的影响，而招募外部人才与创新呈显著正向关系，通过外部研发获得的知识同样与创新呈现出倒“U”形关系（Díaz-Díaz et al.，2008）。

综上所述，内部知识与外部知识的划分，从知识本身视角而言是最不具知识内容特性的分类方式，但却是最具经济特异性的划分方式之一，因为企业是一个相对独立的经济主体。内外知识的划分最容易区分企业所属的知识价值，因此企业内外知识与同样具有深刻经济内涵的创新活动之间的关系研究，也最具经济意义。现有研究显示：企业内部知识与外部知识，在创新过程中是相互关联、互为条件的，但两者对创新的作用存在显著差异，并且在不同的条件下，各自与创新能力间关系表现出不同的结果。

5. 核心知识、集成知识

Helfat 等（2000）依据知识在新产品开发中对“产品–市场”扩张路径的不同影响，将企业知识划分为核心知识与集成知识（Helfat and Raubitschek，2000）。其中，核心知识通常是产品或服务的核心并形成产品或服务基础的科学或技术知识；集成知识是指将不同活动、能力和产品整合或如何整合成一个或多个垂直链的知识。核心知识的渐进扩张主要在同一产品链上的产品开发或紧密联系的水平市场上开发，因此与利用式创新能力更加相关；集成知识要求指向新知识需求的持续反馈机制，因而与根本性创新或探索性创新能力更相关，但也与渐进性创新能力有关（Helfat and Raubitschek，2000）。

综上所述，核心知识、集成知识的划分，从企业系统来说，更接近于科学技术知识与技术管理知识的划分，而 Helfat 和 Raubitschek（2000）所指的核心知识则倾向于原理性技术知识。按照他们的观点，核心知识是渐进创新的基础，而管理知识则基于技术知识的重构，更倾向于成为根本性创新或探索性创新的基础。

上述分类体系中，一般研究更倾向于关注基于知识专业属性或者以知识实体本身为基础而划分的不同知识类型与创新能力之间关系的研究，如技术知识与市场知识、核心知识与集成知识、个体知识与集体知识等，常常在研究中被作为战略性资产或独特资源来洞察它们与创新能力（或创新绩效）之间的关系。而与知识外显特征分类相关的知识类型，如显性知识与隐性知识、内部知识与外部知识等，则较多作为基于知识视角的创新研究中的条件来处理，具体如充当调节变量的角色。总体而言，技术知识研究较多（Detienne et al.，2004），这与创新研究长期以技术创新为主导内容的研究传统是相适应的，另外，也与技术知识更容易与新产品、新服务导入相关并进而实现盈利与增长结果这一特征相关联。现有研究中，学者往往并不在单一知识分类框架内进行研究，而是采用多分类体系整合而成的分类框架，如企业知识所属主体层次（个体知识与集体知识）与知识显性及隐性维度组合形成的混合分类体系下，分别探讨集体显性知识、集体隐性知识、个体显性知识与个体隐性知识在新服务导入与改善过程中的作用（Leiponen，2006）；内部技术知识与外部技术知识对创新的影响（Díaz-Díaz et al.，2008）等。

此外，有学者认为：企业以前的知识或经验实际影响的是组织知识转移的有效性，而不是企业的创新能力（Lane et al.，2001；Bierly III et al.，2009）。如在跨国公司内部，子公司创造与吸收的知识越多（知识存量），转移到其他部门的知识流量就越大（Foss and Pedersen，2002），而并不直接涉及企业创新能力问题。从促进知识转移的角度来说，不同类型知识受到的影响是不同的。以前的知识存量对企业知识中的诸如管理、营销与制造性知识转移有效性影响程度大于技术与科学知识（研发活动）转移的影响（Lane et al.，2001），企业隐性知识与程序性知识对创新具有更加积极的影响（Cantor and Kihlstrom，1989；Leiponen，2006）。而 Haas 和 Hansen（2005）指出：知识获取和使用的价值，应当通过知识使用对关键任务绩效的影响来评价，而不是通过测量企业所拥有知识存量大小或企业内知识流量大小来评价。

2.3.2　知识流动与企业创新能力关系研究

知识存量只能提供创新能力的基础，知识重构或整合才是创新的不竭源泉（Grant，1996；Dosi et al.，1988；Fleming，2001；Spender，1996），知识存量的积累是形成企业持续竞争优势的根本原因（Dierickx and Cool，1989；Schumpeter，1942）。知识存量的积累是个动态过程，通过各种知识活动来实现。所以，知识流动对创新能力提升具有重要意义。以特定企业为焦点，外部知识与内部知识在运动过程中存在差异，即外部知识运动主要以焦点企业有效利用知识的过程划分一般可分为知识搜索与获取（或组织间转移）、知识同化与吸收、知识整合与应用等几个基本环节，而内部知识运动则主要集中在知识整合（或重构）与利用。

知识流量与创新之间关系研究主要基于知识管理理论、组织学习理论，探讨外部知识的获取（Bojica and Fuentes，2012；Chamberlin and Doutriaux，2010；Cohen and Levinthal，1990；Zahra and George，2002）、组织间知识转移与流动（Lane and Lubatkin，1998；Bresman et al.，1999；Chan et al.，2010；Corredoira and Rosenkopf，2010；Foss and Pedersen，2002；Gupta and Govindarajan，2000）、企业内外知识整合与应用（Bierly III et al.，2009；Chirico and Salvato，2008；Cohendet and Simon，2007）等不同知识活动与创新能力或创新绩效之间的关系。本书将现有研究中表征知识流动的知识活动分类汇总如表 2.2 所示。

表2.2 基于知识流动过程的知识活动分类

知识活动	描述
知识获取	知识获取一般是指将外部知识应用到企业内部生产运营体系中的过程，暗含知识流动的方向性。外部知识获取存在多种形式，包括技术贸易或技术许可、专利与科学出版物、外部研发或研究联盟、招募人才等
知识转移	知识转移是指在一种情境下获得的知识如何应用（或未能应用）到另一种情境下，或者是一个单元（如群体、部门或事业部）受到另一个单元经验影响的过程。知识转移具有双向性特征
知识整合	知识整合的本质是知识的生产、融合与积累。依据整合驱动要素的不同，分为内部整合与外部整合
知识共享	知识共享概念倾向于强调不同知识主体之间以知识有效交换为目的而进行的各种交互性活动

资料来源：张军（2012b）

1. 知识获取与企业创新

知识获取一般是指将外部知识应用到企业内部生产运营体系中的过程，暗含知识流动的方向性。创新在很大程度上依赖于企业从外部环境中吸收信息与知识的能力（March and Simon，1958）。新知识，特别是来自外部的新知识是组织变革与改善的刺激源，同时能够提供企业知识整合或知识重构的新要素（Grant，1996），是创新能力发展的重要驱动因素（张军等，2012）。

外部知识获取存在多种形式，包括技术贸易或技术许可（王华等，2010；Díaz-Díaz et al.，2008）、专利与科学出版物（Corredoira and Rosenkopf，2010）、外部研发或研究联盟（Díaz-Díaz et al.，2008；Al-Laham et al.，2011；Corredoira and Rosenkopf，2010）、招募人才（Díaz-Díaz et al.，2008；Al-Laham et al.，2011）等。

研究显示：通过人才招募获取知识对创新具有显著的促进作用（Díaz-Díaz et al.，2008），但这种作用的影响强度随着时间消逝而减弱（Al-Laham et al.，2011）。而外部研发所获得的知识对企业创新具有积极影响，但这种正向影响具有边际贡献递减的趋势（Díaz-Díaz et al.，2008）。在低技术型企业中，无论是包含在设备、原材料、软件中的嵌入性知识，还是非嵌入性知识（如外部研发产生的知识），外部知识获取都会促进企业创新，特别是对创新新颖性程度方面具有积极影响（Chamberlin and Doutriaux，2010）。

也有研究指出，外部知识获取与利用是企业应用外部知识的两个步骤（Zahra and George，2002；Bierly III et al.，2009），知识获取本身对企业绩效并没有直接影响（Bojica and Fuentes，2012），而必须通过企业对所获知识的有效应用才可能对创新结果产生影响。因此，狭义的知识获取类似于企业的知识搜索概念。狭义的知识获取本身受到企业知识网络特征的影响，如网络规模、网络结构、网络多样性等。相关研究主要聚焦于组织间网络的结构洞与闭合网络（Burt，1992；

Coleman，1988）结构性特征对狭义知识获取的影响。而组织间网络的强弱联系（Granovetter，1973；Nelson，1989），以及组织间网络多样性与相似性（Higgins and Kram，2001；Parkhe，1991；Phelps，2010；Powell et al.，1996）等特征则倾向于从知识获取有效性角度研究知识获取与转移对创新的影响。此外，知识获取的有效性还受到企业现有知识存量水平、获取知识与现有知识间相关性以及其他一些因素的影响。如有学者认为当企业所获得的知识与现有知识的相关性程度高时，并不利于探索性创新（Bierly III et al.，2009），但如果所获取的知识与现有知识的相关性很低时，又不利于知识吸收与内化（Cohen and Levinthal，1990）。对外部知识的有效吸收与利用不仅取决于企业以前的知识与经验（Cohen and Levinthal，1990），而且取决于知识源组织与知识接收组织之间在组织规范、知识基与主导逻辑等因素上的相似程度（Lane and Lubatkin，1998）、知识特性（隐性或显性）（Bierly III et al.，2009；Hansen，2002）等因素的影响。

2. 知识转移与企业创新

知识转移是指在一种情境下获得的知识如何应用（或未能应用）到另一种情境下（Singley and Anderson，1989:1），或者是一个单元（如群体、部门或事业部）受到另一个单元经验影响的过程（Argote and Ingram，2000：151）。当组织从其他组织中或者从同一组织不同部门的知识中获益时，就发生了知识转移（Epple et al.，1996：78）。组织知识转移促进企业产生新产品开发概念（Powell et al.，1996；Tsai，2001），激发现有知识与新知识的组合，使部分产生建立新关系的能力（Jansen et al.，2005）。因此，知识转移有利于促进组织绩效、组织创新，以及组织能力的开发（van Wijk et al.，2008）。那些能够在部门间有效转移知识的组织，较那些较少转移知识的组织更具生产力（Almeida and Kogut，1999；Hansen，2002；Argote et al.，1990；Baum and Ingram，1998；Kostova，1999），而企业跨界知识转移也是创新开发过程的重要部分（Corredoira and Rosenkopf，2010）。

知识在组织之间的转移主要包括三种机制：企业间劳动力流动；资本性装备供应商与客户、制造者、使用者之间的互动；由现有企业、大学以及公共研究实验室衍生出的新企业（Keeble and Wilkinson，1999）。研究表明：组织间人才的流动（Corredoira and Rosenkopf，2010；Fang et al.，2010）与组织间基于个体员工间非正式沟通与互动（Levin，1988；Saxenian，1994），包括企业成员间互动与历时形成的非正式结构，对于寻找措施或方案具有重要作用（Ocasio，1997）。知识的空间转移受到地理接近性因素以及转移双方关系强弱的影响（Ganesan et al.，2005）。此外，知识转移存在时间上的近因效应，即最近的知识或经验较过去经验对当前影响的权重更大（Epple et al.，1996）。

值得一提的是，与知识获取强调外部知识流入企业不同，知识转移则不仅包括知识流入，还包括知识流出。一般认为，人员从企业内流出，意味着该企业的知识流出。但通过对半导体行业中人员流动的观察发现：集群中以人员流动为载体的知识转移，存在双向性知识转移特征。一方面，人员流出导致企业知识流失；另一方面，人员流出同时带来对原企业的知识逆向转移，并通过两种机制实现，一是在新老雇主之间建立人际沟通渠道，二是不依赖于人际沟通渠道，而是一个员工流向另一个企业可能导致前同事投放更多注意力于监控新雇主的知识流出，从而使原企业知识流入增加（Corredoira and Rosenkopf，2010）。特别是第二种知识逆向转移机制，可能倾向于潜在竞争意识所驱动的知识逆向转移，更有可能促进企业的创新发展。

3. 知识整合与企业创新

知识的获取与转移，从根本上来说是为企业创新提供知识准备。知识只有整合到现有组织系统中去，才可能具有行为导向能力（Iansiti and Clark，1994）。因此，知识整合与知识重构在根本上才是创新不竭的源泉（Kogut and Zander，1992；Dosi，1988；Grant，1996；Schumpeter，1934）。根据整合所涉权变因素相对于企业的位置，可以将知识整合分为外部整合与内部整合（Iansiti and Clark，1994）。知识内部整合与外部整合分别由不同的要素驱动，并分别在新产品的概念开发阶段与概念实施阶段起到主导性作用，是构建企业动态能力的关键。内部知识整合聚焦于现有知识间关系的重构，强调企业内部不同专业化子单元之间的协调、管理过程，以保证及时应用新信息进行有效沟通；外部知识整合倾向于新知识与现有知识间整合，并将新知识分为技术知识与市场知识两个维度，两个子维度在具体整合过程中表现出对动态能力作用效应的差异（Iansiti and Clark，1994）。知识外部整合与内部整合都与创新结果显著正向相关（Donate and Guadamillas，2011），分别与利用式创新与探索式创新相对应（Grant，1996）。

知识整合的本质是知识的生产、融合与积累，在响应技术与市场、创造持续竞争优势等过程中至关重要（Iansiti and Clark，1994）。在产品创新中，对产品核心元件进行整合或重构是架构创新的来源，而架构创新则常常是能力破坏性创新，使得一些曾经优秀的在位企业被驱逐出市场，成功者获得垄断利润（Henderson and Clark，1990）。在技术非连续变化的环境中，组织间创新绩效差异关键来源于产品开发早期与技术知识整合能力的差异（Iansiti，1995a），而产品开发早期阶段的关键是企业的外部知识整合能力。而在连接应用科学与产品开发知识的过程中，以产品代际间知识积累与知识基应用为核心的“系统聚焦型”知识整合是实现两者有效连接的关键（Iansiti，1995b）。

4. 知识共享与企业创新

知识共享是企业知识整合的重要方式。从知识活动的角度来说，知识共享概念倾向于强调不同知识主体之间以知识有效交换为目的而进行的各种交互性活动。企业成员间互动模式——无论是正式设定的，还是历时逐渐形成的非正式互动模式，都有利于促进新方法、新对策的探索与获得（Ocasio，1997）。促进组织成员间互动，有利于促进他们共享更多思想、试验，并且编码、转移和将知识用于创新的意愿更高（Bierly and Daly，2002；Jansen et al.，2006；Singh，2008；DeTienne et al.，2004）。新产品开发过程中，促进知识共享在最终达成项目时间、成本、价值目标的过程中，有利于进行战略性思考，并将其行动与项目环境相适应，进而实现创新性问题解决，即知识共享通过提高企业战略匹配能力进而改善新产品开发结果（Hong et al.，2004）。而作为组织知识总和的组织智力资本中，以个体知识为主要内容的人力资本在独自预测根本性创新能力时表现为负向效应，但与社会资本交互作用，却对根本性创新产生积极影响（Subramaniam and Youndt，2005）。而组织社会资本是指企业员工之间以及企业及其伙伴之间相互信任、尊重与友谊的水平（Clercq and Sapienza，2006；Kale et al.，2000）。因此，这从另一个角度验证了员工之间知识共享对于提高企业创新能力，特别是根本性创新能力的积极效应。

如野中郁次郎指出的那样：企业不仅仅是信息处理系统，更是知识创造的系统，应以知识创造的视角重新审视企业创新活动，包括技术创新、组织创新与战略创新等（Nonaka，1994）。企业是个复杂的知识系统（Leonard-Barton，1992），在动态环境中，只有不断更新企业知识基才能提供企业持续创新的基础（Dosi，1988；Grant，1996；Kogut and Zander，1992；Fleming，2001）。企业知识基不断更新在本质上是知识基重构、升级、积累的动态过程，这一过程为企业持续竞争优势的获取提供根本性来源（Dierickx and Cool，1989）。

2.4　现有关于知识与创新关系研究的局限

依据企业知识动态状况将企业知识划分为知识存量与知识流量的框架下，上述小结分别对知识存量与创新间关系、知识流量与创新间关系的研究现状进行了回顾与梳理。将现有相关研究中可能存在的不足主要归纳如下。

（1）绩效代理测量能力的方式不能全面洞察知识与创新能力之间关系。虽然现有研究普遍认为：知识是组织能力的基础，知识重构是企业创新的不竭源泉。

但在大多数实证研究中，常常以创新绩效或创新结果作为创新能力的代理测量，这种方式实际是从输出相对输入的方式“挤出”创新能力。与此相对应的知识与创新关系研究，实际是知识与创新绩效增量研究，并没有深入、全面地洞察到知识与创新能力之间的关系。

（2）现有关于知识存量与创新间关系的研究，多以技术知识为关注焦点探讨两者之间关系，限定了现有研究对象的范畴，导致研究不充分。企业知识研究存在多个分类体系，技术知识只是其中一个分类体系下的一个知识类型，从这一点来说，知识与创新间关系研究还有很大的研究空间。这一特点也特别体现在相关的实证研究中。现有的实证研究，大多采用反映技术特性的指标来测量企业知识，如采用研发强度（Cohen and Levinthal，1990）、专利数据（Ernst et al.，2011），或者工程师人数等（Thornhill，2006；Al-Laham et al.，2011；Almeida and Kogut，1999）来测量知识存量，实际上测量的是企业技术知识存量。这同时意味着现有研究中关于知识存量的测量存在不够全面与适用性问题。如专利数据测量存量知识虽然是学界共识，但难以应用到大量非科学技术基础型企业的知识存量的测量中；工程师人数虽然考虑到了企业中的个体知识，却没有考虑到企业中以经验或惯例形式存在的集体性知识。同样，研发强度测量企业知识受到学界的质疑（Lane and Lubatkin，1998）。事实上，尚未发现对知识的直接测量（Lane et al.，2006）。

（3）现有关于知识流量与创新间关系的研究，多在知识流动对创新具有积极影响的潜在假设前提下，关注影响知识流动的前因，而对知识流动对创新能力的直接影响的研究较少。从知识管理理论视角来看，更多的研究关注影响知识有效流动的前因，而较少检验其后果（Foss and Michailova，2010；宝贡敏和徐碧祥，2007）。而且，现有研究对知识过程微观层次构思与相关机制关注不够（Foss et al.，2010）。从创新理论与企业能力理论视角来看，虽然强调企业专有性知识的积累是持续竞争优势的来源（Dierickx and Cool，1989），强调创新能力发展中企业知识积累的重要性（Iansiti and Clark，1994；Iansiti，1995a，1995b），但直接检验知识积累与创新能力提升之间关系的实证研究很少，特别是对知识积累与创新能力演化的动态过程洞察不够。

（4）现有研究多在知识分类基础上，从知识存量与知识流量的角度探讨其对企业绩效的影响，但较少从企业管理与长期战略绩效的视角研究企业如何通过有效的知识积累提升企业自主创新能力，特别是从企业可持续发展的角度对基于知识积累模式区分的企业提升创新能力的策略及其择用进行全面而深入的探讨。

2.5　理论架构的提出

企业能力理论强调知识与能力的积累是持续竞争优势的来源（Dierickx and Cool，1989；Prahalad and Hamel，1990）。而“知识与信息是企业的一种资产，因为知识与信息可以影响企业的生产可能性曲线”（Prescott and Visscher，1980）。企业“在本质上是关于环境、资源、因果机制、目标、态度、政策等的知识体”（Spender，1989）。因此，知识创造较传统信息处理成为企业更加重要的功能（Nonaka and Takeuchi，1995）。由于在不确定性环境下，企业对未来的把握取决于特定企业的知识积累状况（Alchian，1950），因此“将知识储存于程序、规范、规则和结构中，并通过向其成员学习和积累这些知识”（March，1991），成为企业发展的重要模式。

关于企业能力发展中知识积累问题，曾经存在内在性还是外在化的争论。Penrose（1959）认为：企业知识积累是外部知识内在化的过程，因为内在化节约了稀缺的管理资源，从而为企业的扩张与成长提供可能。Marshall（1920）指出：企业新知识的产生源于内部隐性知识的显性化。马歇尔的“知识积累外在化”逻辑源于他对机器代替劳动力提高生产效率的分析。他认为：机器能够替代劳动力，是因为以隐性知识为基础的复杂工作转化为以显性知识为基础的标准化操作程序（杨瑞龙，2005）。两种观点实际分别阐述了知识积累过程中两个相互关联的过程。知识得以实现积累，主要来自两个过程所产生的知识增量。Penrose 与 Marshall 相互对立又相互统一的观点，都是基于知识转化与创造的知识运动视角提出的。但是，Penrose 更加强调外部知识空间转移前提下的吸收与内化而形成的企业知识增量，而 Marshall 则更加强调内部知识持续互动与转化再向内部扩散而形成的知识增量。前者更加强调知识在空间维度上转移与集聚后，再通过内化过程历时积累；后者则更加强调知识在时间维度上历时互动、转化后，再在空间维度上扩散而形成积累。因此，企业知识积累从其知识基增量来源的视角，在实质上可划分为时间维度积累与空间维度积累。其中，时间维度上的知识积累，本书称为历时性积累，空间维度上的知识积累，本书称为集聚性积累。

根据文献回顾与述评，我们发现：虽然知识积累与创新能力之间的正向关系得到学界的普遍认同，但由以下原因而造成现有研究结论的不一致或者局限。

第一，在企业知识多分类体系并存的情况下，现有关于知识存量与创新能力之间关系的研究，由于各个研究所关注的知识类型上的差异或者没有明确区分知识类型，由此造成具体研究结论的不一致甚至冲突性结果。

第二，在关注企业知识动态与创新能力发展之间关系的研究中，现有研究一般从知识流动过程基于各个关键环节的划分来探讨知识流动对创新能力发展的影响，因此现有研究由于分散在知识流动的各个阶段性过程中，各研究结论之间缺乏紧密联系和整体呼应，即现有研究缺乏从整体上思考知识流动与创新能力发展之间的关系。而一个科学合理、统一一贯的分类框架是进行相关研究所必需的。

第三，总体而言，现有研究对知识积累与创新能力发展之间关系的实证检验较少。并且如前文分析所言：知识积累不仅包括空间维度上集聚，也包括时间维度上的知识传承，但现有研究更多关注到空间上的知识流动带来的积累对创新的影响，对时间维度上知识积累与创新能力间关系的研究很少，更缺乏对知识积累中时间维度与空间维度交互作用对创新能力发展影响的动态过程的研究。

第四，如 Alchian（1950）所言，在不确定性环境下，企业对未来的把握取决于企业知识的积累状况。因此，环境动态在知识积累与创新能力发展之间的关系中扮演着重要角色。与此同时，在我国当前转型经济背景下，环境动态也是研究知识积累与创新能力间关系不可忽视的因素。

综上所述，本书构建出“知识积累 × 创新能力 × 企业成长”的 3 × 4 × 2 整体性研究框架（图 2.3）。随后章节将在此框架下逐一研究。最后，对各子研究进行“合”，得出在当代竞争环境下，企业知识积累、创新能力构建与企业成长间的内在规律。

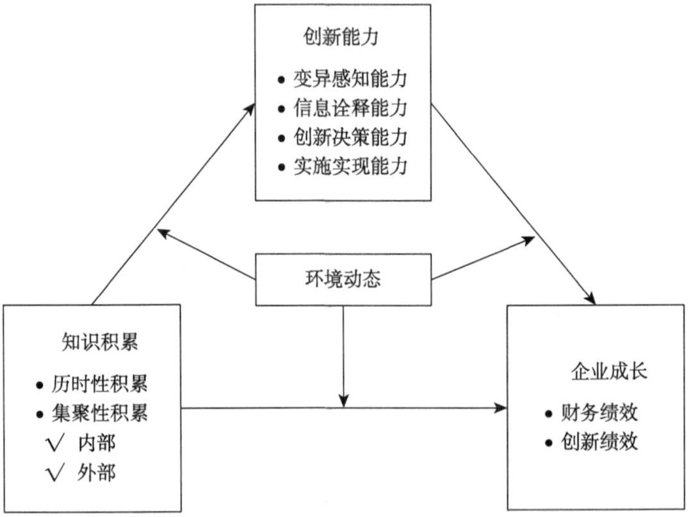

图 2.3　本书概念模型

本书将基于此概念框架解决三个关键性问题：第一，企业知识积累与创新能力发展之间的关系是怎样的。第二，知识积累、创新能力，对企业成长产生什么样的影响。第三，如何影响。在此基础上，本书分别从企业自主创新能力发展的内生性驱动机制与基于知识积累的企业创新能力发展路径两个层面给出企业提升自主创新能力的战略路径，为企业创新实践提供理论性指导框架。

第 3 章　自主性辨析视角下企业创新能力①

自主创新是驱动我国转变经济发展方式的关键，因此，如何实现自主创新不仅是业界也是学界关注的热点问题。关于自主创新，有学者认为是主要依靠自身禀赋完成创新过程的独立创新（徐康宁和冯伟，2010），相对于模仿创新、外部引进和派生产品等技术创新模式，具有系统自发性、内生性特征（Andergassen and Nardini，2005）。宋河发等（2006）指出：自主创新是创新主体通过主动努力获得主导性创新产权，并获得主要创新收益而进行的能形成长期竞争优势的创新活动。上述观点尝试通过界定自主创新内涵或特征来探寻创新“自主性”来源，强调通过对创新过程的掌控获得主导性创新产权。然而，关于如何实现过程掌控并进而获取主导性创新产权问题的研究仍显不足。

本书认为，自主创新在根本上不仅强调创新主体对创新过程的掌控性，更强调对熊彼特租金的收益权，特别是收益分配支配权的获取。这种收益权从根本上来说不是法律授予的而只是法律保障的，其获取在根本上依赖于企业的深层次能力——创新能力（Francis and Bessant，2005）。然而，近些年来，学界关于创新能力的研究进展不大，大多研究仍囿于技术创新活动本身而忽略企业“社会—技术”系统的本质来探讨创新能力内涵及其结构。这种试图从问题提出的同一层次来解决问题的思路，常常使研究陷入同义反复的方法论困境中，而难以真正洞察到支持企业成功创新并保障熊彼特租金的独占权或收益分配支配权的深层次能力。本书尝试超越上述困境，基于企业是“社会—技术”系统的思想，整合创新作为一种相对独立的社会现象与经济活动的内生性特点，首先从理论上探讨企业创新能力的内涵与结构，其次结合扎根理论探索企业创新能力理论的内涵及其内在结构，并对其进行构思开发与检验。一方面，为企业创新能力研究提供新的理论视角；另一方面，为后续相关研究提供可操作性手段。

---

① 本章资料主要来源于张军等（2014a）。

3.1　创新、自主创新与创新能力

3.1.1　自主创新含义辨析

自主创新是陈劲（1994）针对我国经济社会发展特定阶段的发展需求而提出的，强调通过不同学习模式如干中学、用中学、研发中学习等获得对创新过程与结果的掌控性，从而获得市场竞争的自主性。从学理角度来说，"自主创新"的概念，是针对 20 世纪八九十年代发展中国家对发达国家的跟随、引进—消化—吸收—再创新或二次创新模式而提出的，隐含地强调中国的创新要能创造出自己的知识产权，以此提升企业竞争的层级，获得超额利润，进而获取竞争优势。但陈劲教授并未明确界定自主创新的内涵，也没有描述自主创新的企业能力基础是什么。

鉴于自主创新的重要性，许多学者从不同角度研究其内在含义。徐康宁与冯伟（2010）认为自主创新是指主要依靠自身禀赋完成创新过程，并据此获得创新收益独享权，但也独立承担创新成本与风险（徐康宁和冯伟，2010），这是近似"独立创新"的界定。这一界定强调了依靠自身创新禀赋完成创新过程是自主创新的关键特征，但在日益全球化以及创新复杂性日益提高的今天，主要依靠自身禀赋完成创新过程，不仅不太现实，而且与开放式创新思想相悖。比较接近"自主创新"内涵的另一个概念是"内生性创新"（Helpman，1993；Grossman and Helpman，1991），是作为模仿创新、外部引进和衍生性创新的相对概念而提出的，强调内生性创新是系统内自发的行为（Andergassen and Nardini，2005）。但是，这一概念聚焦于创新活动的内在驱力，对外部驱动因素关注不够。而陈劲教授提出的"自主创新"（indigenous innovation）概念从英文字面含义来说，似乎更加强调创新主体的属地特征，同样地，在日益开放的经济全球化背景下，属地特征的界定方式没有充分体现"自主性"的本质内涵。宋河发等（2006）则认为：自主创新是指创新主体通过主动努力获得主导性创新产权，并获得主要创新收益而进行的能形成长期竞争优势的创新活动。他们认为创新收益包括创新所产生的利润与技术进步两个部分，强调的是技术创新方面的努力，并将其作为认定创新自主性的标准之一。这一界定将创新收益纳入自主创新评价体系内，但混淆了创新主体层次上的差异，即混淆了企业自主创新与国家自主创新之间的边界与差异，此外，还混淆了企业与科研院所关于技术创新与科学探索、技术进步的社会分工与责任界定，将技术进步的社会责任强加给企业。从企业层次来说，利用技术进步的成果掌控甚至独占创新收益，是企业追求技术进步的内在动因，但技术进步只是企业追逐超额利润的副产品而不是企业发展的终极目标。事实上，熊彼特在提出“创新”之初就指出：发明与创新不是一回事，创新从本质上来说是生产要素的新组合，企业并不需承担技术进步的职责，当然，如果企业在创新过程中所获得的技术进步成果，因其所有的知识产权而能够贡献于企业长期战略绩效，企业也会有动力在权衡技术进步的成本与收益中择机追求技术进步。否则，技术进步本身，既不是企业自主创新的目标，也不是企业技术创新努力的动因。

我国科学技术部对自主创新的官方英译是“proprietary innovation”（吴荣斌等，2011），这一遣词体现了我国提出自主创新的宏观层次的战略意图——以获得知识产权为目标的创新。在此基础上，张军等（2012）在第六届技术创新与技术管理国际研讨会上进一步将自主创新的本质识别为“产权杠杆性创新”，旨在强调知识产权在自主创新中的作用，即微观企业实践中，各种创新活动的直接意图一般并不都是为了获取知识产权本身，而是为了获得对创新成果的收益权或收益分配权，知识产权在此过程中只是保障企业对创新成果收益权或收益分配权的工具性目标或手段，也就是说，知识产权是企业获取并保障创新成果收益权的关键性杠杆之一。据此，本书整合自主创新的国家宏观意图与企业微观实践，将企业层次的自主创新界定为：为独占创新收益或获取对创新成果的收益权或收益分配权而进行的各种形式的组织变革性活动或努力。

3.1.2 创新能力内涵梳理

关于创新能力的研究大多默认在技术创新领域内。虽然最早约瑟夫·熊彼特在提出创新概念时指出，在创新包括的五种形式中，除了新产品、新工艺等技术创新之外，还包括新原料或材料来源、新组织形式、开拓新市场等非技术创新的内容，但在索洛提出技术创新“两步论”之后，有关创新的研究主要聚焦于技术创新范畴内。而有关创新能力的概念，最早以 Mansfield 等（1977）的技术创新概念为基础，被界定为“企业产生新产品、新工艺以及改善现有产品与工艺的能力”（Francis and Bessant，2005；Koc and Ceylan，2007），或为了响应并改变市场条件，企业能够开发新创意，并将其转化为新产品、新工艺或新系统的能力（Szeto，2000）。Adler 和 Shenbar（1990）认为，创新能力包括“开发新产品满足市场需求的能力、将恰当的工艺技术应用于生产新产品的能力、开发或采用新产品与新处理技术以满足未来需求的能力、响应竞争者产生的随机性技术活动与非预期机会的能力”。这些界定突出了新产品、新工艺开发以及对市场响应的重要性，但没有真正触及创新能力的本质。

从战略管理的角度，技术创新能力是指组织为支持企业技术创新战略的一系列综合特征（Burgelman and Maidique，1988），是以资金能力作为支撑，为支持技术创新战略实现，以产品创新能力和工艺创新能力为主体并由此决定的系统整合能力（魏江和许庆瑞，1996）。该定义强调了创新的“整合”特征，但忽略了创新作为社会性活动的内生性特征。

从创新过程有效实现所需基础、要素的角度，创新能力是指企业所需的有效吸收、掌控、提高现有技术从而创造新技术的技能和知识（Lall，1992），或能持续不断地把知识和创意转化到新产品、新流程和新体系中，并能够为公司及股东创造收益的能力（Lawson and Samson，2001）。这一定义深入到了创新过程底层知识流层次，但忽视了技术创新“新思想来源”这一重要环节。

基于知识基础观，创新能力被界定为应用相关知识以获得市场价值，是在组织内成功实施创造性思想的才能（Zhao et al.，2005），是需要“调动包括其员工在内的知识并将其组合起来，以创造新知识推动其产品或工艺创新的能力”（Kogut and Zander，1992）。因此，创新能力与组织知识、改善当前产品与工艺所需的能力，以及开发新产品所需的能力相关（Romijn and Albaladejo，2002），是有效吸收、掌握并改善现有技术、产品并创造新产品所需的知识与技能（Lall，1992）。这一视角下的创新能力界定，肯定了知识与创新的天然内在联系，但没有进一步识别知识观下的创新能力构念下的具体内涵。

伴随新时代下我国经济发展方式转变的需求，自主创新的重要性日益显现，然而，鲜见从创新自主性如何获得支持的视角解读企业创新能力理论内涵及其内在结构的研究。

3.1.3　创新能力的结构与测量

创新能力结构研究可分为两条脉络。一是过程观，主要以新产品开发过程探讨能力构成。基于文献分析，Crossan 和 Apaydin（2010）将创新的核心过程归纳为创新发起、组合管理、开发与实施、项目管理以及商业化等序列性过程。因此，技术创新能力是从对市场技术需求分析、技术创新构思、规划和决策开始，经过研究开发、工程化、商业化生产，到市场应用等多个环节的能力的综合（胡恩华，2001）。并且，这些环节的能力之间是串联而非并联关系（杨宏进，1998）。二是要素观。要素观将企业作为技术创新系统探讨创新能力的构成要素。

代表性观点认为技术创新能力的核心是掌握专业知识的人、技术系统、管理系统的能力以及企业价值观（Leonard-Barton，1992）。从核心要素与支持要素角度将技术创新能力解构为研发能力、生产制造能力与市场营销能力等核心要素（官建成和史晓敏，2004），以及资源配置、对行业与技术发展的理解、企业结构与文化条件、战略管理能力等支持要素（Burgelman and Maidique，1988；官建成和史晓敏，2004）。

实证研究多从资源投入（如企业研发强度与研发人员数等）与绩效产出（如新产品数、新产品产值、专利数或新颖程度等）的视角操作化创新能力，其中以创新绩效代理测量创新能力居多。但这些构思及其测量已被证明对于各组织类型与目的而言，概化效度有限（Adams et al.，2006），特别是在企业越来越趋向于市场导向的当代情境下。

3.1.4 现有研究局限

（1）以技术创新为关注焦点，忽略企业创新的社会性要素。企业是“社会—技术”系统，创新能力不仅包括硬技术要素（Prahalad and Hamel，1990），也包括组织要素（Dosi et al.，2008）。但现有研究仍偏重技术要素，而对创新的社会性特征关注不足，缺乏以全面视角洞察企业创新更深层次能力的研究。

（2）缺乏涵盖从创意到有用的、可市场化的产品过程的总体框架（Adams et al.，2006），特别是以创新产出代理测量创新能力，存在方法论与测量全面性等方面的局限。如以专利数（Cohen and Levinthal，1990）、创新对现有产品与服务是改善还是替代的程度（Subramaniam and Youndt，2005），或用企业尝试新概念、新方法、上市时间领先性、创新抵制、引入新产品数等（Calantone et al.，2002；Lin，2007）来表征创新能力。一方面，使研究有了从创新绩效反推创新能力存在的同义反复的方法论谬误的嫌疑（Ambrosini and Bowman，2009）；另一方面，由于能力不仅包含绩效阈值（Helfat et al.，2007；Bingham et al.，2007），还应包括柔性维度（Eisenhardt et al.，2010），这就存在测量的内容效度不够充分的问题。此外，国内一些研究以资源数量评价企业创新能力，没有考虑资源与能力的差异（Amit and Schoemaker，1993；Freiling et al.，2008），存在逻辑层次上的错位。

综上，现有研究一方面缺乏超越技术创新活动本身来探讨创新能力的新理论视角，另一方面存在概念操作化的方法论谬误与内容效度不充分的局限，并且仅考虑创新的经济属性，而对其作为一种相对独立的社会现象而具备的内生性特征缺乏关注。本书认为：创新在本质上就是变革求异。整合创新的经济属性内涵，创新就是为获利而求变或应变的组织系统性活动。在此基础上，整合企业的“社会—技术”系统观与创新过程内生性特征，本书拟从组织活动中探索创新能力内涵、结构与测量。

3.2　企业创新能力的解构

基于自主性视角探索企业创新能力内涵及内在结构，我们采用扎根理论研究方法深入企业实践，对企业诸如如何对新产品、新服务、新组织实践概念化与开发市场化等过程，采用开放式访谈、蹲点观察等方式进行研究。在选择样本时，特别关注那些创造出的新产品在市场中具有显著竞争优势的企业。随着调研深入，信息逐渐饱和，即完成第一阶段田野调查。在此基础上，我们进行系统性理论研究，结合第一阶段调研分析，识别基于企业自主性的创新成果所依赖的能力基础。针对理论研究与调研信息不够明确的内容，开展第二阶段田野研究，以便使调研工作收敛、聚焦，并请企业专家对有关理论研究结合实践情况进行分析、核实。在理论研究与实践调查不断相互迭代过程中，使自主创新的底层能力基础的内涵、结构逐渐浮现。

3.2.1　扎根理论方法的选用依据

本书采用扎根理论的方法进行研究，主要基于两点考虑：①研究目的。本书尝试突破现有研究的局限，基于企业“社会—技术”系统观，从创新作为一种社会性活动的内生性特征视角研究企业创新能力，从而更加全面洞察企业创新能力内在结构。因此，有必要将现有研究框架放在一边，从实践层面重新审视创新能力。②研究主题特征。创新能力作为一种动态能力，是嵌入在企业的“管理与组织过程中的”（Teece et al.，1997）。这意味着组织行动是研究创新能力内在结构的切入点，因为行动中的“知”很难用概念和语言表达，只在具体情境和问题解决中才能洞察（卡麦兹，2009）。而扎根理论方法通过一些系统而又灵活的准则、搜集和分析质性数据、扎根于数据使理论浮现出来的特性，为本书提供了恰当的手段。

3.2.2　分析策略

首先采用逐句编码方式，兼顾事件完整性，对原始资料进行初始编码。然后，对初始编码进行分类、综合、整合与组织，洞察基本类属。在此基础上与文献对话，找到更合适的理论基础或建构新的理论。需要一提的是，我们在各级编码过程中，考虑中文语义的高情境性与多义特征，以意义完整性为基础进行编码。

3.2.3　创新能力的理论解构

作为应对环境不确定性的一种补偿机制，企业创新在本质上是指在外部环境动态变革中产生的机会或内部能力模块间发展不均衡产生的价值潜力驱动下的一种系统性求变或应变，以获利并最终获得竞争优势为目的的系列组织活动（张军和金露，2011）。这种系统性的组织活动为企业提供了“将变革转化为机会”的潜力，以一组相关能力模块的集束——创新能力为基础加以实现。在变革与机会实现之间，企业必须首先能够知觉到内外环境的变化，正确解读动态信息对自身管理的意义，在此基础上做出有效响应，才能确保自身与环境之间的动态适应性（张军等，2012b），即创新能力存在于企业对环境的“知觉→响应”的组织过程中。据此，本书将创新能力理论解构为：变异信息感知与获取能力（变异感知能力）、信息意义与价值诠释能力（信息诠释能力）、创新决策能力与创新的实施实现能力等四个能力模块（张军等，2012）（图 3.1）。

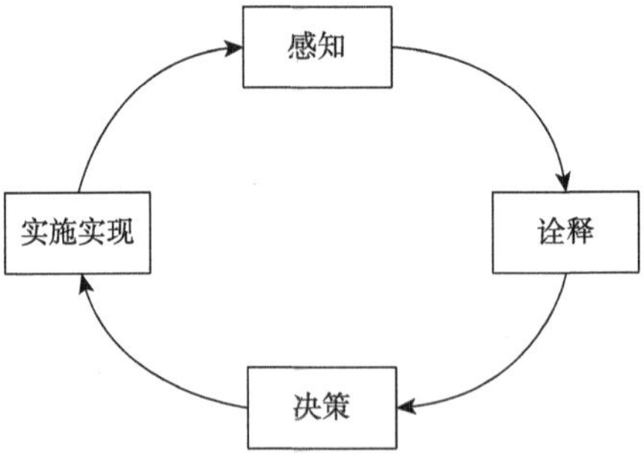

图 3.1　基于组织适应性的创新能力的理论解构

创新的基本过程是一个链式过程，感知能力、诠释能力、决策能力与实施实现能力依次居于创新链自上而下的位置上（图 3.2）。

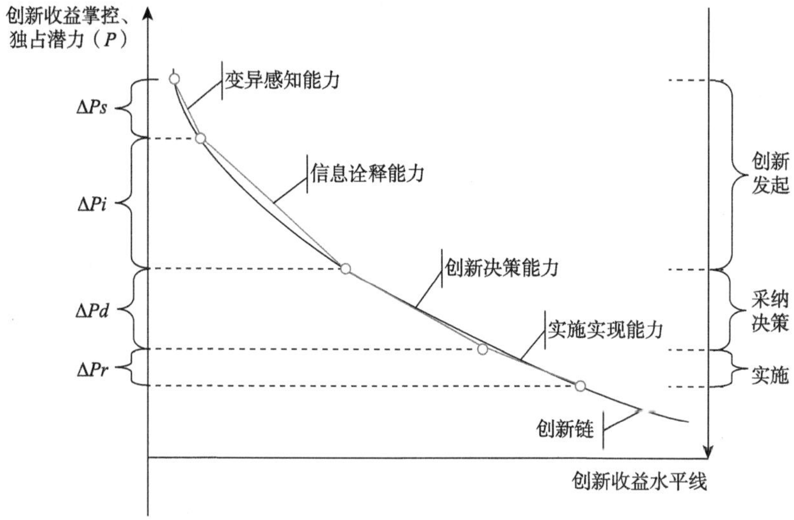

图 3.2　创新能力与创新自主性分析框架

ΔPs：变异感知能力的创新收益掌控、独占权力；ΔPi：信息诠释能力的创新收益掌控、独占权力；ΔPd：创新决策能力的创新收益掌控、独占权力；ΔPr：实施实现能力的创新收益掌控、独占权力

图 3.2 中，接近创新价值实现端（以创新收益水平线为参照）的能力称为前端能力，反之为后端能力。其中，前端能力在本质上接近于企业显性能力，与企业绩效直接相关，而后端能力在本质上接近企业隐性能力，与企业绩效间关系并不可直接观察，而是通过作用于显性能力而作用于企业绩效（张军和许庆瑞，2014b）。各能力模块在创新链上的分布并非均衡。创新链后端能力越强，企业越可能成为创新的新思想来源，获得市场先入优势的潜力越大，这在一定程度上意味着企业对其创新收益独占或掌控的潜力越大，进而使企业在整个创新价值链上的掌控权越大，越具备对参与创新收益分配权提出要求的谈判力和基础，相应地，企业创新自主性越强。而创新链前端的能力是将这种潜力转化为现实的基础和保证，但相对于创新链上的后端能力，对创新收益的独占潜力较小。

3.2.4　实地调查资料编码结果

依据典型原则（Eisenhardt，1989）与便利原则，本书自 2008 年起先后对 13 家企业进行了深度访谈，走访调查了 9 家创新性纺织企业。深度访谈对象是企业高管人员与关键部门主管，通过小组访谈、一对一访谈等方式深入地、多角度、多层次了解企业创新过程、典型项目开发过程与组织活动。对走访企业，主要通过听取高管对企业发展历程、发展特点及关键性创新项目的介绍，了解创新概况。

高技术企业聚光科技（杭州）股份有限公司所面对的市场细分化、细分市场容量有限等行业特征，使其在创新方面更具典型特征，并且由于其典型性，我们对聚光科技（杭州）股份有限公司进行了多轮访谈（2008 年 11 月～2009 年 6 月，其中包括历时 6 个月的蹲点观察）。围绕聚光科技（杭州）股份有限公司如何有效创新的问题，总共访谈了包括 CEO（chief executive officer，首席执行官）、CTO(chief technical officer，首席技术官)、产品总监、市场总监、质量总监、产品发展部经理及其员工、人力资源经理、研究部经理及其员工、知识产权主任等在内的 12 名员工，获得约 5 万字的一手访谈资料。因此，我们选择对聚光科技（杭州）股份有限公司原始资料进行逐句编码（兼顾事件完整性），以揭示支持企业有效创新的能力构成。通过编码，我们获得初始编码 121 条，其中，关于环境的条目 12 条，关于企业如何使创新有效的内容 109 条。对 109 条关于有效创新的初始编码进一步分析发现：有 10 条是关于有效创新的支持要素，关于有效创新过程的编码有 99 条，包括变异信息感知 25 条、信息解读分析 15 条、创新决策活动 25 条与创新实施条目 34 条。

3.3 企业创新能力量表开发

基于实地调查与相关文献对企业创新能力进行构思开发。开发过程遵循“开放式问卷→小规模调查→大规模调查”的基本流程（Hinkin，1998）。

3.3.1 开放式问卷：量表初步开发

1. 概念界定与操作化

基于数据编码与文献研究，本书从组织活动层次界定创新感知、信息诠释、创新决策以及实施实现等内涵（张军等，2012b）：①变异感知活动是指企业对信息及知识进行监测、收集、整理的各种努力与活动；②信息诠释活动是指基于信息可能具备的现实或潜在商业价值，对本企业应用可能性及可实现性等进行理解与评估的各种交互性活动，包括个体层次与集体层次的各种互动；③创新决策活动是指在各种互动产生共识的基础上对企业未来创新行动或行动方向的选择活动；④实施实现活动是指基于确定的方向而采取的旨在实现创新目标的各种日常的、常规化活动。

2. 问卷开发结果

1）感知能力量表开发

基于上述操作化定义，对企业高管与关键部门主管进行深度访谈（表 3.1）。

表3.1　关于企业创新来源、创新发起的调查问题

序号	访谈问题
1	贵公司创新项目的信息源主要有哪些？如选择某一创新项目，是因为我们的市场人员与客户在不断交流中发现了这样的机会
2	贵公司主要会关注哪些类型的信息？如技术信息、市场信息、相关产业政策的变化等
3	有没有专人或者专职负责外部变革的信息监控？如果有，主要如何分工？

访谈发现：企业首要地关注市场动态，会通过其销售人员、市场研究人员等随时监控现有市场与潜在市场的动态；高技术企业会倾向于依托技术中心或研发部门进行核心技术与相关技术发展动态的追踪；关注主要竞争者动态和政府政策或产业政策。研究表明：技术与信息获取能力（Westphal et al.，1981）与技术需求感知性（Schatzel et al.，2005）是创新能力的重要构成。因此，变异或动态信息感知与获取能力测量题项如表 3.2 所示。

表3.2　变异或动态信息感知与获取能力测量题项

序号	题项
1	我们进行总体性环境扫描，关注技术及其发展趋势信息
2	我们进行总体性环境扫描，关注市场及其发展趋势信息
3	我们的市场人员与客户广泛沟通，以及时获取客户需求信息
4	我们关注客户需求变化信息
5	我们企业设有专门的技术信息研究职能，负责技术信息动态的搜索与扫描
6	我们企业设有专门的市场研究职能，负责市场与客户需求变化信息的收集
7	我们保持与政府、高校、行业协会等相关机构的密切联系，了解相关信息动态

2）诠释能力量表开发

信息并不必然使人知情。因此，企业需要对所感知到的变异、动态信息进行意义诠释或价值理解。实践中，诠释是主要针对感知到动态或变异信息的现实或潜在商业价值、企业应用的可能性以及可实现性等进行理解与评估的各种交互性活动。访谈主要围绕以下问题展开（表 3.3）。

表3.3　企业对于变异或动态信息的处理与诠释能力调查

序号	访谈问题
1	贵公司一般如何处理所获取的各种信息？比如，如果收集到一条关于本企业核心技术相关的进展状况的信息，如何处理或解读这条信息？
2	对于一些重要的产品开发或创新活动，采用哪些方式来确定其未来价值或潜在价值？比如，现在公司有好几个产品概念，你怎么评估与选择有限的概念推入实施阶段？
3	除了企业高管直觉之外，贵公司主要通过什么样的方式来确定未来的创新项目，或产品、技术的开发方向？

访谈发现：除基于职能部门、高管团队、员工参与研讨会等企业内部组织活动之外，访谈的高技术类企业会定期邀请外部人员开展专题讨论，或通过鼓励、选派自己的专业人员参加外部相关的专题研讨会等活动来增进自身对各类信息的认知和理解。据此，诠释能力测量题项如表 3.4 所示。

表3.4　变异或动态信息诠释能力测量题项

序号	题项
8	高管定期讨论竞争者的优势和战略
9	我们的市场人员定期讨论客户需求变化可能带来的机会或挑战
10	我们的销售人员定期共享竞争者战略相关的信息
11	我们的技术人员定期讨论所搜集到的技术信息可能带来的影响或潜在价值
12	我们经常邀请外部的技术专家来企业进行专题研讨
13	我们经常邀请行业资深的市场分析人员到企业进行专题研讨
14	我们的专业人员（如技术人员、市场人员）经常参加外部举办的各种会议、论坛、研讨会

3）创新决策能力量表开发

决策能力是企业创新能力的重要构成（魏江和许庆瑞，1996）。调查中关注企业创新决策的项目概念形成与积累，以及企业如何选择拟开发的概念进入正式研发流程等活动。具体问题列于表 3.5。

表3.5　企业创新的决策能力调查问题

序号	访谈问题
1	贵公司是怎样获得产品开发概念的？或产品开发创意的来源有哪些？
2	贵公司如何建立企业创新的概念池？
3	贵公司如何筛选概念使其进入实施阶段？
4	贵公司如何确定未来的创新（如技术创新）方向？

访谈发现：企业的一些创新决策来源于高管个人直觉，多发生在企业初创阶

段。随着企业发展，创新决策活动趋于组织化。本书关注组织层次活动，企业家直觉不在研究之列。调查发现：创新创意主要来源于高管人员对技术、市场、政府及相关的产业政策、法规等的关注和判定，这给出了大的方向。在创意生成过程中，访谈企业普遍显示出对创意生成的多源来源的重视，会强调多角度、多来源地生成各种可能供后续开发的产品概念。而对进入开发通道的概念选择，高技术企业更加注重对各种概念或方案的多角度评估。有条件的企业会组建自己的智囊团或专家评审委员会，以提高决策水平。借鉴 Mintzberg 等（1976）关于战略决策的思想（Mintzberg et al., 1976），并参照营销战略决策能力的测量（Neill et al., 2007），决策能力测量题项如表 3.6 所示。

表3.6　企业创新决策能力测量题项

序号	题项
15	制定创新战略时，我们将方案的选择建立在多个成员观点基础上
16	制定创新战略过程中，我们尽可能多角度地产生尽可能多的方案或对策
17	制订方案过程中，我们尽可能利用各种信息
18	我们对每个方案都进行全方位地考察，以提高决策水平
19	在制定战略的过程中，我们在多角度评估基础上选择方案或措施
20	制定创新战略过程中，我们在寻找方案或对策过程中会对新颖观点进行讨论

4）实施实现能力量表开发

创新实施能力主要是指将选定的创意或概念转化为现实的新产品、新服务或新体系的能力。访谈围绕以下问题进行（表 3.7）。

表3.7　企业创新的实施实现能力调查问题

序号	访谈问题
1	贵公司如何保证创新项目的顺利进行？
2	影响创新项目顺利实施的主要问题有哪些？
3	为了使项目顺利进行，贵公司主要从哪几个方面予以保证？

访谈发现：创新项目的开发过程中注重创新资源的获取及其对创新活动的保障，形成惯例化的项目开发过程的管理与控制，如设置项目进展里程碑并进行检查，时间进度上进行敦促，并针对项目进展过程中的问题或外部发生的新情况进行评估或重新评估项目状况，并做出相应调整等。因此，题项设计如表 3.8 所示。

表3.8 创新实施实现能力测量题项

序号	题项
21	我们定期对创新项目（如产品开发等）的资源使用状况进行评估
22	我们企业成立专门小组、团队，负责各种创新活动的协调
23	创新项目进行过程中，我们基于评估状况提出改善建议并及时调整工作
24	我们管理人员经常对相关政策、法规、竞争者动态及可能结果进行讨论，以及时调整项目进程
25	我们各个部门之间有定期会议，讨论技术与市场发展趋势及项目进展状况
26	创新过程中，我们立足现有资源和条件，总能挖掘出它们的潜力来保障创新活动顺利进行
27	我们优先配置创新（如产品开发、工艺改进等）所需的资源（如资金、人才、设备等）
28	我们定期对创新项目（如产品开发）的时间进度进行评估
29	我们企业容易从外部获取创新（如产品开发、工艺改良等）所需的资源（如资金、人才等）
30	为保证创新顺利进行，我们总是想方设法寻找整合各个部门资源的更好方式
31	我们定期对创新项目（如产品开发）的进展质量进行评估

在量表开发阶段，每个概念应至少包括 4～6 个测量题项（Schriesheim and Hinkin，1990）。为避免疏漏，题项尽可能涵盖各相关内容以保证题项冗余。本书初步开发出企业创新能力测量题项 31 项。在此基础上，利用团队例会，请两位教授与三位博士生就题项的具体内容进行讨论，以提高内容效度。将上述题项发给三位具有本科学历、三年以上工作经验、在企业从事管理工作的人，请他们仔细阅读，并就上述题项的语义、歧义等方面问题进行反馈和讨论，对问题进行修正，形成初步问卷。

3.3.2 小规模问卷调查：量表修订

1. 样本

小规模发放初步开发的量表，检验并修订量表。利用个人社会关系发放问卷，回收 191 份，剔除无效问卷获有效问卷 162 份。应答企业分布于全国 20 个省区市，其中 134 份来自创新活跃的华东地区，占总量的 82.72%。企业平均年龄 14.69 年。从资产规模、营业总额与员工规模来看，以中小企业为主（表 3.9）。

表3.9　样本企业描述性特征（小规模阶段）

项目	分类特征					
员工规模/个	<50 人	50～99 人	100～499 人	500～999 人	≥1 000 人	缺省
	21	22	53	20	46	0
资产规模/个	<100 万元	100 万～1 000 万元	1 000 万～10 000 万元	10 000 万～100 000 万元	≥100 000 万元	缺省
	5	19	47	47	39	5
营业总额/个	<100 万元	100 万～1 000 万元	1 000 万～10 000 万元	10 000 万～100 000 万元	≥100 000 万元	缺省
	7	15	55	42	39	4
投入强度/个	无投入	<5%	5%～10%	10%～15%	≥15%	缺省
	7	72	37	15	22	9
所有制性质/个	国有	民营	外资	合资	其他	缺省
	28	93	8	20	9	4
企业类型/个	传统制造		高技术		现代服务	
	89		31		42	

2. 问卷

采用初步开发的 31 个测量题项。测量尺度采用利克特 7 点量表。

3. 结果

用 SPSS 19.0 进行 KMO（Kaiser-Meyer-Olkin)与 Bartlett 球形检验（表 3.10）。结果显示：KMO 值为 0.907，非常适合因子分析。用主成分分析法与最大正交旋转法，剔除交叉荷载项与荷载均小于 0.5 的项。经多次旋转，提取特征值大于 1 的因子，最终保留 15 个题项，分别载荷到 4 个因子上：题项 3、4、6 荷载到变异感知能力因子上；题项 12、13、14 荷载到信息诠释能力因子上；题项 15、16、18、19 荷载到创新决策能力因子；题项 21、23、24、25、29 荷载到实施实现能力因子上。旋转结束，4 个因子累计解释方差总量比例为 75.12%（表 3.11）。

表3.10　KMO和Bartlett球形检验（小规模调查阶段）

取样足够度的 KMO 度量		0.907
近似卡方		1620.050
Bartlett 球形检验	df	105
	Sig.	0.000

表3.11　企业创新能力量表EFA（小规模调查阶段）

名称	题项	EFA 因子载荷				Cronbach’ s α
		1	2	3	4	
实施实现能力	1.创新项目进行过程中，我们基于评估状况提出改善建议并及时调整工作	0.766	0.340	0.135	0.227	0.881
	2.我们定期对创新项目（如产品开发等）的资源使用状况进行评估	0.761	0.269	0.212	0.173	
	3.我们企业容易从外部获取创新（如产品开发、工艺改良等）所需的资源（如资金、人才等）	0.760	0.145	0.331	0.116	
	4.我们各个部门之间有定期会议，讨论技术与市场发展趋势及项目进展状况	0.695	0.236	0.220	0.211	
	5.我们管理人员经常对相关政策、法规、竞争者动态及可能结果进行讨论，以及时调整项目进程	0.689	0.233	0.160	0.190	
创新决策能力	6.制定创新战略时，我们将方案的选择建立在多个成员观点基础上	0.238	0.842	0.156	0.214	0.898
	7.制定创新战略过程中，我们尽可能多角度地产生尽可能多的方案或对策	0.234	0.792	0.215	0.215	
	8.我们对每个方案都进行全方位考察，以提高决策水平	0.388	0.734	0.232	0.177	
	9.在制定战略的过程中，我们在多角度评估基础上选择方案或措施	0.317	0.692	0.355	0.160	
信息诠释能力	10.我们经常邀请外部的技术专家来企业进行专题研讨	0.251	0.212	0.862	0.140	0.881
	11.我们经常邀请行业资深的市场分析人员到企业进行专题研讨	0.277	0.269	0.813	0.209	
	12.我们的专业人员（如技术人员、市场人员）经常参加外部举办的各种会议、论坛、研讨会	0.289	0.275	0.687	0.281	
变异感知能力	13.我们的市场人员与客户广泛沟通，以及时获取客户需求信息	0.142	0.137	0.252	0.845	0.828
	14.我们关注客户需求变化信息	0.241	0.241	0.087	0.813	
	15.我们企业设有专门的市场研究职能，负责市场与客户需求变化信息的收集	0.224	0.185	0.174	0.749	
特征值		7.83	1.30	1.07	1.07	
解释变异量/%		22.77	19.84	16.49	16.02	
累计解释变异量/%		22.77	42.61	59.10	75.12	

注：EFA（explorative factor analysis，探索性因子分析）

对 4 个因子分别计算其内部一致性系数，均大于 0.70，因此企业创新能力维度分析中的 4 个因子均具备良好的内部一致性（表 3.11）。

3.3.3　大规模问卷调查：量表确定

1. 样本

利用个人社会关系发放问卷，回收 310 份，剔除无效问卷，最终获有效问卷 257 份。应答企业分布在 22 个省区市，其中华东地区 208 份，广东 18 份，占总量的 87.94%。企业平均年龄 15.31 年。从资产规模、营业总额与员工规模的分布来看，以中小企业为主（表 3.12）。

表3.12　样本企业描述性特征（大规模阶段）

项目	分类特征					
员工规模/个	<50 人	50～99 人	100～499 人	500～999 人	≥1 000 人	缺省
	31	30	78	30	87	1
资产规模/个	<100 万元	100 万～1 000 万元	1 000 万～10 000 万元	10 000 万～100 000 万元	≥100 000 万元	缺省
	5	29	73	74	71	5
营业总额/个	<100 万元	100 万～1 000 万元	1 000 万～10 000 万元	10 000 万～100 000 万元	≥100 000 万元	缺省
	8	22	80	64	77	6
投入强度/个	无投入	<5%	5%～10%	10%～15%	≥15%	缺省
	8	112	56	25	44	12
所有制性质/个	国有	民营	外资	合资	其他	缺省
	46	142	18	33	12	6
企业类型/个	传统制造		高技术		现代服务	
	137		65		55	

问卷内容包括：①小规模调查阶段净化的创新能力量表，含 15 个题项，采用利克特 7 点量表；②企业绩效测量量表，共 8 个题项，采用利克特 5 点量表，分别是成长绩效（Gupta and Govindarajan，1986）与创新绩效（Chen et al.，2011；Jiang and Li，2009）。创新能力是创新发展的基础。企业创新能力强，则企业具有较高的创新绩效，并有利于企业的成长。因此，本书用企业绩效作为效标变量，检验企业创新能力量表的预测效度。

2. 结果

采用 AMOS 19.0 进行验证性因子分析，测量模型为四因子模型。各项拟合指数良好。因此，问卷具有良好的聚合效度。对 4 个因子分别计算组合信度（建构信度），均大于 0.60，具备良好的内部一致性（表 3.13）。

表3.13　企业创新能力量表CFA分析结果（大规模阶段）

名称	题项	CFA 因子载荷				建构信度
		1	2	3	4	
实施实现能力	1.创新项目进行过程中，我们基于评估状况提出改善建议并及时调整工作	0.888				0.880
	2.我们定期对创新项目（如产品开发等）的资源使用状况进行评估	0.867				
	3.我们各个部门之间有定期会议，讨论技术与市场发展趋势及项目进展状况	0.804				
	4.我们企业容易从外部获取创新（如产品开发、工艺改良等）所需的资源（如资金、人才等）	0.782				
	5.我们管理人员经常对相关政策、法规、竞争者动态及其可能结果进行讨论，以及时调整项目进程	0.784				
创新决策能力	6.制定创新战略过程中，我们将方案的选择建立在多个成员观点基础上		0.879			0.905
	7.制定创新战略过程中，我们尽可能多角度地产生尽可能多的方案或对策		0.883			
	8.我们对每个方案都进行全方位考察，以提高决策水平		0.869			
	9.制定创新战略过程中，我们在多角度评估基础上选择方案或措施		0.854			
信息诠释能力	10.我们经常邀请外部的技术专家来企业进行专题研讨			0.932		0.920
	11.我们经常邀请行业资深的市场分析人员到企业进行专题研讨			0.931		
	12.我们的专业人员（如技术人员、市场人员）经常参加外部举办的各种会议、论坛、研讨会			0.856		
变异感知能力	13.我们的市场人员与客户广泛沟通，以及时获取客户需求信息				0.851	0.804
	14.我们关注客户需求变化信息				0.846	
	15.我们企业设有专门的市场研究职能，负责市场与客户需求变化信息的收集				0.756	
拟合指标：χ^2=196.563；df=84；χ^2/df=2.340；RMSEA=0.072；CFI=0.964；NFI=0.939；GFI=0.906；IFI=0.964						

注：CFA（confirmative factor analysis，验证性因子分析）、RMSEA（root mean square error of approximation，近似误差均方根）、CFI（comparative fit index，比较拟合指数）、NFI（normed fit index，规范拟合指数）、GFI（goodness of fit index，拟合优度指数）、IFI（incremental fit index，增量拟合指数）

为了更好地检验量表效度，本书将多个备择模型与基本模型（四因素模型）比较。备择模型包括单因素、两因素与三因素模型（表 3.14）。结果显示：四因素模型的各项拟合指标优于其他备择模型，是最佳因子结构。

表3.14　基本模型与各备择模型的验证性因子分析拟合指标比较

模型		所含因子	χ^2	df	χ^2/df	RMSEA	CFI	GFI	TLI	NFI
基本模型		IC_S;IC_I;IC_D;IC_R	196.56	84	2.34	0.072	0.964	0.906	0.955	0.939
单因素模型		（IC_S）+（IC_I）+（IC_D）+（IC_R）	1151.64	90	12.80	0.215	0.659	0.569	0.603	0.643
两因素模型	M2_1	（IC_S）+（IC_I）；（IC_D）+（IC_R）	889.94	89	10.00	0.187	0.743	0.605	0.697	0.724
	M2_2	（IC_S）+（IC_D）；（IC_I）+（IC_R）	813.61	89	9.142	0.178	0.767	0.670	0.726	0.747
	M2_3	（IC_S）+（IC_R）；（IC_D）+（IC_I）	901.84	89	10.13	0.189	0.739	0.642	0.692	0.720
	M2_4	（IC_S）+（IC_I）+（IC_D）；（IC_R）	846.73	89	9.51	0.182	0.757	0.656	0.713	0.737
	M2_5	（IC_S）+（IC_I）+（IC_R）；（IC_D）	813.94	89	9.15	0.178	0.767	0.666	0.726	0.747
	M2_6	（IC_S）+（IC_D）+（IC_R）；（IC_I）	796.18	89	8.95	0.176	0.773	0.637	0.732	0.753
	M2_7	（IC_S）；（IC_I）+（IC_D）+（IC_R）	969.95	89	10.90	0.197	0.717	0.599	0.667	0.699
三因素模型	M3_1	（IC_S）；（IC_I）；（IC_D）+（IC_R）	611.81	87	7.03	0.154	0.832	0.677	0.797	0.810
	M3-2	（IC_S）；（IC_I）+（IC_D）；（IC_R）	657.90	87	7.56	0.160	0.817	0.706	0.779	0.796
	M3_3	（IC_S）；（IC_I）+（IC_R）；（IC_D）	597.15	87	6.86	0.151	0.836	0.727	0.802	0.815
	M3_4	（IC_S）+（IC_R）；（IC_I）；（IC_D）	439.33	87	5.05	0.126	0.887	0.801	0.864	0.864
	M3_5	（IC_S）+（IC_D）；（IC_I）；（IC_R）	413.23	87	4.75	0.121	0.895	0.815	0.874	0.872
	M3_6	（IC_S）+（IC_I）；（IC_D）；（IC_R）	477.65	87	5.49	0.132	0.975	0.778	0.849	0.852

注：TLI 全称为 Tucker-Lewis index

对企业创新能力量表预测效度进行分析：首先对企业绩效进行验证性因子分析，结果显示效标变量具有良好的聚合效度，Cronbach’ s α 系数为 0.863，信度良好。

回归分析结果如表 3.15 所示。

表3.15　企业创新能力与企业绩效回归分析结果

能力维度	企业绩效
变异感知能力	0.090†

续表

能力维度	企业绩效
信息诠释能力	0.091*
创新决策能力	0.097*
创新实施实现能力	0.129**
ΔR^2	0.287
F	25.262***

***p<0.001，**p<0.01，*p<0.05，†p<0.1

回归方程通过 F 检验，可解释变异量的 28.7%，四个维度 β 系数均显著，说明量表具有良好的预测效度。

3.4 结论与讨论

3.4.1 结论

创新能力是指支持企业顺利实现创新目标并获得创新收益独占权或支配权的各种组织活动的能力基础或潜力。基于“知觉—响应”模型对创新能力进行理论解构，实证研究结果支持了理论构思的假设，即企业创新能力包括变异感知能力、信息诠释能力、创新决策能力与实施实现能力等四个基本维度。

理论意义：①突破技术创新活动本身探讨创新能力的局限，整合企业是“社会—技术”系统的观点与创新作为相对独立的社会现象的内生性特征及其经济属性特征，以新的理论视角重新界定企业创新能力的内涵与内在结构，并从创新收益独占权或支配权与创新能力模块间关系入手解读企业创新自主性的能力基础的关键所在。②通过实证研究检验本书的理论构念，研究结果支持了企业创新能力量表的有效性，为后续研究奠定了基础。③企业创新能力包括变异感知能力、信息诠释能力、创新决策能力、实施实现能力等四个维度。企业创新的后端能力越强，则获得创新收益独占或掌控权的潜力越大。因此，我国企业创新能力培育重点应逐渐向创新链后端能力迁移，才能逐渐实现从模仿创新到自主创新的转变。

管理意义：以新理论视角界定企业创新能力的内涵及其内在结构，并基于实证数据开发的企业创新能力量表，为创新型企业评价提供了理论框架与操作性指导，也为企业自我诊断自主创新能力状况、提升企业创新能力、实现企业自主创新战略提供依据。

3.4.2　讨论

设计变异感知能力测量题项时，包括技术动态信息、市场动态信息、其他相关信息等三方面内容，但实际因子分析的结果却显示企业对变异、动态信息的监控只包括市场动态监控，技术动态与其他动态（如竞争者、政府等机构）的相关题项却被剔除。而在调研过程中，我们发现高技术型企业一般比较关注技术动态。出现该结果的可能原因如下。

（1）样本结构带来偏差。样本企业中的 87.94%来自华东地区与广东省等创新比较活跃的地区，而这些地区市场机制相对完善，企业创新的市场导向性特征相对显著；在规模上偏中小型企业，它们更倾向于市场机会驱动型创新；样本企业大多属制造业，高技术企业仅占 1/3 左右。样本结构性特征都可能使得企业对市场动态的监控活动比较突出。此外，在中小企业中，竞争者与政府等相关信息的动态，以及重要技术变革信息的获取，更多集中在企业高管个体层次。因此，本书中的量表开发结果仅仅保留了市场动态相关题项可能源于上述的样本结构性特征。针对这一可能原因，未来研究中应注意在数据收集阶段关注样本采集的结构性平衡；而基于现有研究，可进一步进行样本分类以观察上述因素可能产生的偏差。

（2）我国企业实践中所面对的技术动态程度远不如市场动态程度，因此对技术动态的把握更多依赖于企业高管或技术总监等个体层次。政策等方面的变革信息的感知更多依赖于企业家或高管个人社会网络获取，因此，这两方面信息监控，并没有形成规范化、结构化的组织活动。

（3）上述结果可能反映我国企业创新过程中信息获取环节的实际情况——企业关注市场需求、忽视技术动态。这在一定程度上反映了我国大多数企业对内在能力积累的重视不足、技术与市场之间不协同的现状。因此，企业变异信息获取能力方面的研究有待深入。

第4章 不同模式知识积累与企业创新能力①

建设创新型社会、提高企业自主创新能力是我国面向21世纪的发展战略。但自主创新能力的研究进展缓慢，大多关于如何提高企业自主创新能力的研究仍囿于“引进—消化—吸收—再创新”框架，如关注外国直接投资（刘星和赵红，2009）以及外国直接投资背景下的国际技术转移（王华等，2010）与知识溢出（陈继勇等，2010）对企业创新能力的影响，较少关注自主创新能力提升的企业内生性特点。事实上，关涉企业竞争优势的资源需要通过内部渐进积累逐渐形成，并因时间压缩的不经济性、因果模糊等累积性特征而使独特资源得以隔离以维持竞争优势（Dierickx and Cool，1989）。而我国企业提升自主创新能力面临的最大瓶颈是缺乏非物质性资源，特别是较难外购的组织能力资源和技术知识资源（陈小洪，2009）。然而，知识获取及积累与企业自主创新能力提升之间存在怎样的关系，大多观点仍然建立在理论演绎的基础上，实证研究相对较少。

4.1 文献回顾与假设提出

企业创新研究由于能力内隐性难以观察，主要以创新绩效为因变量关注影响创新有效性的前因，主要包括组织前因，如组织结构（Damanpour and Gopalakrishnan，1998）、组织复杂性（Damanpour，1996）、组织规模（Damanpour，1992）；战略因素，如市场导向、学习导向与创业导向（Hult et al.，2004）；资源与投入因素，如研发投入强度（Cohen and Levinthal，1990）、管理态度、技术知识资源、内外

① 本章内容主要来源于张军等（2014d），略有改动。

沟通、冗余资源等（Damanpour，1991）。自 Nonaka（1994）指出，应从知识创造的动态视角来审视企业创新活动的理论（Nonaka，1994）以来，知识是企业获得可持续竞争优势的基础（Grant，1996）的观点日益得到认同。对相关领域的文献计量分析表明：产业或企业的技术创新与知识管理的关系（许振亮，2011），特别是围绕高新技术产业开展的制度创新与组织创新、知识管理研究（陈悦等，2011）正成为创新理论研究的热点。但关于企业知识积累尚未被直接测量并检验过（Lane et al.，2006），因此关于知识积累与企业创新能力关系的实证研究并不多。这为研究企业自主创新能力提升规律提供了理论切入点。

1. 历时性知识积累与创新能力

历时性知识积累是指企业对其特有的生产性、组织与管理类等知识及经验历时保留与传承的各类活动或努力及其结果，包括企业专有的各类知识、经验及核心人力资源等，具有时间压缩的不经济性、企业专有性、难以被模仿等特征（张军，2012b）。

以前知识对企业技术创新具有直接影响，因为知识积累不仅使企业能够更好地利用相关知识，而且为企业更好地理解并评价技术进步的潜在商业价值（Cohen and Levinthal，1990）、深入理解问题解决方法（Zahra and George，2002）提供了基础。系统性知识积累（Iansiti，1995a）、保留具有直接开发经验的核心人员不仅是非连续性技术变革环境下新产品成功开发的关键（Iansiti，1995b；Gino et al.，2010），也是企业新产品、新服务导入率的重要决定因素（Smith et al.，2005），并能够促进技术商业化（Zahra and Nielsen，2002）。企业最关键的资源是专家知识或专业化技能与知识（Foss，1996），特别是那些嵌入在人、工具、任务交互关系中的知识（Argote and Ingram，2000）。因此提出如下假设。

H1：历时性知识积累对企业创新能力具有正向影响。

企业知识积累对能力发展的正向影响是有限的（Leonard-Barton，1992；Sørensen and Stuart，2000）。嵌入在人、任务与工具中的各种知识，虽然由于难以转移而形成维持竞争优势的壁垒（Argote and Ingram，2000），但也随着知识积累的累进性维持成本（包括群体对现有知识与经验日渐形成的承诺所产生的心理成本）增加而成为企业资源互换或柔性的负累。经验增加使过度自信的危险逐渐显现（Heimerisks，2010），可能导致能力刚性（Leonard-Barton，1992；Tripsas and Gavetti，2000），特别是当新知识至关重要时，经验甚至可能是有害的（Haas and Hansen，2005）。因此提出如下假设。

H2：历时性知识积累对企业创新能力的正向关系具有边际贡献递减特征。

2. 集聚性知识积累与创新能力

集聚性知识积累，是指企业集聚内外有关生产性、组织与管理类知识及经验的各类活动或努力及其结果，包括企业内部知识交流、共享等活动及其结果，即内部集聚性知识积累，以及企业从外部的各利益相关者及机构通过交流、共享或购买获得的知识与经验（张军，2012b），因此，外部集聚性知识积累的具体变量测量分别用内部知识共享与外部知识共享予以代理测量。

1）外部知识共享与企业创新能力关系

外部知识共享是指企业与其边界外各类主体以信息、知识获取或增进对特定信息价值或潜在价值理解为目的而进行的各类组织间交互性活动或努力。企业获取并利用外部知识的能力是赢得并维持竞争优势的关键（Bierly Ⅲ et al.，2009）。交流信息、获得 know-what 知识以及从客户、专家及其他外部机构获得反馈等，由于能够获得更多来源、更多样性的知识、信息而对组织绩效具有重要意义（Cummings，2004），特别是在创新的概念开发阶段（Iansiti and Clark，1994）或产品创新的模糊前端（张军，2012b）。能够向客户、竞争者、规则制定者学习的企业具有更好的机会感知能力，并使其产品、服务更好地适应不断涌现的市场（Day，1994），提高新产品开发向企业总体战略匹配的能力与新产品开发效率（Hong et al.，2011）。事实上，组织间信息、知识共享对于新产品开发的各阶段如设计目标、项目规划、情境因素，以及所需资源、技能、知识等都很重要（Hummel et al.，2001）。因此假设：

H3：企业外部知识共享对企业创新能力具有正向影响。

企业外部知识共享的利益是有限的。因为企业在获得外部知识共享的利益的同时，要承担知识搜索以及为维护外部共享主体间关系所产生的成本。而且，外部共享所获得的知识必须进行企业内化才能应用（Nonaka，1994），这也会产生大量成本。因此提出如下假设。

H4：企业外部知识共享对企业创新能力的正向影响具有边际贡献递减特征。

2）内部知识共享与企业创新能力的关系

内部知识共享是指企业内为交换知识或信息、增进对信息意义的理解或复制、传播成功经验而开展的各种交互性活动，包括部门内部与企业内部门之间的交互。企业内部知识共享对创新能力提升及竞争优势的获取具有显著正向影响（Szulanski，1996；Sáenz et al.，2009），但不同共享模式对不同类型企业创新能力的影响存在一定差异（Sáenz et al.，2009）。内部共享有利于提高新产品开发效率（Hong et al.，2011；Hansen，2002），促进对存量知识的利用与转化。因此提出如下假设。

H5：企业内部知识共享对企业创新能力具有正向影响。

内部知识共享过程是对企业现有知识的整合、利用与转化的过程，更倾向于利用式学习过程，是一个产生成本的过程（Nonaka，1994）。与知识积累相似，内部知识共享的利益可能也是有限的（Argote，1999；Sampson，2005）。环境发展可能导致知识折旧，企业以前知识利用的边际回报率也会降低（Sampson，2005）。因此提出如下假设。

H6：企业内部知识共享对企业创新能力的正向影响具有边际贡献递减特征。

3. 历时性知识积累、集聚性知识积累、环境动态与创新能力

动荡环境中，企业生存与发展在很大程度上取决于企业的创新能力，而创新能力又依赖于企业知识积累（Cohen and Levinthal，1990）。但在动荡环境中，企业业已积累的知识和经验的贬值风险大大增加，也就是说，环境越动荡，知识积累对企业创新能力的贡献值可能越小，甚至产生损害。因此提出如下假设。

H7：环境动态性对历时性知识积累与企业创新能力间关系具有负向调节效应。

外部知识共享更倾向于探索性学习过程，而环境动态被认为对探索、利用与绩效之间关系具有调节作用（Levinthal and March，1993；Lewin and Volberda，1999）。研究表明：在动荡环境中，探索性创新对组织更有利（Jansen et al.，2006）。据此提出如下假设。

H8：环境动态性对外部知识共享与企业创新能力间关系具有正向调节效应。

内部知识共享主要是对企业现有或以前经验的挖掘与利用。动荡环境中，新知识导入对于企业就变得尤为重要，但内部知识共享更多基于现有知识与经验。此时，如果仅有高水平内部知识共享，则可能由于现有知识与新知识之间相关性快速降低（Griliches，1990）或现有知识快速贬值而降低内部共享对创新能力的贡献。因此提出如下假设。

H9：环境动态性对内部知识共享与企业创新能力间关系具有负向调节效应。

基于以上假设，绘制企业知识管理与自主创新能力关系模型如图 4.1 所示。

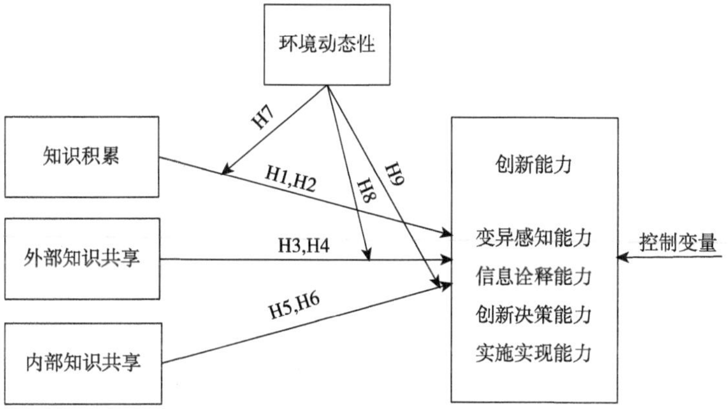

图 4.1　企业知识管理与自主创新能力关系模型

4.2 研 究 设 计

采用定量研究方法，通过量表开发并结合现有研究成果整合为系统收集数据的问卷，获取相关数据。虽然研究表明：中国文化的“中庸”特质使得国内量表开发采用偶数量表（如 6 点量表）更为合理，但考虑与借鉴现有研究采用的量表尺度的一致性，仍采用 7 点量表测量。采用 SPSS 19.0 与 AMOS 19.0 软件进行相应的统计分析。

4.2.1 数据收集

利用企业调研机会以及个人社会关系发放问卷，回收问卷 501 份。其中前期收到 191 份汇总，剔除无效问卷获得有效问卷 162 份，用于探索性因子分析。后期回收问卷 310 份，剔除无效问卷后，剩余有效问卷 257 份，用于验证性因子分析与模型检验。由于所有问卷的发放与回收在两个月内完成，因此无须进行批次间的差异性分析。

4.2.2 变量测量

1. 因变量

“创新能力”是我国经济转型背景下由我国学者提出的具有本土化情境特征的概念。但现有研究主要存在三个问题：①仍然沿用“技术引进—消化—吸收—再创新”的思路，使得我们难以洞悉自主创新能力构思中的自主性特征。②能力包括效率维度与柔性维度（Eisenhardt et al.，2010），但现有研究大多停留在能力的效率维度上，主要通过“投入—产出”的效率指标测量创新能力。然而通过绩效指标反推创新能力的存在，难以避免测量中同义反复的嫌疑（Ambrosini and Bowman，2009）。另外能力的柔性维度却鲜有关注。③国内尚无系统研究自主创新能力结构的构思，使自主创新能力相关研究缺乏统一基础。本书认为：自主创新能力最终嵌入在企业的管理与组织活动过程中（Teece et al.，1997），需要在组织活动过程中加以观察。因此，本书采用扎根方法并以知识创造的动态理论

（Nonaka and Takeuchi，1995）为基础、以“知觉—响应”模型（Haeckel，1999）为框架进行概念内涵的界定与构思开发。开发结果获得 15 个题项，分布于四个能力维度上：变异感知能力、信息诠释能力、创新决策能力与实施实现能力（具体结果详见第 3 节内容）。

2. 自变量

（1）历时性知识积累。用研发投入强度（Cohen and Levinthal，1990）测度企业以前知识的预测效度受到质疑（Lane and Lubatkin，1998），但关于企业知识积累尚未被直接检验过（Lane et al.，2006）。Ernst 等（2011）采用专利数据测度生物技术公司与制药公司联盟内知识积累，但这种测量方式难以在非科学基础型企业的知识积累测量中发挥作用。本书在 Barrales-Molina 等（2010）、Sáenz 等（2009）研究基础上，结合实地调查研究，用核心人员的保留、企业专有性知识传承、组织对任务实施过程中的经验总结与推广以及教训的集体性反思等 4 个题项，采用 7 点量表进行测量。

（2）外部知识共享。外部知识共享主要是指企业与边界外各主体之间进行的旨在获得新知识、信息或增进知识理解的各种交互性活动。其测量借鉴 Lee（2001）与 Lin（2007）的量表，提取 4 个题项、采用 7 点量表（具体如表 4.1 所示）。

（3）内部知识共享。内部知识共享主要是指以企业边界以内的各种信息交换、增进信息意义理解等交互性活动。其测量综合考虑现代企业内部交互模式的多样性，如基于信息技术与基于人际互动等。测量以 Sáenz 等（2009）与 Lin（2007）等研究为基础，用 5 个题项采用 7 点量表，具体如表 4.1 所示。

表4.1　知识管理探索性因子分析与验证性因子分析

名称	题项	EFA 载荷	CFA 载荷	建构信度
外部知识共享	我们企业使用能够使员工与企业外部人员共享知识的技术	0.795	0.876	0.94
	我们与外部伙伴共享彼此工作经验中的一些诀窍	0.784	0.743	
	我们与外部伙伴共享彼此关于“到哪里找知识”与“谁知道这些知识”的信息	0.777	0.842	
	我们与外部伙伴共享彼此来自各自教育与培训的专业知识	0.774	0.844	
内部知识共享	员工广泛利用企业电子图书馆（如在线数据库和数据仓库）获得知识	0.753	0.736	0.90
	我们企业有各种基于兴趣而建立的社团、论坛或会议	0.737	0.735	
	我们的员工经常聚会，分享工作中的故事、经验、最佳实践	0.736	0.773	
	员工使用知识网络（如群件、局域网、虚拟社区）来与同事沟通	0.688	0.627	
	企业提供能够促进内部员工共享知识的技术	0.601	0.735	

续表

名称	题项	EFA 载荷	CFA 载荷	建构 信度
知识积累	我们企业中的那些核心人员一直保持稳定，流失率很低	0.753	0.625	0.87
	企业重视对成功经验的总结和推广	0.737	0.921	
	我们企业普遍对新员工实行"师傅带徒弟"的培养方式	0.736	0.556	
	我们企业高管强调对失败教训进行反思并总结推广	0.688	0.703	

注：探索性因子分析采用样本量为 162 份；验证性因子分析采用样本量为 257 份

（4）环境动态性。本书关注转型背景下知识积累与自主创新能力提升之间的关系与规律，因此环境动态性能够反映转型背景的部分特征。环境动态性采用 Barrales-Molina 等（2010）研究中所采用的量表进行测量，即"对组织产生影响的法律、技术、经济环境不断变化"、"我们组织环境中的主要主体（政府、供应商、客户等）毫无预测性地改变其要求"与"我们组织环境要求管理者对所出现的变化快速响应"。

3. 控制变量

（1）企业规模。企业规模对创新能力具有一定影响（Damanpour，1992），因此需要控制。本书对不同形式的企业规模均进行了控制，包括企业人员规模、资产规模、主营业务收入规模等。为便于数据采集与应答者填写，本书将各规模值分为 5 个等级，如"人员规模"测量为：近三年企业年均员工数为（A）50 人以下；（B）50～99 人；（C）100～499 人；（D）500～999 人；（E）1000 人及以上。其他规模测量方式类似。

（2）企业年龄。随着企业年龄递增，企业可能产生惯性或刚性（Leonard-Barton，1992），会对企业能力产生一定的影响，因此需要控制。采用直接测量方法，处理中对年龄取对数，以减小变异。

（3）研发投入强度。研发投入是用于测量企业以前知识的传统变量（Cohen and Levinthal，1990），对企业创新绩效具有直接影响，需要控制。研发投入强度的测量与上述规模测量采用类似方式，进行 5 级测量，分别为（A）无投入；（B）<5%；（C）5%～10%；（D）10%～15%；（E）≥15%。

4.2.3　分析程序与方法

分析过程包括问卷信度与效度分析、因子分析；采用层次回归方法分析企业知识积累与自主创新能力之间关系及调节效应。采用 SPSS 19.0 进行探索性因子分析与回归模型检验，采用 AMOS 19.0 进行验证性因子分析。

4.3　实证分析结果

4.3.1　探索性因子分析

采用主成分分析与最大方差旋转法对创新能力进行探索性因子分析。KMO 值为 0.907、Bartlett 球形检验卡方值为 1620.05（df=105，$p<0.001$），非常适合因子分析。经多次迭代，剔除交叉荷载或最高荷载低于 0.5 的题项，最终得到企业自主创新能力的因子结构。计算 Cronbach' s α 系数，分别为 0.881、0.898、0.881、0.828，均大于 0.70，表明具有良好的内部一致性。累计解释总方差 75.12%（具体详见第 3 章）。

知识积累与知识内外共享基于文献研究并结合实地调查选择现有研究中题项组合进行测量。因此需要进行探索性因子分析，以检验问卷的结构效度。采用主成分分析与最大方差旋转法进行探索性因子分析。分析显示：KMO 值为 0.89、Bartlett 球形检验卡方值为 992.33（df=78，$p<0.001$），适合做因子分析。累计解释总方差 64.64%。计算 Cronbach' s α 系数，分别为 0.89、0.83 与 0.74，均大于 0.70，表明具有良好的内部一致性。结果见表 4.1。

4.3.2　验证性因子分析

利用后期回收的 257 份有效问卷进行验证性因子分析与模型检验。应答企业分布在 22 个省区市。其中来自企业创新比较活跃的华东地区与广东省的分别为 208 份与 18 份，占总量的 87.94%。应答企业平均年龄 15.31 年。从资产规模、营业收入与员工人数的分布来看，样本企业以中小企业为主。超过 92%的样本企业具有研发投入，48.64%的企业每年研发投入强度超过 5%。超过 73%的样本企业为内资企业，而民营企业占全部样本比例超过 55%。按照王华等（2010）与陈小洪（2009）的研究结果——我国内资企业，特别是民营企业是中国转型阶段技术创新的主体或生力军，本样本用于创新能力的调查，具有一定的代表性。用 AMOS 19.0 分别对核心变量进行验证性因子分析，结果见表 4.1。

验证性因子分析显示，各题项载荷均在 0.50～0.95，建构信度均大于 0.60。

核心变量拟合指标均达到可接受范围（表 4.2），意味着数据与测量模型拟合良好，因子建构信度良好，变量具有良好的聚合效度与区分效度。环境动态变量采用的是成熟量表（3 个题项），验证结果表明拟合良好。

表4.2　核心变量的拟合指标

核心变量	χ^2	df	χ^2/df（<3.0）	RMSEA（<0.08）	CFI（>0.90）	NFI（>0.90）	GFI（>0.90）	IFI（>0.90）
创新能力	196.56	84	2.34	0.072	0.964	0.939	0.906	0.964
知识管理	70.3	57	1.23	0.030	0.993	0.962	0.961	0.993

4.3.3　模型检验

1. 描述性统计分析与相关系数

表 4.3 是显示各变量的描述性统计参数与相关系数的矩阵。初步可见：内外部知识共享与知识积累一次项及创新能力的四个维度相关性均正向显著；二次项与四个维度的相关性表现出一定差异，但总体均显示负相关。因此知识内外部共享与知识积累及创新能力间关系不是简单线性相关，而可能呈现出较复杂的二次曲线关系。

表4.3　描述性统计表与相关系数矩阵

项目	均值	标准差	1	2	3	4	5	6	7	8	9	10	11	12	13	14	15	16
1.变异感知能力	5.455 6	1.066 28																
2.信息诠释能力	4.238 7	1.516 61																
3.创新决策能力	4.907 0	1.169 25																
4.实施实现能力	4.771 4	1.238 69																
5.年龄（log）	1.032 3	0.402 06	0.047	0.000	−0.035	−0.052	1.000											
6.员工	3.455 3	1.371 74	0.161**	0.258***	0.092	0.074	0.482***	1.000										
7.资产	3.709 4	1.053 02	0.228***	0.330***	0.153**	0.132*	0.322***	0.741***	1.000									
8.销售收入	3.739 4	1.077 79	0.179**	0.300***	0.131*	0.125*	0.408***	0.802***	0.810***	1.000								
9.研发强度	2.944 5	1.154 03	0.272***	0.191**	0.162**	0.214***	−0.054	−0.037	−0.006	−0.110*	1.000							
10.外部知识共享	4.202 7	1.323 22	0.442***	0.578***	0.587***	0.565***	−0.125*	−0.020	0.078	0.012	0.190**	1.000						
11.外部知识共享^{2}	4.503 5	1.230 35	0.008	−0.084	−0.183**	0.005	−0.080	−0.004	0.104	0.019	0.326***	0.648***	1.000					
12.内部知识共享	5.136 5	1.077 69	0.537***	0.508***	0.471***	0.563***	−0.070	−0.041	0.018	−0.002	0.184**	0.549***	0.510***	1.000				
13.内部知识共享^{2}	1.743 8	2.275 59	−0.037	−0.103	−0.100	−0.129*	−0.013	−0.080	−0.077	−0.059	−0.041	−0.237***	−0.009	−0.015	1.000			
14.历时性知识积累	1.507 9	1.998 91	0.578***	0.379***	0.546***	0.547***	0.088	−0.023	−0.034	0.004	−0.093	−0.213***	−0.248***	−0.098	0.473***	1.000		
15.历时性知识积累^{2}	1.156 9	1.854 21	−0.111*	0.011	−0.139*	−0.106*	0.041	0.100	0.128*	0.131*	−0.126*	−0.285***	−0.236**	−0.413***	0.471***	0.455***	1.000	
16.环境动态性	4.794 3	1.152 49	0.169**	0.183**	0.212***	0.263***	−0.024	−0.098	−0.078	−0.140*	0.086	0.116*	0.205**	0.179**	0.166**	0.104	−0.008	1.000

注：N=246

$^{***}p<0.001$；$^{**}p<0.01$；$^{*}p<0.05$

2. *层次回归分析*

层次回归分析是检验交互项效应的最有效方法之一，它基于变量因果关系确定不同变量进入回归模型的顺序（Cohen et al.，2003），可直观观察不同自变量对因变量的解释程度，一般分为三个步骤，先后由控制变量、自变量、自变量与调节变量的交互项进入模型。其中，自变量与调节变量的交互项是由自变量与调节变量分别中心化后的乘积项构造而来。本书依序输入各类变量分别对创新能力的四个维度进行回归分析。模型如表 4.4 所示。

研发投入强度对自主创新能力各维度均具有显著的正向效应，即企业加大研发投入有利于提高自主创新能力；企业主营业务收入仅对信息诠释能力、实施实现能力存在显著正向效应。可能是因为企业收入水平高，能够为信息诠释（如邀请外部专家进行问题会诊、趋势判断等）以及创新实施所需资源提供保障；企业年龄对信息诠释能力具有显著负向影响，可能是因为随着企业年龄增长，惯性逐渐形成，使信息诠释过程中的信息过滤机制的负向作用逐渐增强，最终导致对信息理解的局限。

1）主效应检验

（1）知识历时积累对创新能力的四个维度都具有显著促进作用。H1 通过检验。知识历时积累二次项对创新能力的四个维度的效应均显著，但与 H2 假设方向相反，即知识积累不仅对企业创新能力具有促进作用，而且具有递增的边际贡献。这可能因为知识积累水平越高，企业对外部知识的吸收能力越强（Cohen and Levinthal，1990），越有利于更多新知识导入企业内部形成新的知识积累，而这又进一步提供了提升创新能力的基础。此外，也可能源于样本特征。本书中的样本平均年龄为 15.31 年，一般来说，该年龄的企业刚性尚未形成，负面作用尚未体现。

（2）外部知识共享对信息诠释能力、创新决策能力与实施实现能力均产生积极影响（$p<0.001$），但对变异感知能力的效应不显著。H3 获大部分支持。外部知识共享对变异感知能力作用不显著，可能是因为从组织活动层次来说，对外部变异信息的感知与监控本身是个自内向外的过程。这个过程往往是规范化收集信息的过程，有其稳定甚至固定的信息监测点与信息渠道，并不强调与外部主体间产生双向甚至多向交互性活动。还可能因为我国企业尚未将对变异信息获取作为一种战略性感知活动纳入企业创新系统中，这部分地解释了我国企业创新发起能力薄弱的原因，也意味着我国企业创新网络更多用于有形资源的共享与获取。外部知识共享的二次项，对信息诠释能力呈现出弱负向效应（$p<0.1$），对创新决策能力的负向作用显著（$p<0.001$），对其他两个维度没有显著影响，但符号为负。H4

表4.4　企业知识管理与自主创新能力关系层次回归模型

变量	变异感知能力			信息诠释能力			创新决策能力			实施实现能力		
	M1	M2	M3	M4	M5	M6	M7	M3	M9	M10	M11	M12
（常量）	3.753***	0.559	0.495	1.861***	−2.275***	−1.470*	3.741***	0.001	0.929*	3.478***	−0.483	0.210
年龄（lg）	−0.029	0.105	0.077	−0.572*	−0.296	−0.284	−0.241	−0.040	−0.028	−0.335	−0.108	−0.094
员工规模	−0.005	0.067	0.077	0.042	0.121	0.116	−0.036	0.027	−0.002	−0.020	0.057	0.062
资产规模	.0165	0.052	0.045	0.235	0.023	0.012	0.051	−0.096	−0.050	−0.016	−0.170†	−0.164†
主营业务收入	0.103	0.050	0.036	0.303†	0.298*	0.271*	0.215	0.194†	0.183†	0.269†	0.252*	0.202†
研发投入强度	0.256***	0.112*	0.112*	0.278**	0.096	0.084	0.185**	0.036	0.042	0.258***	0.074	0.057
外部知识共享		0.013	0.031		0.437***	0.491***		0.277***	0.283***		0.247***	0.257***
内部知识共享		0.249***	0.212**		0.181*	0.138		0.054	0.066		0.189**	0.204**
知识积累		0.450***	0.473***		0.248**	0.240**		0.431***	0.437***		0.388***	0.374***
外部知识共享二次项		−0.022	−0.006		−0.068†	−0.058		−0.129***	−0.147***		0.000	−0.019
内部知识共享二次项		0.010	−0.004		−0.010	−0.019		0.016	0.038		−0.046	−0.031
知识积累二次项		0.137***	0.198***		0.177**	0.213***		0.120**	0.158***		0.087*	0.082†
环境动态		0.047	0.069		0.192**	0.068		0.160**	−0.054		0.150**	0.043
外部知识共享×环境动态			0.024			−0.150*			0.018			−0.114*
内部知识共享×环境动态			0.061			0.114†			−0.146**			0.058
知识积累×环境动态			−0.108†			0.111			0.111†			0.023
外部知识共享二次项×环境动态			−0.015			0.062*			0.094***			0.060*
内部知识共享二次项×环境动态			0.016			−0.022			−0.013			−0.028
知识积累二次项×环境动态			−0.067**			−0.045†			−0.035†			0.023
F	7.203***	22.100***	3.135**	9.527***	23.865***	2.559*	3.250**	30.205***	6.206***	4.490**	28.541***	2.325*
R^2	0.130	0.477	0.517	0.166	0.514	0.545	0.063	0.509	0.578	0.086	0.508	0.536
Adjusted R^2	0.112	0.451	0.479	0.148	0.489	0.509	0.044	0.484	0.545	0.066	0.482	0.499
ΔR^2	0.130	0.347	0.040	0.166	0.348	0.031	0.063	0.446	0.069	0.086	0.422	0.029
df	240	233	227	240	233	227	240	233	227	240	233	227

注：N=246；VIF<5；Durbin–Watson 分别为 2.181（IC_S）；1.864（IC_I）；2.082（IC_D）；1.980（IC_R）

$^{***}p<0.001$；$^{**}p<0.01$；$^{*}p<0.05$；†$p<0.1$

获部分支持。除成本因素外，该结果还可能随着外部共享水平提高，所获新知识量也将提高，这要求信息接收者具有更高的信息处理或知识整合能力。当组织信息处理与知识整合能力不能匹配大量新知识涌入的要求时，则产生信息过载，对决策能力产生负面影响。

（3）内部知识共享对变异感知能力（$p<0.001$）、信息诠释能力（$p<0.05$）与实施实现能力（$p<0.01$）均具有正向影响。但对创新决策能力没有显著影响，这可能是创新决策更多是对外部挑战或变异产生的机会的响应性组织活动的原因（Hong et al.，2011）。H5 获大部分支持。内部知识共享二次项对创新能力各个维度影响均不显著。H6 未获支持。

2）调节效应检验

环境动态对知识积累与创新能力间关系的调节作用比较复杂。环境动态负向调节知识积累一次项与变异感知能力间关系、正向调节知识积累与创新决策能力间关系，对其他两维度调节效应不显著，即环境动态程度越高，知识积累对变异感知能力的贡献越小，对创新决策能力的贡献越大。可能因为动态环境中，知识积累水平越高，越可能形成企业内信息过滤器并进而产生信息筛选，最终导致知识积累对变异感知能力降低；而面对动态环境带来的干扰和挑战，企业更多依赖以前经验对问题作出判断，从而使得知识积累对决策能力贡献增大。但环境动态对知识积累二次项与自主创新能力间关系的调节效应，除实施实现能力外，均具有显著负向调节效应。这意味着，动态环境中，随着知识积累水平提高，知识积累对创新能力的贡献受环境动态影响强度减弱。知识积累对实施实现能力的贡献不受环境动态性的影响或调节。H7 获部分支持。

环境动态负向调节外部知识共享与企业创新能力间关系，与假设方向相反，并只体现在信息诠释与实施实现能力维度上。表现为对一次项的调节效应为负，对二次项的调节效应为正，表明：环境动态程度越高，外部知识共享对创新能力（信息诠释能力与实施实现能力）的贡献越小，并且随着外部共享水平的提高，环境动态对两者之间的关系削弱强度越大。可能因为动态环境中，高水平的外部共享更易导致信息过载问题，不仅削弱企业的信息诠释能力，也带来实施过程的干扰，降低创新实施效率。H8 未通过检验。

环境动态正向调节内部知识共享与信息诠释能力、负向调节内部知识共享与创新决策能力间关系；对二次项与能力间关系调节效应不显著，即动态环境中提高企业内部共享水平有利于增进对信息的理解，但同时会降低决策效率。H9 获部分支持。

4.4　结论与讨论

4.4.1　结论

（1）企业知识积累对创新能力都具有积极影响，但这些影响并非都是线性的。其中，历时性知识积累对创新能力的贡献具有边际收益递增的特点，两者间呈现出近似“J”形的二次曲线关系；外部集聚性知识积累对自主创新能力的贡献具有边际收益递减的特点，两者间呈现出倒“U”形二次曲线关系；内部集聚性知识积累对创新能力的正向影响在统计上表现为线性特征。

（2）知识积累对企业创新能力内在结构的不同维度上影响存在差异。其中，历时性知识积累对企业创新能力的四个维度均具有显著影响，并且都显示出递增的边际贡献；外部集聚性知识积累对变异感知能力作用不显著，其他维度上均表现出显著的积极影响，但在信息诠释与创新决策两个能力维度上表现出递减的边际贡献效应。内部集聚性知识积累对创新决策作用不显著，其他维度上表现出显著的正向效应。

（3）环境动态对知识积累与企业创新能力间关系具有一定的调节作用，但在各个维度上表现存在差异。其中，环境动态对历时性知识积累与变异感知能力间关系具有负向调节作用，而对知识积累与创新决策之间的关系具有正向调节作用。但随着知识积累水平的提高，环境动态的调节强度减弱；环境动态对外部集聚性知识积累与信息诠释、实施实现能力之间关系均有负向调节作用，并且随着外部知识共享水平的提高，负向调节的强度增强；环境动态对内部集聚性知识积累与信息诠释能力间关系具有正向调节作用，负向调节内部知识共享与创新决策能力间关系。

（4）动态环境中，外部知识共享与内部知识共享对企业创新能力的效应存在一定的交替性，表现在除变异感知能力外的其他三个维度上，环境动态对两者分别与其他三个维度上调节效应虽非一一对应性地达到显著性水平，但符号始终相反。如果从外部知识共享更倾向于探索性学习、内部知识共享更倾向于利用性学习的角度来看，本书一定程度上验证了在特定环境条件下，两种学习模式对企业创新能力不同能力维度的作用具有交替性特征，体现了两种学习模式对创新能力提升的对立统一的二元效应。

4.4.2 讨论

1. 理论贡献

（1）对企业能力理论的贡献。能力研究的困境之一是可能通过检验企业绩效推论能力的存在，但难以避免同义反复的问题（Ambrosini and Bowman，2009）。事实上，企业绩效与能力是完全不同的概念，前者是过去导向的概念，而能力是未来导向的概念（Freiling et al.，2008）。而且，创新绩效仅能在一定程度上反映创新能力的效率维度，难以反映创新能力的柔性维度。因此，应当从企业的管理与组织过程中洞察企业能力的特性及其发展（Teece et al.，1997）。本书从自主创新的组织微观过程解构自主创新能力并对其直接测量，规避了由创新绩效反推能力存在的方法论上的局限。此外，现有相关研究大多关注知识转移或知识共享对创新绩效的影响，很少关注企业内部知识积累对自主创新能力的影响。即使强调企业以前知识对技术创新绩效的重要性，但采用研发投入强度作为代理测量受到质疑（Lane and Lubatkin，1998）。本书不仅关注知识内外共享，而且关注知识积累对自主创新能力提升的影响，而这些研究都建立在对自主创新能力与知识共享及知识积累（而不是研发投入）的直接测量基础上。这一努力丰富了企业能力理论。

（2）对知识管理理论的贡献。知识管理理论关注的核心内容是知识转移、共享与知识流，并特别关注知识管理前因，较少关注知识管理后果（van Wijk et al.，2008），对存量知识关注不多。而且企业知识积累尚未直接检验过（Lane et al.，2006），用专利数据测度知识积累（Ernst et al.，2011）难以在非科学基础型企业知识积累测量中发挥作用。本书基于文献研究与实地调查设计了直接测量企业知识积累与知识共享的问卷，用以研究知识积累、知识共享与企业自主创新能力构建间的关系，也丰富了知识管理的后果研究。

2. 管理意义

提高企业知识积累水平、促进企业内外知识流动是构建企业自主创新能力的重要基础。加大对企业知识积累方面的投资，将会获得递增的边际回报，并且能够提高企业抵抗环境动荡所致风险的能力。转型经济背景下，敏锐捕捉变异信息是创新发起的关键，但国内企业尚未将变异感知提高到战略性感知层次并纳入企业创新系统中。开放式创新有利于提高企业自主创新能力，但这种利益要建立在适度开放的基础上，过度开放可能反而带来损害。而且，企业应充分利用创新网络提供的战略性感知潜力，而不仅仅局限于有形资源获取与共享。企业需要在知识的内外共享活动之间进行权衡，以获得更优的知识收益。

3. 研究局限与未来方向

（1）转型经济环境不仅包括环境动态性，还包括复杂性、可预测性等内容。但本书仅关注环境动态的影响，这显然是远远不够的。

（2）从国家战略层面来说，企业自主创新能力提升是建设创新型社会的微观基础。但从现实角度来说，这一战略使命可能最先要在一些特定产业、大型企业中实现。但样本收集过程中囿于资源可获得性，偏重中小规模企业，战略性新兴产业的样本也不是很多。此外，分析没有考虑产业分类，这可能导致产业特性带来的影响难以被观察。

（3）基于动态能力观，知识积累作为一种战略性资源，本身并不能自动产生竞争绩效，而需要一定的组织活动，或对资源进行处置或配置活动才可能转化为企业持续竞争优势。本书仅关注知识积累与自主创新能力间关系，尚未深入到两者之间发生作用的内在机理，如企业所积累的知识是如何被激活或利用并最终转化为竞争优势的，这将成为未来研究的主要议题之一。

第 5 章 知识积累、知识激活与企业创新能力[①]

知识是表征创新的最独特资源（Hill and Rothaermel，2003；Zhou and Wu，2010），将知识存储于程序、规范、规则与形式中，并通过向成员学习、积累这些知识（March，1991），是实现知识跨期价值的基础，能够使企业产生把握变革的新能力（Kogut and Zander，1992），进而获得创新性竞争优势（Leonard-Barton，1992）。因此，知识与创新是当今企业竞争的两大主题。

关于知识与创新间关系的探索，早期研究多从总体层次上关注企业知识基如何影响创新（DeCarolis and Deeds，1999），近年来倾向于强调不同类型知识对企业创新影响的差异性（Lane et al.，2001；Díaz-Díaz et al.，2008；Fang et al.，2010；Zhou and Li，2012）。总体而言，现有研究多从创新绩效总体层次上关注不同类型知识的贡献，对企业知识基与创新能力提升间关系研究较少（Zhou and Li，2012）。大多现有研究认为企业知识积累有利于促进创新。但也有学者指出：知识积累并非总是有利的，知识积累可能导致的核心刚性（Leonard-Barton，1992）或编码知识的积累与再用对于高经验团队而言（Haas and Hansen，2005）都是有害的。还有学者认为知识积累与创新无直接关系，因为知识积累影响的是组织知识转移的有效性，而不是企业的创新能力（Lane et al.，2001；Bierly III et al.，2009）。这些矛盾性结论意味着知识与创新能力间关系仍是个值得深入研究的议题。

针对大多学者习惯于基于“知识→创新”的正向思路探讨有效创新中不同类型知识可能产生的不同影响，却很少深入到企业创新的微观过程中反观同一企业知识基对创新微观过程中不同阶段的影响是否存在差异的一般研究思路，本书尝试基于创新的微观过程研究企业知识积累与创新能力间关系，并特别关注不同学习导向的知识激活机制如何影响知识积累与创新能力间关系，从而为企业有效开展创新活动、提升企业自主创新能力提供理论依据。本章整合知识管理与组织学

① 本章内容主要来源于张军等（2014b），该文获“第十六届中国管理科学学术年会”优秀论文奖。有改动。

习理论、创新理论与企业能力理论，采用实证方法对上述主题进行研究，发现：①企业专有性知识积累是创新能力的基础，其贡献贯穿于企业创新的整个微观过程；②在企业创新进展的不同阶段，不同的知识激活模式对于知识积累与创新能力提升间关系具有不同影响，企业需要依据自身创新活动进展所处阶段选择与之匹配的组织学习类型。

5.1　文献回溯与假设提出

5.1.1　知识积累与企业创新能力关系

知识积累是指企业对其特有的生产、组织与管理知识及经验历时保留与传承的结果，反映企业创新的独特资源（Zhou and Wu，2010；Miller et al.，2007），是创新能力的基础（张军等，2014b），直接影响技术创新结果（Cohen and Levinthal，1990）。首先，企业现有知识限定其理解、应用新知识到创新中去的范围与能力（Hill and Rothaermel，2003），企业以前知识或组织记忆能够使企业更好地利用相关知识、理解并评价技术进步的潜在商业价值（Cohen and Levinthal，1990；Chesbrough，2003）与问题解决方法（Zahra and George，2002），因而对企业识别并选择创新机会至关重要（Hagedoorn and Duysters，2002；Chesbrough，2003；Ernst et al.，2011）。其次，保留具有直接开发经验的核心人员不仅是新产品成功开发（Iansiti，1995b；Gino et al.，2010）或成功导入的决定性因素（Smith et al.，2005；Zhou and Li，2012），也是促进技术商业化的关键（Zahra and Nielsen，2002）。许多企业能够产生有前景的、新颖的理念，但败于实施途中，因为缺乏足够的专业知识来解决复杂或不常见的问题（Katz and Du Preez，2008）。可见，知识积累的关键性作用贯穿在创新的整个过程中。因此，本书提出如下假设。

H1：历时性知识积累对企业创新能力具有正向影响。

5.1.2　知识积累、知识激活与创新能力关系

企业仅仅进行知识积累是不够的（Argote，1999；Marsh and Stock，2006），还必须能够有效获取、解释并利用其所积累的知识资源（Verona，1999）。否则，

这些历时积累的知识的跨期价值将难以实现（Ernst et al., 2011），并最终逐渐遗失（Walsh and Ungson, 1991）。因此，成功激活这些知识才能使企业从其所积累的知识中获益（Garud and Nayyar, 1994; Nonaka, 1994），才更加有利于将存量知识转化为创新能力。

知识激活包括获得与利用以前所获的知识（Marsh and Stock, 2006），知识共享作为激活知识的重要手段，受到一些学者的关注（Zhou and Li, 2012）。知识共享可以培育部门间合作，并促进相互之间学习，激活现有知识仓库，生成创新的新理念（Tsai, 2001; Zander and Solvell, 2000）。通过一个互动激荡的过程，知识共享能够使企业联系、整合广泛的完全不同领域的知识，以非预见性、非常规性模式，生成用于重大创新的突破性理念（Zahra and George, 2002）。实践中，企业既可以通过协调或重组所积累的知识基中的不同知识成分来提升价值（Levitt and March, 1988），也可以通过导入新知识成分并与现有知识基相整合来促进新价值的创造（Zahra and George, 2002）。因此，知识激活可分为分别以利用与探索为特征的内部知识共享与外部知识共享。其中，基于历时积累的知识，内部知识共享能够进一步整合个体的诀窍，帮助构建更加深度的、更完善的对现有知识的理解（Kale and Singh, 2007; Tsai, 2001），进而促进现有知识与创新能力间关系不断强化。而企业通过外部知识共享获得新知识成分，通过与现有知识进行整合来推动企业采用新观点重新理解因果链与现有认知结构、解释现有能力的缺陷，从而促进创新能力的提升与发展（Subramaniam and Youndt, 2005; Zhou and Li, 2012）。因此，本书提出如下假设。

H2a：内部知识共享对知识积累与创新能力间关系具有正向调节作用。

H2b：外部知识共享对知识积累与创新能力间关系具有正向调节作用。

综上，本书提出企业历时性知识积累、知识激活与创新能力关系模型，如图 5.1 所示。

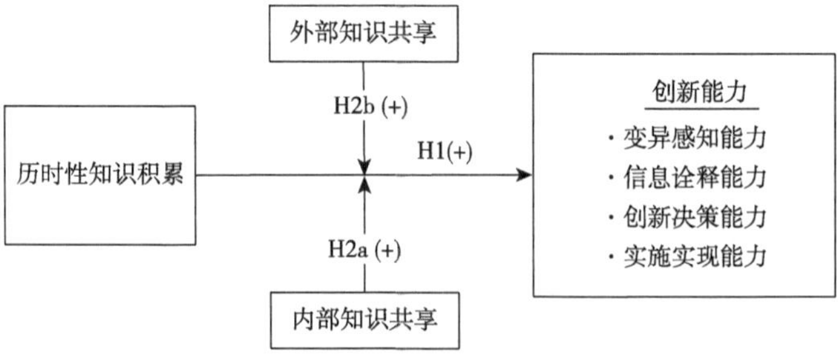

图 5.1　企业历时性知识积累、知识激活与创新能力关系模型

5.2 研究设计

5.2.1 数据收集

本书采用问卷调查方式收集数据，共发放问卷 600 份，两个月内回收 501 份，剔除无效问卷获有效问卷 419 份。其中，第一个月回收 162 份有效问卷用于探索性因子分析；第二个月回收的 257 份有效问卷用于验证性因子分析与模型检验。

5.2.2 变量测量

（1）因变量。现有研究大多采用创新绩效表征创新能力，但难以洞察创新能力的柔性维度。本书认为，创新能力是嵌入在企业对内外环境变异的“知觉—响应”过程中的一种动态能力，因此将创新能力解构为变异感知、信息诠释、创新决策与实施实现等四个维度，并通过量表开发探索、验证该理论构思（张军等，2014a）。本书采用 15 个题项、利克特 7 点量表测量创新能力。

（2）自变量。知识积累是指企业历时积淀、传承的知识，包括个体知识与集体知识。针对现有研究对知识积累尚未直接检验过（Lane et al.，2006）的现状，本书以 Barrales-Molina 等（2010）、Sáenz 等（2009）研究为基础，结合实地调查，用核心人员的保留、企业专有性知识传承以及组织对任务实施过程中的经验总结与推广以及教训的集体性反思等 4 个题项，采用 7 点量表予以测量。

（3）调节变量。外部知识共享以 Lee（2001）与 Lin（2007）量表为基础，提取 4 个题项用 7 点量表测量。“内部知识共享”综合考虑现代企业内部交互模式的多样性，以 Sáenz 等（2009）与 Lin（2007）等研究为基础，采用 5 个题项、7 点量表测量。

（4）控制变量。企业规模（Damanpour，1992）、企业年龄（Sørensen and Stuart，2000）及研发强度（Cohen and Levinthal，1990）对创新能力均具有一定影响，但非本书焦点，故予以控制。

5.2.3 分析程序与方法

本书核心检验内容为调节效应，而层次回归分析方法是检验交互效应的最有效方法之一（Cohen et al.，2003），因此采用层次回归分析方法检验模型中调节效应。此外，需要进行问卷信度、效度分析以及因子分析。具体工具采用 SPSS 19.0 与 AMOS 19.0，前者用于探索性因子分析、回归模型检验，后者用于验证性因子分析。

5.3 分析结果

5.3.1 因子分析与信效度检验

运用 SPSS 19.0 软件，采用主成分分析法与最大交叉旋转法，进行探索性因子分析。KMO 值与 Bartlett 球形检验卡方值显示：样本适合因子分析。经多次迭代，剔除交叉荷载项与荷载低于 0.5 的题项，获核心构念的探索性因子分析结果。运用 AMOS 19.0 进行验证性因子分析并计算因子建构信度（表 5.1）。

表5.1 核心构念探索性与验证性因子分析结果

构念	因子	题项	EFA 载荷	CFA 载荷	建构信度
创新能力	实施实现能力	创新项目进行过程中，我们基于评估状况提出改善建议并及时调整工作	0.766	0.888	0.88
		我们定期对创新项目（如产品开发等）的资源使用状况进行评估	0.761	0.867	
		我们各个部门之间有定期会议，讨论技术与市场发展趋势及项目进展状况	0.760	0.804	
		我们企业容易从外部获取创新（如产品开发、工艺改良等）所需的资源（如资金、人才等）	0.695	0.782	
		我们管理人员经常对相关政策、法规、竞争者动态及其可能结果进行讨论，以及时调整项目进程	0.689	0.784	
	创新决策能力	制定创新战略过程中，我们将方案的选择建立在多个成员观点基础上	0.842	0.879	0.91
		制定创新战略过程中，我们尽可能多角度地产生尽可能多的方案或对策	0.792	0.883	
		我们对每个方案都进行全方位考察，以提高决策水平	0.734	0.869	
		制定创新战略过程中，我们在多角度评估基础上选择方案或措施	0.692	0.854	

续表

构念	因子	题项	EFA载荷	CFA载荷	建构信度
创新能力	信息诠释能力	我们经常邀请外部的技术专家来企业进行专题研讨	0.862	0.932	0.92
		我们经常邀请行业资深的市场分析人员到企业进行专题研讨	0.813	0.931	
		我们的专业人员（如技术人员、市场人员）经常参加外部举办的各种会议、论坛、研讨会	0.687	0.856	
	变异感知能力	我们的市场人员与客户广泛沟通，以及时获取客户需求信息	0.845	0.851	0.80
		我们关注客户需求变化信息	0.813	0.846	
		我们企业设有专门的市场研究职能，负责市场与客户需求变化信息的收集	0.749	0.756	
知识管理	外部知识共享	我们企业使用能够使员工与企业外部人员共享知识的技术	0.795	0.876	0.94
		我们与外部伙伴共享彼此工作经验中的一些诀窍	0.784	0.743	
		我们与外部伙伴共享彼此关于“到哪里找知识”与“谁知道这些知识”的信息	0.777	0.842	
		我们与外部伙伴共享彼此来自各自教育与培训的专业知识	0.774	0.844	
	内部知识共享	员工广泛利用企业电子图书馆（如在线数据库和数据仓库）获得知识	0.753	0.736	0.90
		我们企业有各种基于兴趣而建立的社团、论坛或会议	0.737	0.735	
		我们的员工经常聚会，分享工作中的故事、经验、最佳实践	0.736	0.773	
		员工使用知识网络（如群件、局域网、虚拟社区）来与同事沟通	0.688	0.627	
		企业提供能够促进内部员工共享知识的技术	0.601	0.735	
	知识积累	我们企业中的那些核心人员一直保持稳定，流失率很低	0.753	0.625	0.87
		企业重视对成功经验的总结和推广	0.737	0.921	
		我们企业普遍对新员工实行“师傅带徒弟”的培养方式	0.736	0.556	
		我们企业高管强调对失败教训进行反思并总结推广	0.688	0.703	

注：①探索性因子分析采用样本量为 162 份，验证性因子分析采用样本量为 257 份；②KMO=0.907，Bartlett 球形检验卡方值为 1620.05（df=105，$p<0.001$），累计解释总方差比 75.12%；③KMO=0.89、Bartlett 球形检验卡方值为 992.33（df=78，$p<0.001$），累计解释总方差比 64.64%

各荷载均在 0.5～0.95，因子建构信度均大于 0.6。核心概念拟合指标均达到可接受范围（表 5.2），数据与测量模型拟合良好，变量具有良好的聚合效度与区分效度。

表5.2　核心概念的拟合指标

变量	χ^2	df	χ^2/df	RMSEA	CFI	NFI	GFI	IFI
创新能力	196.56	84	2.34	0.072	0.964	0.939	0.906	0.964
知识管理	70.3	57	1.23	0.030	0.993	0.962	0.961	0.993

5.3.2 模型检验与分析结果

采用第二个月回收的 257 份有效问卷进行模型检验。样本分布在 22 个省区市，其中 87.94%来自创新活跃的华东地区与广东省。样本以中小企业为主，平均年龄为 15.31 年。超过 73%的样本为内资企业，民营企业占全部样本比例超过 55%。由于我国内资企业，特别是民营企业是中国转型阶段技术创新的主体或生力军（王华等，2010；陈小洪，2009），因此，本样本用于创新能力的调查具有一定的代表性。表 5.3 显示了描述性统计分析结果与相关系数矩阵。

从表 5.3 中初步可见：知识积累对创新能力具有显著正向影响；内部知识共享、外部知识共享各自与知识积累的交互项对创新能力具有一定影响，存在较为复杂的调节效应。

运用多元层次回归方法对调节效应进行检验（表 5.4），控制变量、自变量、自变量与调节变量的交互项依次进入模型，其中，自变量与调节变量的交互项是由自变量与调节变量分别中心化后的乘积项构造而来。

（1）控制变量效应。企业（资产）规模与研发强度，对创新能力的四个维度能力均具有显著的正向效应，可见创新能力的构建需要一定的资金投入，并以一定的资金基础为保证；企业年龄总体而言对创新能力具有负向影响，但对除了信息诠释能力外的其他维度负向影响不显著，这意味着年轻企业可能更具创新性。

（2）主效应。知识积累对创新能力具有显著的正向影响（β=0.405，p<0.001；β=0.147，p<0.1；β=0.350，p<0.001；β=0.330，p<0.001），H1 得到支持。因此，以核心人员及其知识保留、企业内扩散为主要内容的企业历时性知识传承与积累提供了创新能力提升的基础。此外，调节变量本身对创新能力具有独立影响：内部知识共享对创新能力的变异感知、信息诠释以及实施实现能力均有显著正向影响（β=0.240，p<0.001；β=0.185，p<0.05；β=0.247，p<0.001），而对创新决策能力没有显著影响（β=0.012，p>0.1）；外部知识共享对创新的信息诠释、创新决策以及实施实现能力均具有显著正向影响（β=0.448，p<0.001；β=0.352，p<0.05；β=0.212，p<0.01），对变异感知能力没有显著影响（β=0.020，p>0.1）。

（3）调节效应。知识积累与变异感知能力间关系不受内部知识共享与外部知识共享的显著影响。内部知识共享正向调节知识积累与信息诠释能力（β=0.103，p<0.001）以及知识积累与实施实现能力间关系（β=0.067，p<0.1），但负向调节知识积累与创新决策能力之间的关系（β=−0.125，p<0.01）。H2a 得到部分支持。表明：加强企业内部员工之间交流共享、建立良好的知识与信息沟通机制，有利于挖掘企业现有知识基的潜力，从而促进企业对创新信息解读能力与实施实现能

表5.3　描述性统计与相关系数矩阵

项目	1	2	3	4	5	6	7	8	9	10	11	12
1.变异感知能力												
2.信息诠释能力												
3.创新决策能力												
4.实施实现能力												
5.年龄（lg）	0.068	−0.009	−0.032	−0.40	1.000							
6.研发强度	0.272***	0.188**	0.154**	0.223***	−0.057	1.000						
7.资产规模	0.237***	0.321***	0.165**	0.122*	0.333***	0.005	1.000					
8.知识积累	0.572***	0.401***	0.549***	0.545***	−0.071	0.183**	0.016	1.000				
9.内部知识共享	0.544***	0.502***	0.457***	0.566***	−0.085	0.322***	0.108*	0.506***	1.000			
10.外部知识共享	0.443***	0.575***	0.596***	0.557***	−0.125*	0.190**	0.075	0.532***	0.649***	1.000		
11.知识积累×内部知识共享	−0.077†	0.079	−0.153**	−0.004	0.080	−0.008	0.123*	−0.220***	−0.086	−0.066	1.000	
12.知识积累×外部知识共享	−0.129*	0.082	−0.027	0.011	−0.009	−0.123*	0.076	−0.312***	−0.067	0.030	0.636***	1.000
均值	5.4496	4.2528	4.9305	4.7784	1.0334	2.9484	3.6960	5.1448	4.5134	4.2085	0.6522	0.7286
标准差	1.0638	1.5054	1.1394	1.2106	0.4023	1.1548	1.0574	1.0543	1.2264	1.3049	1.6880	1.7270

注：N=245

$^{***}p<0.001$；$^{**}p<0.01$；$^{*}p<0.05$；$^{\dagger}p<0.1$

表5.4　多元层次回归模型结果

变量	变异感知能力				信息诠释能力				创新决策能力				实施实现能力			
	M1	M2	M3	M4	M5	M6	M7	M8	M9	M10	M11	M12	M13	M14	M15	M16
（常量）	3.830***	1.059**	1.048**	1.027**	2.217***	−0.767	−0.925†	−1.046*	3.985***	1.041**	1.118**	0.851*	3.724***	0.603	0.500	0.324
lg（年龄）	0.015	0.189	0.188	0.190	−0.444†	−0.122	−0.137	−0.123	−0.250	0.002	0.009	0.039	−0.229	0.031	0.021	0.041
研发强度	0.249***	0.099*	0.099*	0.100**	0.234**	0.057	0.052	0.062	0.146*	0.013	0.016	0.037	0.228**	0.049	0.045	0.060
资产规模	0.235***	0.175**	0.174**	0.174**	0.513***	0.406***	0.387***	0.386***	0.209**	0.138*	0.147**	0.146**	0.167*	0.079	0.067	0.066
知识积累		0.405***	0.408***	0.413***		0.147†	0.189*	0.216*		0.350***	0.330***	0.390***		0.330***	0.357***	0.397***
内部知识共享		0.240***	0.241***	0.240***		0.185*	0.189*	0.187*		0.012	0.010	0.008		0.247***	0.249***	0.248***
外部知识共享		0.020	0.019	0.017		0.448***	0.439***	0.421***		0.352***	0.357***	0.319***		0.212**	0.206***	0.181**
知识积累×内部知识共享			0.007	0.002			0.103*	0.070			−0.050	−0.125**			0.067†	0.018
知识积累×外部知识共享				0.010				0.056				0.124**				0.082†
F	11.918***	50.245***	0.058	0.056	14.236***	41.134***	5.425*	0.910	4.918**	55.961***	2.237	8.006**	5.983**	53.435***	3.548†	3.029†
R^2	0.129	0.467	0.467	0.467	0.151	0.441	0.453	0.455	0.058	0.447	0.453	0.471	0.069	0.444	0.452	0.459
Adjusted R^2	0.118	0.453	0.451	0.449	0.140	0.426	0.437	0.437	0.046	0.434	0.436	0.453	0.058	0.430	0.436	0.441
ΔR^2	0.129	0.338	0.000	0.000	0.151	0.290	0.013	0.002	0.058	0.390	0.005	0.018	0.069	0.375	0.008	0.007

注：N=245；M1～M16，表示“模型1～模型16”

***p<0.001；**p<0.01；*p<0.05；†p<0.1

力的提升。但内部知识共享会削弱知识积累与创新决策能力间的正向关系。这可能是因为内部知识共享以企业现有知识基为基础，过度利用可能带来核心刚性，进而导致知识积累与创新决策能力间关系的削弱。

外部知识共享正向调节知识积累与创新决策能力（β=0.124，p<0.01）以及知识积累与实施实现能力间关系（β=0.082，p<0.1），而对知识积累与更加隐性的变异感知能力、信息诠释能力间关系没有显著影响。H2b 得到部分支持。表明：企业获取并利用外部知识有利于强化企业现有知识基与现实创新能力（包括创新决策能力与实施实现能力）间的正向关系。这可能是因为企业寻求外部知识是问题驱动的，外部知识的获取增加了企业新知识成分以及知识新组合的可能性，从而促进现有知识的利用以提高企业创新决策能力与实施实现能力。

5.4　结论与讨论

5.4.1　结论

企业知识基是表征创新最独特的资源（Hill and Rothaermel，2003；Zhou and Wu，2010），但企业历时积累的知识基如何影响企业有效创新仍需深入研究。本书利用国内企业样本，探索并检验了企业知识积累、知识激活与创新能力间关系，并有如下发现。

（1）企业专有性知识积累是创新能力提升的重要基础，并贯穿于创新全过程。

那些以企业核心人员保留、知识和经验传承与扩散为主要内容的企业专有性知识的历时积累，对于创新过程中各个关键环节的能力均具有显著积极影响，包括变异感知能力、信息诠释能力、创新决策能力以及实施实现能力等。这一结果与现有研究结论一致（Ernst et al.，2011；Zhou and Li，2012），但与以专利数据（Ernst et al.，2011）或研发强度（Cohen and Levinthal，1990）测量技术经验、知识积累不同，本书进一步验证了企业知识中的那些隐性的、人因性知识的历时积累对于整个创新过程有效实现的重要作用。

（2）不同知识激活模式，对于企业专有性知识积累与创新能力提升间关系的影响不同。

内向型知识激活机制：以针对企业现有知识基的挖掘与利用为特征的内部知识共享，能够激活、重组现有知识基中的不同知识成分，是产生新知识的途径之一。本书发现：内部知识共享不仅能够强化现有知识与创新中信息诠释能力间的正向关系，也有利于促进企业所积累的知识在创新实施过程中的跨期利用。Zhou 和 Li（2012）研究发现：宽知识基的企业在内部知识共享时更易获得重大创新的结果，而深知识基的企业则在外部市场知识获取的条件下更易实现重大创新。但本书认为：即使拥有深知识基，企业仍然可以通过构建内部知识共享机制来获取更高的创新利益，只是这种创新利益的获取并非源于创新过程的每一个环节，而主要来自信息诠释环节与创新实施实现环节。事实上，在决策环节，强调内部知识共享反而会削弱企业知识积累与创新决策能力间的正向关系，这可能反映了创新决策过程中过度依赖企业现有知识而可能面临核心刚性带来的风险。

外向型知识激活机制：以获取新知识来补偿或丰富现有知识基的外部知识共享，具有探索的特征，它以新知识成分激活现有知识成分而提供产生更多知识组合的可能性。本书发现：外部知识共享有利于强化现有知识与创新决策能力、创新实施实现能力间的正向关系。这一结论深化了 Zhou 和 Li（2012）关于深知识基在整合了外部市场知识的条件下更易获得重大创新的结论，即识别了深知识基在外部知识共享的条件下更大程度获取创新利益的关键环节在于创新决策与实施实现过程，而不是更加内隐的变异感知与信息诠释环节。由于创新决策与实施实现能力直接贡献于企业绩效而被认为是现实创新能力，而变异感知与信息诠释能力相对于创新绩效获取而言更具深层次、内隐特征而属于潜在创新能力（张军和许庆瑞，2014），因此可认为：外部知识共享有利于强化知识积累与现实创新能力间正向关系进而获取更高水平的现实利益，而对知识积累与潜在创新能力间关系没有显著影响，反映了外部知识共享的绩效效应以及潜在创新能力提升的内生性特征，进而在一定程度上解释了我国众多企业创新过程中倾向于从外部获取知识而不是内生发展知识的行为取向的深层次原因。同时，由于潜在创新能力更具独占或获取创新收益分配支配权的潜力并决定企业现实创新能力水平（张军等，2014a），因此，这一结论也指出了我国企业提高创新自主性的关键环节在于内生性知识积累与组织内学习机制的构建，验证了“企业专有性知识及其独特的积累路径是企业持续竞争优势的来源”（Dierickx and Cool，1989）的论点。

5.4.2　讨论

1. 理论贡献

从创新理论与知识管理理论的视角来看，知识是创新过程中的独特资源（Miller et al.，2007；Zhou and Li，2012），知识整合或重构提供企业创新的不竭源泉(Grant, 1996; Dosi et al., 1988)——无论是新知识与企业现有知识整合(Kogut and Zander, 1992), 还是企业现有知识间关系的重构(Henderson and Clark, 1990)。本书认为知识提供创新能力的基础，但这种基础需要知识激活或知识整合，才能更好地发挥作用。在此框架下，本书检验了知识积累、知识激活与创新能力间的关系。研究发现：企业专有性知识对于创新过程中各关键环节能力的提升均具有显著的促进作用；但在创新的不同阶段，不同的知识激活机制对于知识与创新各子能力间关系具有不同的影响。与传统创新理论从整体层次上关注知识对创新绩效的影响的研究相比，本书深入到创新的微观过程中并从能力基础层次上洞察企业专有性知识在不同知识激活机制下如何影响企业创新能力的提升与发展，不仅深化了创新研究领域，拓展了现有创新理论，也丰富了知识管理后果研究。

从企业能力理论的视角来看，在划分了潜在创新能力与现实创新能力的基础上（张军和许庆瑞，2014），本书发现：潜在创新能力主要受到企业内生性因素的影响，如专有性知识积累存量、基于专有性知识挖掘与利用的内部知识共享等；而现实创新能力则不仅受到内生性知识积累与共享因素的影响，还受到外部知识共享活动的影响。这一发现，在一定程度上识别了创新的潜在能力与现实能力提升的微观前因的差异，在理论上回应了 Volberda 等（2010）在对吸收能力研究回顾与综述的基础上提出“应对潜在与现实能力进行更多研究，以了解微观或宏观前因如何影响诸如创新、竞争优势……”的呼吁。

从组织学习理论视角来看，本书发现：创新发展的不同阶段，需要不同的学习机制与之匹配。具体而言，潜在创新能力发展过程中，提高企业内部的利用性学习更有助于强化知识积累与潜在创新能力之间的正向效应；而在现实创新能力提升过程中，探索性学习更有助于强化知识积累与现实创新能力间的正向效应。值得一提的是，创新决策过程中，利用性学习会削弱知识积累与创新决策之间的正向效应，而探索性学习则会强化知识积累与创新决策间的关系；创新实施过程中，探索性学习与利用性学习都将有利于增强知识积累与实施能力间的正向关系。本书区分了创新能力的多维性质，研究结果表明了企业内外知识及不同学习机制对创新能力不同维度解释的差异性，反映了基于知识视角提升创新能力的内在复杂性。

2. 管理意义

我国经济正处于转型升级的关键时期，提高企业自主创新能力是驱动经济转型的微观基础与战略前提。本书发现对于管理实践具有以下重要意义。

首先，企业管理者应认识到，提高企业知识积累水平特别是注意保留、发挥企业核心人员的作用，同时鼓励相关知识的扩散与传承，是提升企业创新能力的重要基础。研究表明：作为企业创新发起起点并直接关系到创新自主性程度的变异感知能力，更加依赖于企业内生性知识积累及其利用。这意味着，要提高我国企业创新自主性、拥有更大的创新收益分配支配权，必须依靠企业知识的自我积累、自我发展才可能实现。

其次，由于组织内外学习机制决定了企业知识基在创新过程中价值的发挥程度，因此，要积极构建组织内外学习机制，以激活、整合企业知识基，从而促进企业创新能力的提升。具体如：对内要加强部门间、员工间知识交流、共享、互动机制的建设，重视核心员工知识的沉淀与利用并发挥集体智慧；对外要重视新知识、新信息的学习与获取，构建有利于员工进行开放式学习的氛围，提供员工便于外部学习的基础设施与相应条件。

最后，整个创新过程中，企业要灵活运用多种组织学习机制，使之与创新不同阶段的知识基利用需求相匹配。一般而言，创新的变异感知能力提升更多依赖于内生性知识积累与利用；而信息诠释能力提升，则不仅依赖于内部知识积累与利用，也强调外部知识导入的重要性，采用利用性学习机制旨在提高现有知识对信息诠释能力提升的作用，而探索性学习机制在此过程中可更加直接地提高信息诠释能力，因此在这一阶段需要采用混合性学习机制；创新决策能力提升更多依赖于探索性学习机制，利用性学习机制反而会削弱知识积累与创新决策能力之间的正向关系；创新实施实现能力的提升则需要采纳混合性学习机制才更加有利。

3. 局限与未来研究

首先，提高企业自主创新能力是我国实现创新驱动发展战略的微观基础。从实践角度来说，这一战略可能最先会在一些新兴产业及其大型企业中试点实施。然而，囿于资源可获得性，本书所收集的样本偏重中小型企业，战略性新兴产业的样本也不是很多，这可能限制了本书研究结果对于管理实践的指导作用。未来研究需要在样本收集上进行更加细致的设计。

其次，本书研究中的知识积累以人因性、隐性知识为主，测量中主要采用核心人员保留状况及其知识扩散与传承来代理测量，虽然关注到了企业中的个体知识与集体知识，但研究中没有区分核心人员的专业特性，从而没有区分知识的专业类别，如市场知识、技术知识等，但基于专业性质划分的不同知识积累对于企业创新能力的提升可能具有不同影响。未来研究可在细分知识类别的基础上做进一步研究。

最后，本书研究分析过程中，没有考虑产业分类，由此可能导致产业特性带来的影响难以被观察。未来研究将会关注不同产业类型中的企业基于知识积累的创新能力提升过程中可能存在的差异。

第 6 章　知识积累与创新能力动态演化

知识与创新是当代企业发展的两大主题。创新是企业竞争优势的来源，而知识是创新的基础，知识重构是企业创新不竭的源泉（Dosi，1988；Grant，1996；Fleming，2001）；另外，创新产生新专有性知识，为企业获取竞争优势及其隔离机制提供基础。“将知识储存于程序、规范、规则和结构中，并通过向其成员学习、积累这些知识”（March，1991），是企业创新发展的深层基础，提供企业可持续竞争优势的来源（Dierickx and Cool，1989）。因此，企业知识积累在一定程度上规定着创新能力的演化特征。①

虽然知识与创新间关系在学界已达成共识，但知识积累与创新能力演化过程的复杂性与动态性难以用一般的经验研究方法直接观察，使得现有研究中鲜见两者之间动态关系的研究。而对两者之间动态关系的认识与理解对于企业创新实践具有重要的现实指导意义。因此，本书聚焦于企业知识积累与创新能力演化间的动态关系，力图打开企业创新能力提升的组织“黑箱”，为企业构建与提升创新能力提供理论指导。

6.1　知识与创新关系理论述评

企业能力发展中知识积累问题，曾存在内在性还是外在化的争论。Penrose（1959）认为，企业知识积累是外部知识内在化的过程，因为内在化节约稀缺的管理资源，为企业扩张与成长提供可能；马歇尔（1920）指出，企业新知识的产生源

① 本章内容主要来源于张军和许庆瑞（2015），该文获得《科学学与科学技术管理》杂志 2015 年 TOP10 年度优秀论文。

于内部隐性知识的显性化。该逻辑源于他对机器代替劳动力提高生产效率的分析。他认为，机器能够替代劳动力，是因为以隐性知识为基础的复杂工作转化为以显性知识为基础的标准化操作程序（杨瑞龙，2005）。两种观点实际分别阐述了知识积累过程中两个相互关联的过程。知识得以实现积累，主要来自两个过程所产生的知识增量。彭罗斯与马歇尔相互对立又相互统一的观点，都是基于知识转化与创造的知识运动视角提出的。但彭罗斯更加强调知识在空间维度上转移与集聚后，再通过内化过程历时积累；而马歇尔则更加强调知识在时间维度上历时互动、转化后，再在空间维度上扩散而形成积累。因此，企业知识积累从其知识基增量来源的视角，在实质上可以划分为时间维度积累与空间维度积累。其中，本书研究将时间维度上知识积累称为历时性积累，将空间维度上的知识积累称为集聚性积累。

然而，现有研究多关注外部知识获取（Díaz-Díaz et al.，2008；王华等，2010；Chamberlin and Doutriaux，2010）与内部知识转移（Epple et al.，1996；van Wijk et al.，2008）等集聚性知识积累与创新能力之间的关系，但对知识历时性积累受到方法论的局限，多限于从静态视角研究其对创新能力的影响，如主要采用研发投入强度（Cohen and Levinthal，1990）、工程师数量（Thornhill，2006；Al-Laham et al.，2011；Almeida and Kogut，1999）、专利数（Ernst et al.，2011）等代理测量知识积累，实际检验的是知识积累存量与创新能力间关系。因此，现有研究中，一方面，多从静态视角测量知识积累与创新能力间关系，但对知识积累与创新能力间动态关系缺乏洞察；另一方面，关于知识历时性积累与空间集聚性积累间交互关系及其对创新能力演化的效应的研究较少。

针对上述理论缺口，考虑案例研究方法在研究结果生态效度上的不足、大样本横截面数据推论变量间因果关系的局限性，以及实证研究本身不能洞察变量之间关系形成与发展的动态过程等方法论上的不足，为深入洞察企业知识积累与创新能力演化之间的动态交互关系，本书采用计算机仿真建模（系统动态学方法）的方式对两者间关系进行深层次探讨。

6.2 方法论与建模思路

6.2.1 系统动态学及其适用性

系统动态学强调反馈系统的多回路、多阶段、非线性特征（Forrester，1961；

Forrester，2007），“能够组织描述性信息，保留真实过程中的丰富性，并建立在管理者经验知识基础上，能够揭示不同政策选择后的各种动态结果”，因而能为管理模型提供有效的思维体系，并被作为理解复杂系统结构和动态行为特征的有效方法与手段。

企业是一个“社会—技术”系统，具有高度的动态复杂性，表现为企业的各种组织活动间紧密联系、组织的自我构成、非线性发展、动态及历史依赖等特征（斯特曼，2008），这使企业的组织活动结果难以直接洞察、行为模式难以理解。企业知识积累与创新能力演化间关系，在根本上是通过企业“社会—技术”系统内在的动态复杂运动实现的。而创新能力是企业能力体系中的高阶能力，决定普通能力的变化速率（Collis，1994），提供企业可持续竞争优势并决定企业成长潜力，其演化遵循自身内在的成长逻辑，具有生成性特征。此外，企业知识与能力演化研究均面临着企业实践中难以量化、数据不足的困境。系统动态学的独特优势在于：模型的结构以反馈环为基础，当系统存在多重反馈时，系统行为模式对大多数参数并不敏感，此时数据不足虽然给参数估计带来困难，但只要估计的参数落在模型的宽度范围之内，系统行为仍然表现出相同的模式（齐丽云等，2008）。因此，采用系统动态学方法洞察知识积累与创新能力演化间动态关系是适用的。

6.2.2　建模思路

基于知识基础观考虑知识积累的动力与行为、知识基构筑、激活与转化等相关活动，并探究它们对企业创新能力演化的影响。

企业开展各类知识活动的根本在于适应动态环境发展的要求，获得可持续竞争优势。按照企业基于环境动态判断而采取的竞争行为导向，可分为主动适应与被动适应。其中，主动适应是指企业着眼于未来危机或挑战而进行战略性准备活动，体现在知识活动上为“战略性知识储备”；被动适应是基于感知的竞争压力而采取的响应性行为。按照 Porter（1980）的思想，企业竞争战略分为低成本、差异化与集中化战略。由于集中化战略实质是在特定细分市场上的差异化战略与基于规模经济获得的低成本战略的整合，因此考虑来源于两种基本竞争压力下的差异化与总成本最低的知识积累动力，前者驱动企业进行外源性新知识获取，后者则主要强调企业现有知识的再用与整合。

环境动荡是企业竞争压力的主要来源，但同时带来企业的发展机遇。如果环境中存在一定的创新机会，采取差异化战略就有了实现的可能，企业会努力获取能够将机会转化为竞争力相关的新知识；如果环境中不存在机会，为了应对环境压力，企业将通过现有知识再用的方式，沿着经验曲线尽可能降低现有的生产成本。对于任何一个企业而言，无论外部有没有机会，降低生产成本都是一项长期的工作，因此，降低成本与差异化并行运营。此外，企业获取外部新知识，进行知识共享与扩散等行为，根本目的在于知识创新或创造，成为企业知识基的重要来源。因此，企业知识积累行为不仅包括外源性新知识获取、内部现有知识积累与扩散，还包括内生性知识创造产生的新知识。

知识基是创新能力的基础，但不等于创新能力。知识基需要激活才可能转化为创新能力。知识共享作为知识激活的重要活动，按企业边界可划分为内部共享与外部共享。企业通过知识共享激活现有知识基与外部相关主体的知识，提高企业创新能力。建模思路如图 6.1 所示。

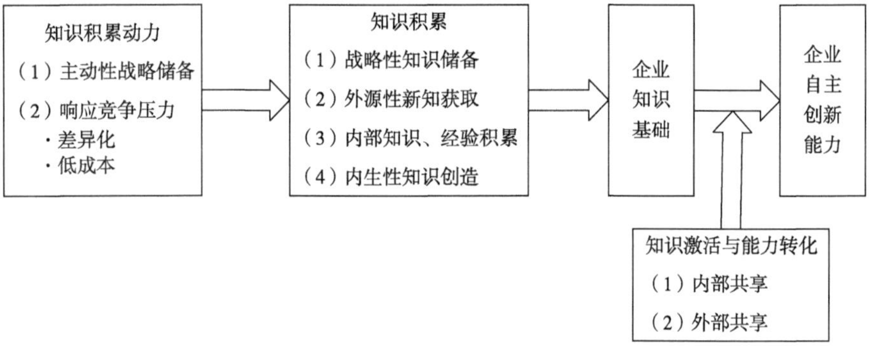

图 6.1　基于知识积累的企业创新能力演化过程建模思路

6.3　知识积累与企业创新能力演化

6.3.1　基本假设

第一，为简化模拟，本模型不考虑时间延迟问题。

第二，本模型以知识积累与创新能力演化间动态关系为关注焦点。建模中不考虑组织其他因素以及知识管理成本等因素的影响。

第三，本模型假设企业创新机会来源于动荡的环境，但企业对环境动荡产生的机会可能捕捉的空间存在一定的区间范围。假设环境动荡程度分为低（稳定）、中等、高（动荡）等三个等级，当环境动荡程度达到中等以上时，企业面临的机会数随着环境动荡程度增加而增加，但企业可能捕捉或把握的却是在中等水平到高水平动荡之间的一个区间范围内产生的机会。

6.3.2　企业基于知识积累的创新能力演化的因果关系

知识积累与创新能力演化间因果关系如图 6.2 所示，主要包括如下反馈。

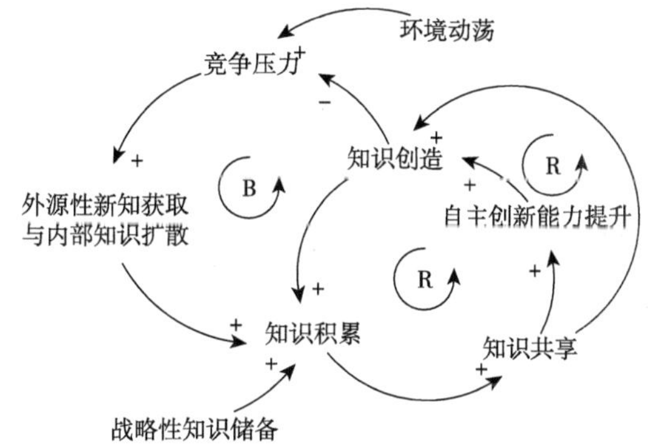

图 6.2　基于知识积累的企业创新能力演化系统因果关系图

R 表示“正反馈”；B 表示“平衡反馈”

第一，环境动荡→竞争压力→外源性新知获取与内部知识扩散→知识积累→知识共享→自主创新能力提升→知识创造→知识积累。环境动荡带来的竞争压力促使企业一方面从外部获取新知识，另一方面促进知识内部扩散和积累，所积累的知识通过知识共享等组织活动被激活，转化为创新能力，而创新能力的提升有利于企业内知识创造，并进一步形成企业知识积累，这是一个正反馈。

第二，战略性知识储备→知识积累→知识共享→自主创新能力提升→知识创造→知识积累。企业前瞻性战略意图，使企业主动进行环境监测，进行战略性知识储备而形成知识积累，进而使企业进入知识积累→知识共享→知识创造的正向反馈中。

第三，环境动荡→竞争压力→外源性新知获取与内部知识扩散→知识积累→知识共享→知识创造→知识积累。知识共享本身也可直接推动知识创造，形成企业知识积累，是一个正反馈。

第四，战略性知识储备→知识积累→知识共享→知识创造→知识积累。

第五，知识创造→竞争压力→外源性新知获取与内部知识扩散→知识积累。知识创造有利于缓解企业竞争压力，而竞争压力减小，将降低企业对外部知识获取与内部知识积累的积极性，从而降低企业知识积累，这是个平衡反馈（负反馈）。五个反馈共同影响企业知识积累与创新能力演化间因果关系。但因果反馈关系仅仅反映定性关系，而无法表达各个要素之间的量化关系以及不同性质变量的差异。为清晰描述系统各要素之间关系，以下进一步描绘知识积累与创新能力演化间系统流图。

6.3.3　基于知识积累的创新能力演化系统流图

基于知识积累的创新能力演化系统流图（图 6.3）由 3 个存量、5 个决策变量、18 个辅助变量、4 个常量与 1 个随机变量构成。

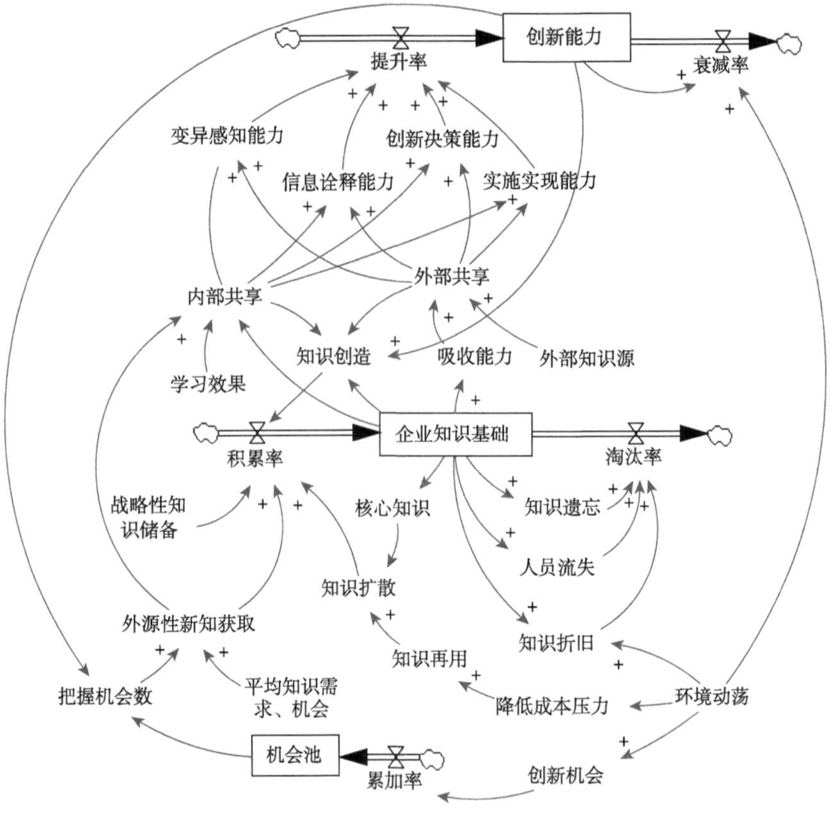

图 6.3　基于知识积累的创新能力演化系统流图

存量分别是创新能力、企业知识基础与机会池。其中，机会池是为了增进系统流图理解的辅助性存量。决策变量分别是创新能力的“提升率”与“衰减率”、企业知识基础的“积累率”与“淘汰率”以及机会池的“累加率”。

常量分别为平均知识需求、机会，战略性知识储备，外部知识源，学习效果。环境动荡是外生变量，具有随机性特征，因此设定为随机变量。为便于操作，取值在[−1，1]，并假设当环境振荡在[−0.5，0.5]时，环境稳定。当绝对值大于 0.5 时，环境动荡带来企业发展威胁，但同时也孕育新的机会。威胁表现为：环境动荡加速知识折旧与能力衰减；机会则表现为环境变化催生新的市场机会，使企业面临新的发展机遇。

系统核心变量为企业知识基础与创新能力。其中，创新能力由变异感知能力、信息诠释能力、创新决策能力与实施实现能力等四个维度构成（另文已呈）。根据魏江等（1997）测度技术能力模型所采用思路，即综合能力由其子能力乘积项表示，指数表明各维度能力对综合能力的影响强度。因此，创新能力的提升率为

创新能力=变异感知能力 β_1 × 信息诠释能力 β_2 × 创新决策能力 β_3 × 实施实现能力 β_4（β_i 表示影响强度，$\sum\beta_i=1$）。

创新能力的衰减主要是由环境变革带来的能力过时或失效。环境变化越大，创新能力面临失效的风险越大。能力本身具有效率维度之外，还具备柔性维度（Eisenhardt et al.，2010），因此，在一定的环境动荡范围内，创新能力由于其内在柔性而基本不受环境动荡的影响，而只受到时间效应带来的折旧或贬值的影响（Dierickx and Cool，1989），故创新能力（innovation capability, IC）的衰减率采用条件函数方式表达①：

创新能力衰减率=IF THEN ELSE（ABS（环境动荡）⩾ 0.75，IC × 0.03，IC × 0.01）

企业知识积累包括外源性与内生性两个基本积累途径。其中，外源性知识积累是指企业从外部获取的新知识，如购买的专利、获得的技术授权或许可等。根据动因可分为战略性知识储备与基于差异化竞争所需而获得的新知识。内生性知识积累主要是由企业活动产生的知识，包括基于知识内外共享与创新过程中产生的新知识与基于内部知识再用带来知识扩散形成的增量知识。因此，知识积累率为

知识积累率=STEP（外源性新知获取，6）+知识扩散+知识创造+战略性知识储备

上式用 STEP 函数表达从外源性新知获取到形成知识积累间存在 6 个月的滞延。本模型没有直接在知识基与知识需求之间缺口基础上获取外部知识，是因为该思路将知识进行同质化处理，而这样处理使实践中的企业失去积累知识的意义。因此，为体现知识异质性，本书将外源性知识获取行为建立在企业差异化竞争战略实施所需的思路上：

外源性新知获取=平均知识需求、机会 × 把握机会数

① 普华永道《2011 年中国企业长期激励调查报告》中数据显示，中国中小企业平均寿命为 2.5 年，而国外中小企业平均寿命约为 7 年。本书相关实证研究样本以中小企业为主。因此选择国内外中小企业能力月折旧率分别代理测量不同动荡程度下的能力衰减率，即 1/（2.5 × 12）≈0.03 与 1/（7 × 12）≈0.01。

在知识内部共享环节，基于同样原因，仅考虑对所获得的外源知识的内部共享。

企业知识淘汰主要包括三个方面：知识遗忘、人员流失与环境动荡带来的知识折旧或贬值。环境变化越大，知识贬值越迅速，但在一定的环境变革范围内，知识贬值很少（对环境变化不敏感或者贬值很少的知识，更倾向于原理性知识），对此，本书采用条件函数处理知识折旧：IF THEN ELSE（ABS（环境动荡）≥0.5，企业知识基础×0.1，0）[①]。企业知识基础的淘汰率为

企业知识基础淘汰率=人员流失+知识折旧+知识遗忘

随着创新能力提升，企业对创新机会的把握能力也将提升，表现在对机会数把握增加。因此，创新能力与创新机会把握之间存在正反馈。

6.3.4　模型检验

此前未见使用系统动态学仿真企业知识积累过程与创新能力演化过程间关系的模型或近似模型，因此本模型为新建的理论模型。在进行仿真分析前，需首先进行有效性检验。由于企业知识本身难以获得实证数据来进行有效性检验，因此主要进行极值检验，以观测理论模型自身的有效性与稳定性。采用单侧（极小值）检验，结果如下。

（1）基于战略性知识储备的模型极值检验。当企业战略性知识储备取值 0 时，模型中创新能力、知识积累发展趋势稳定，并与一般取值状态下创新能力与知识积累发展趋势无显著差异。对比模型如图 6.4、图 6.5 所示。

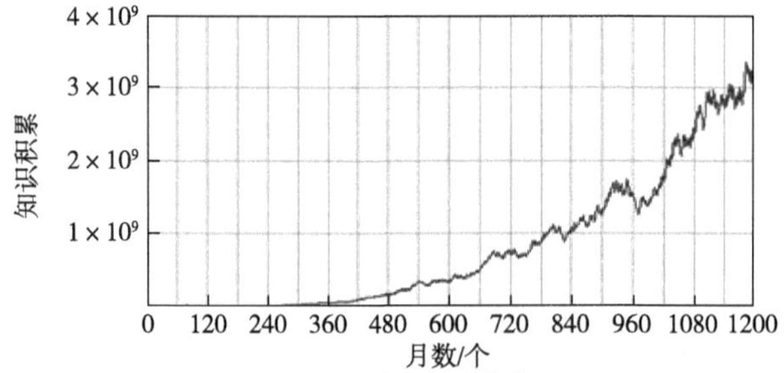

（a）极值状态

① 知识更新周期是指知识更新一次所用的时间，是衡量世界总体发展速度的重要指标，随着社会的发展，知识更新周期越来越短。联合国教科文组织曾经做过一项研究，结论是：信息通信技术使得人类知识更新速度不断加速。在 18 世纪时，知识更新周期为 80～90 年，19 世纪到 20 世纪初，缩短为 30 年，20 世纪 60～70 年代，一般学科的知识更新周期为 5～10 年，而到了 20 世纪 80～90 年代，许多学科的知识更新周期缩短为 5 年，而进入 21 世纪时，许多学科的知识更新周期已缩短至 2～3 年。来源：http://baike.baidu.com/view/3052856.htm。据此，本书将知识月折旧率设为 0.05。

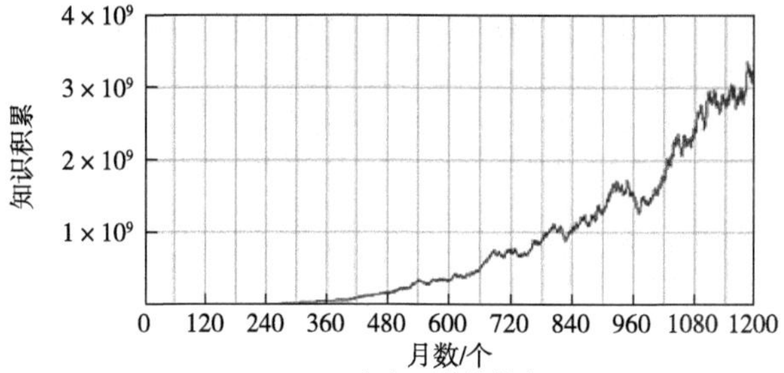

（b）正常值状态

图 6.4　战略性知识储备（极值）vs.（正常值）的知识积累比较

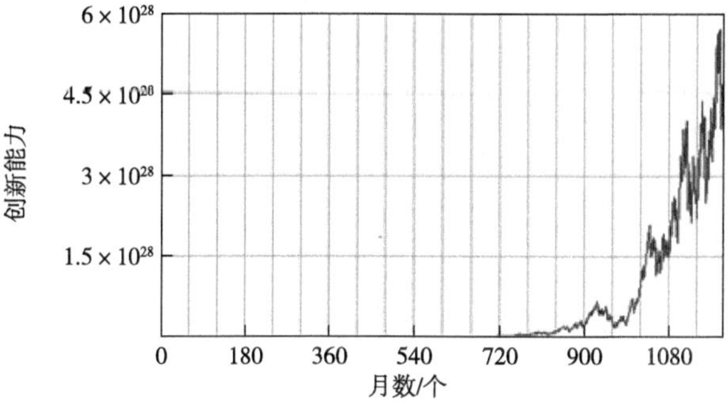

（a）极值状态

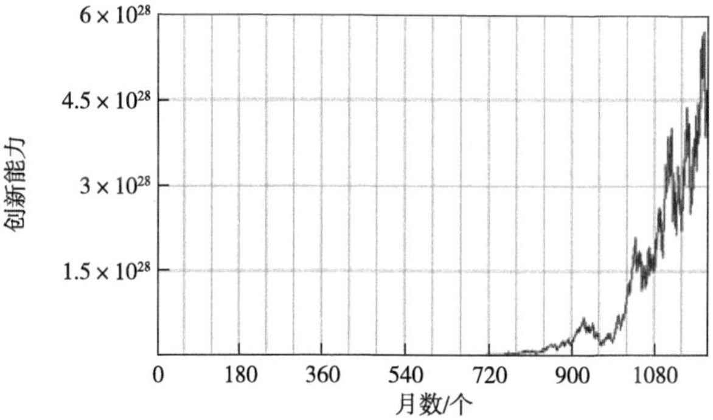

（b）正常值状态

图 6.5　战略性知识储备（极值）vs.（正常值）时创新能力演化比较

（2）基于外部共享的知识源多样性的模型极值检验。当企业外部知识源趋近于 0 时，创新能力演化与知识基础发展趋势稳定，与非极值状态下的发展趋势一致。创新能力演化对外部共享的知识源多样性水平变化比较敏感。提高外部知识源多样性水平会显著提高创新能力的提升率，而当外部知识源趋近于 0 时，创新能力的提升速率显著减慢，但仍然保持对知识历时积累的指数递增关系。相对于创新能力，外部共享的知识源多样性对知识历时积累的影响显著性程度小于对创新能力的影响。极值检验模型对比如图 6.6、图 6.7 所示

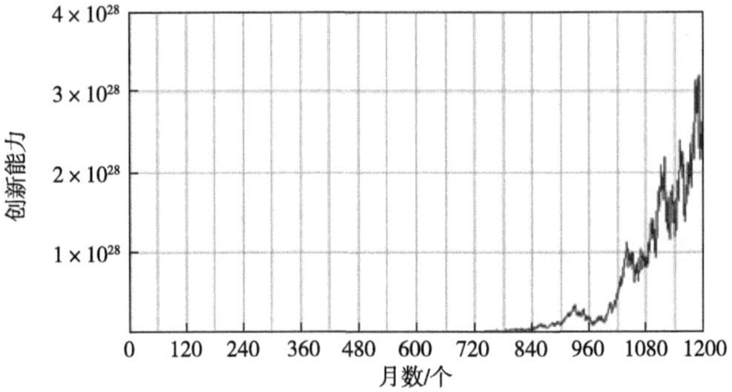

（a）极值状态

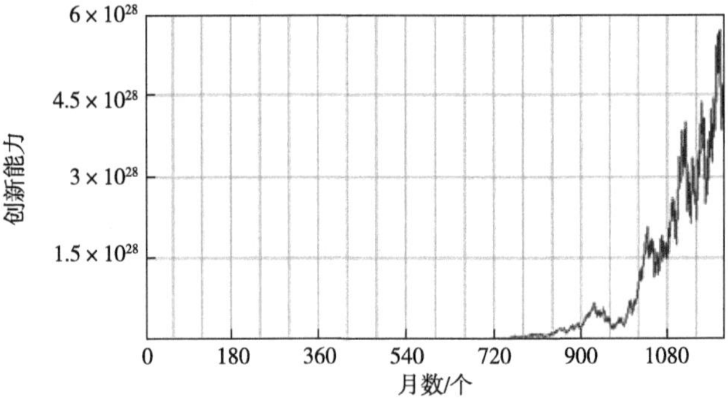

（b）正常值状态

图 6.6　外部知识源（极值）vs.（正常）时创新能力演化比较

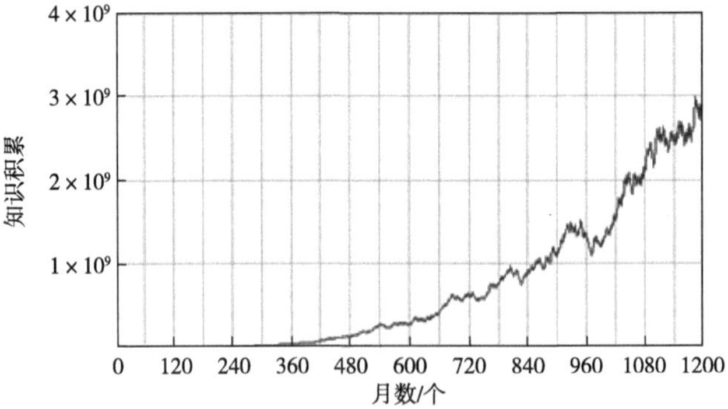

（a）极值状态

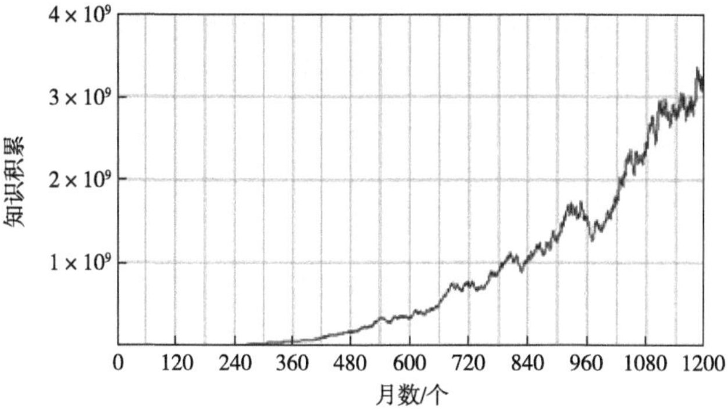

（b）正常值状态

图 6.7　外部知识源（极值）vs.（正常）时知识积累比较

极值检验表明：本模型是可靠而且稳定的，能够较准确地反映企业知识积累与创新能力之间的内在动态关系。

6.3.5　知识积累与创新能力演化关系仿真结果

对知识积累与创新能力演化关系进行模拟运行，期间设定为 100 年。模拟结果见图 6.8。

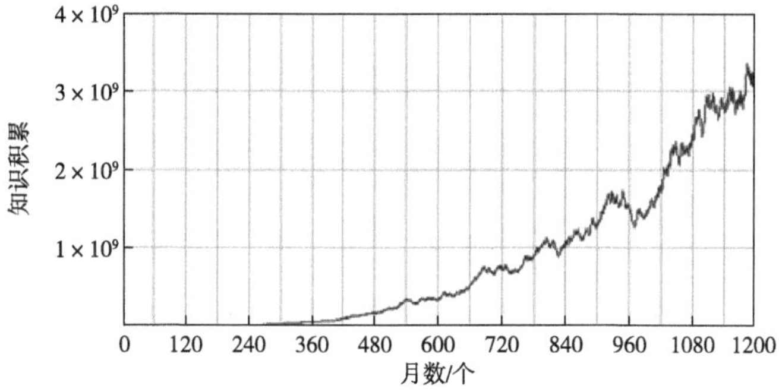

图 6.8　企业知识历时积累趋势

图 6.8 显示，企业知识历时积累以近似线性（但不是线性而是增长率缓慢递减）递增的方式增长。受环境动荡的影响，知识积累过程呈现出振荡前行的特征。这意味着在一定的区间范围内，环境振荡加剧使得企业知识基折旧加速，短期内企业甚至会出现知识基呈指数衰减的现象。

企业创新能力的演化呈现出典型的指数增长特征（图 6.9）。环境动荡的影响会使之出现阶段性指数衰减的现象。结合图 6.8 观察，可以发现，创新能力随着知识积累水平提高而提高，但具有临界规模效应。而且，创新能力较知识积累水平增长速率而言，以更快的速度提升，即知识历时积累对创新能力的作用表现为递增的边际贡献。在知识基础、创新能力不断提升的基础上，企业通过知识内外部共享的方式激活知识，从而创造出新知识（图 6.10）。企业知识创造初期阶段快速增长，但随着企业发展，知识创造呈现出增量递减的发展趋势。

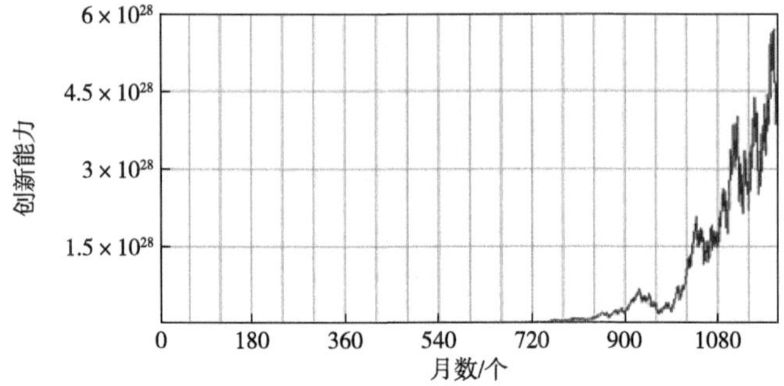

图 6.9　企业创新能力演化趋势

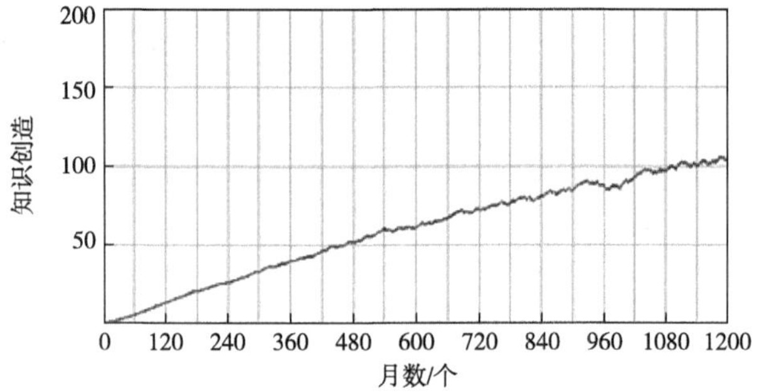

图 6.10　企业知识创造发展趋势

企业知识历时积累所形成的企业知识基础、创新能力、知识创造、外源性知识获取四者之间共同演化的趋势如图 6.11 所示。

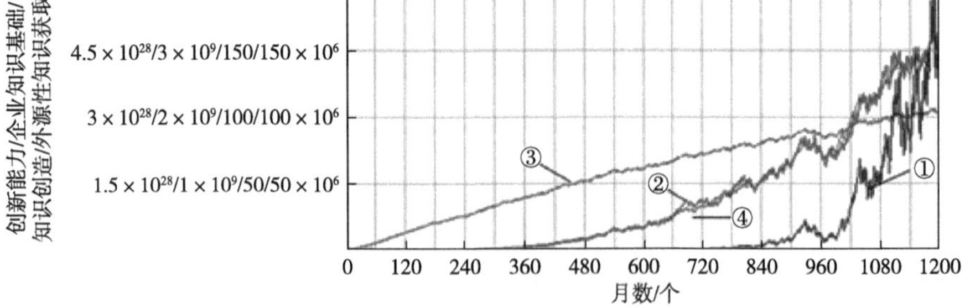

图 6.11　知识积累与创新能力演化趋势

①创新能力；②企业知识基础；③知识创造；④外源性知识获取

第一，知识历时积累趋势与外源性新知获取形成的积累一致。

第二，知识历时积累对创新能力具有促进作用，且具有递增的边际贡献。同时，知识历时积累对创新能力提升作用存在临界规模。

第三，知识历时积累与创新能力对知识创造具有促进作用，但具有递减的边际贡献。同样，知识创造对知识历时积累响应具有滞后性，反映知识积累对知识创造的作用存在临界规模。知识创造一旦突破了临界规模，会迅速增加，但增长率逐渐递减，直到趋近于某一水平。这可能是因为在位企业在机会捕捉过程中，更倾向于筛选自己能力所及的机会，而差异性（知识距离）过大的机会很难进入企业筛选范围，而且也很难被抓住。因此，在位企业一方面由于路径依赖性会更倾向于选择与自身能力相匹配的机会；另一方面，即便在位企业的部分人员捕捉到了某些技术趋势的变化，但是新的技术的商业化往往有核心人员出去创业或者流失到其他企业的方式，没能在在位企业内实现新技术的发展（Stieglitz and Heine，2007）。这使得企业知识创造呈现增长率递减的发展特征。此外，可能反映了新生企业在发展初期更具创新活力并获得创新成效，但随着企业逐渐走向成熟，知识布局已经形成，企业创新转变为基于现有知识布局的渐进性创新，进而使得知识创造的增量递减。

第四，综合知识历时积累、创新能力与知识创造的演化关系，发现：知识积累对创新能力具有递增的边际贡献，而对知识创造具有边际贡献递减的效应。知识创造的前因是创新能力与基于知识基的内外知识共享，由此可见，整个反馈回路中导致知识创造边际收益递减的关键因素在于创新能力。因此，由于图 6.3 模型中考虑了知识异质性因素，可以推论企业惯性更多地产生于能力层次，而不是企业知识基层次。通过提高企业知识基内部结构多样性，可以在一定程度上缓解能力刚性。进一步来说，能力刚性不是来自知识历时积累本身，而是来自知识历时积累的方式（可理解为：体现为管理知识的历时积累）。或者说，企业能力刚性更可能来自管理知识的历时积累，而不是技术知识的历时积累。

为进一步检验知识多样性水平能否缓解能力刚性，对模型进行调整。在外源性知识引入之前，将其与企业现有知识同质化处理。从企业知识导入的经济性视角来看，知识同质化情况下，企业只考虑知识水平上的缺口，即企业现有知识供给与由机会催生的知识需求之间如果有缺口，则引入知识；否则拒绝引入外部知识。运行模型结果如图 6.12、图 6.13 所示。

仅仅从知识基存量水平而不是多样性水平上考虑外部知识的引入，则企业知识历时积累在相当长的时间内仅仅来源于其内部知识再用产生的增量，这种增量非常有限。随着外部机会数的积累，知识需求逐渐增大并超过企业现有知识基供给时，企业才考虑从外部获得知识，知识基水平才开始逐渐提高（图 6.12）。知识基历时积累主要受知识同质化假设下的知识缺口的变化状况影响（图 6.13）。

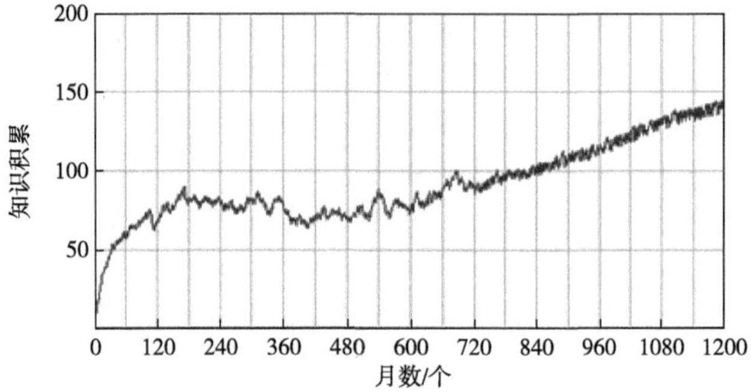

图 6.12　知识同质化视角的企业知识历时积累趋势

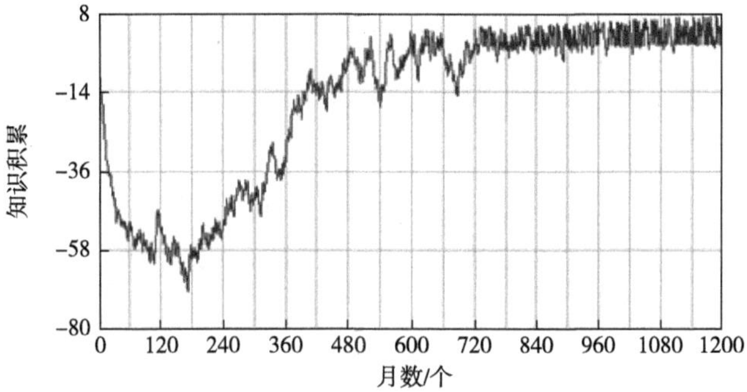

图 6.13　知识同质化假设下的企业知识缺口

相应地，在知识同质化假设下，企业创新能力发展前期停滞，甚至陷入衰退状况（图 6.14）。此时，企业知识增量主要源于内部知识的再用与扩散。直到企业现有知识不能供给由外部机会催生的知识需求，企业才开始导入新知识（异质性知识导入），能力才开始呈现相对于知识历时积累的递增发展趋势。类似地，知识创造也只有在新知识（异质性知识）导入时，才出现增长率递减的发展趋势（图 6.15）。

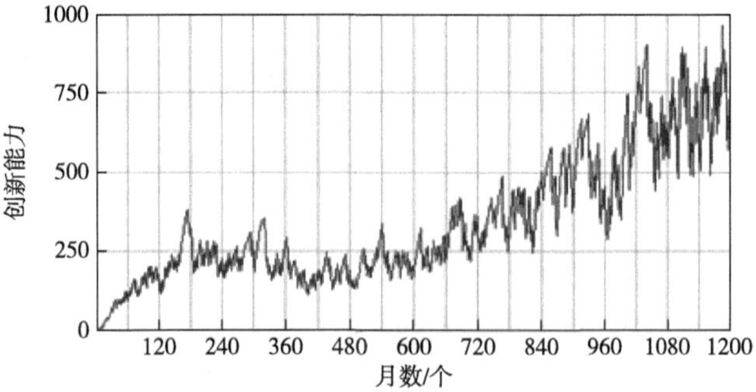

图 6.14　知识同质化假设下企业创新能力发展趋势

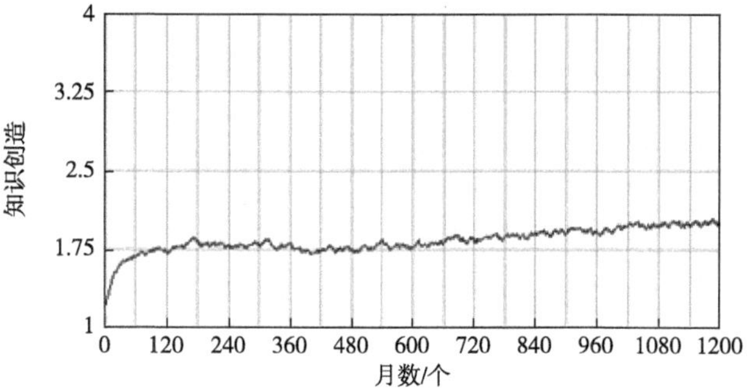

图 6.15　知识同质化假设下企业知识创造发展趋势

比较图 6.8 与图 6.12，图 6.9 与图 6.14，图 6.10 与图 6.15、图 6.16 发现：不考虑知识基多样性时，知识历时积累对创新能力递增的边际贡献是难以维持的。而知识基多样性更倾向于由企业从外部获取的知识所提供。因此，知识历时积累对创新能力的边际递增贡献是以企业更广泛的空间集聚性知识积累为条件的。仅仅依赖于内部知识利用所产生的增量不足以提供创新能力提升所需，创新能力迅速陷入发展陷阱，能力刚性形成。据此推论，企业发展的惰性来自能力刚性，而能力刚性并非来自知识积累本身，而来自知识积累方式。知识积累方式更多由企业内管理性知识的积累所规定。

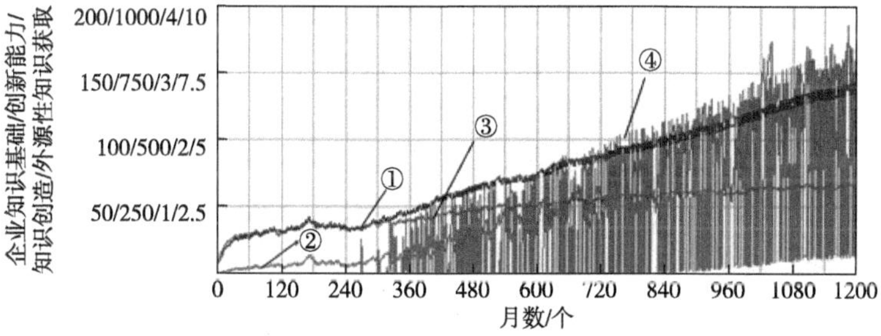

图 6.16　知识同质化假设下知识积累与创新能力演化趋势

①企业知识基础；②创新能力；③知识创造；④外源性知识获取

第五，环境动荡对知识积累与创新能力的影响可能具有累积性特征，并且反映在创新能力上更为显著。随着知识积累与创新能力水平的提高，环境动荡给两者带来的扰动被放大，在特定区域出现迅速衰减与大幅提升的现象。

6.4 结论与讨论

6.4.1 仿真研究结论

运用系统动态学方法，基于“企业知识积累动力→知识基形成→知识基激活与能力转化→创新能力发展”脉络，对企业知识积累与创新能力演化规律之间关系进行仿真，得出如下结论。

（1）知识历时积累对创新能力提升具有边际递增的贡献，但这种递增的边际贡献是以企业更加广泛空间的知识集聚（集聚性积累）为条件的。因此，企业知识历时积累不仅是知识深度水平上的积累，更要求知识基在宽度上积累（多样性水平）。存在作用效应的临界规模，使企业创新能力提升较知识积累具有显著的时间延迟。因此，提高企业知识积累是提高企业创新能力的关键而有效途径。

（2）企业能力刚性不是来自知识积累本身，而是来源于知识积累的方式。提高企业知识积累的异质性有助于缓解能力刚性。因为提高企业对外部新知识的获取能力，有利于企业更新其知识基（Leonard-Barton，1992；Miller et al.，2007；Levinthal and March，1993），开发企业新的能力，并有利于防止企业跌入能力陷阱（March，1991）。企业知识积累方式可归结为内部管理知识的惯例化，这在一定程度上反映了企业管理知识的积累更可能导致能力刚性。

（3）知识历时积累与创新能力提升对知识创造具有边际递减的贡献，并且由于存在临界规模，企业知识创造较知识积累具有显著的时间延迟。

（4）从企业整体层次来说，创新能力的发展呈现出振荡向前伴随阶段性结构突变的周期性与非均质性特征，这与张军和金露（2011）通过案例研究企业动态能力形成路径的结论相一致。而这一特征是以企业内部知识基构型（空间集聚形成）历时发展为内在支撑的。企业创新能力提升过程，就是不断从外部导入新要素（如新知识）并与企业现有知识有效整合的过程（张军等，2012）。

6.4.2 管理意义

企业需要对知识积累进行长期、可持续投资，才能获得知识积累对创新能力的边际递增的贡献，具体如下。

（1）提高外源性新知获取与积累能力，可通过设立企业对动荡环境进行监控与追踪的体系，一方面可为企业战略性知识储备提供引导，另一方面也有利于提高企业对创新机会的感知能力，从而为外源性新知获取提供基础（张军等，2012）。典型案例如我国 DVD（digital versatile disc，数字通用光碟）生产企业江苏新科电器有限公司（以下简称新科电器），在美国硅谷设立“超越号”实验室，参与芯片设计，更注重对技术前沿的追踪监控（路风和慕玲，2003），为自身未来发展进行战略性知识储备，这也是新科电器从一个乡镇企业发展为 DVD 行业领军企业的重要经验。

（2）内生性知识创造与知识扩散是企业知识积累的另一个重要来源。企业应加大对人力资源投资，积极构建企业内“干中学”、“用中学”以及“研发中学习”（陈劲，1994）等多模式并存的组织学习机制，提高组织学习能力与知识吸收能力。营造有利于企业内知识共享的组织氛围，提高知识扩散与知识创造能力。

（3）提高企业与外部各类主体间的知识联系与联结能力。构建企业间知识联盟与网络，提高企业与外部各类知识主体间知识界面的深度与广度，最终提高企业创新能力。

（4）提高企业对异质性知识的敏感度与关注度，将其纳入企业战略性知识储备框架内进行辨识，有利于缓解企业创新能力发展的刚性问题。

6.4.3　局限与未来研究

（1）模型构建过程中考虑企业的知识流，未考虑与知识流相伴的资金流。企业资金流动状况直接影响知识流动状况，也将直接影响企业创新能力发展。因此，关注企业创新能力提升与演化过程中资金与知识如何互动协同并最终推动创新能力演进，可作为未来研究的议题之一。

（2）系统建模中，没有特别考虑企业在知识积累——能力转化的各项组织活动之间的时间延迟问题。而时间延迟在系统动态学系统中常常是影响系统运行结果的重要因素，因此未来研究可加强对时间延迟问题的思考。

本 章 附 录

本章系统各变量及其设置见附表。

附表　系统各变量及其设置

变量名称	变量类型	表达式	单位
创新能力(IC)	水平变量	$PLIC=\int_{t0}^{t}(accu1-disc1)dt$（初始值：0）	能力单位
企业知识基础(KB)	水平变量	$KB=\int_{t0}^{t}(accu2-disc2)dt$（初始值：5）	知识单位
机会池(OP)	水平变量	$OP=\int_{t0}^{t}(\text{累加率}-0)dt$（初始值：0）	个
提升率(accu1)	决策变量	变异感知能力^1 × 信息诠释能力^(0.8) × 创新决策能力^(0.6) × 实施实现能力^(0.5)	能力单位(月)
衰减率(disc1)	决策变量	IF THEN ELSE (ABS(环境动荡) ⩾ 0.75, IC × 0.3, IC × 0.1)	能力单位(月)
积累率(accu2)	决策变量	STEP(外源性新知获取,6)+知识扩散+知识创造+战略性知识储备	知识单位(月)
淘汰率(disc2)	决策变量	人员流失+知识折旧+知识遗忘	知识单位(月)
累加率	决策变量	IF THEN ELSE (创新机会=1, 1, 0)	月
变异感知能力	辅助变量	0.01 × 外部共享+0.25 × 内部共享	能力单位
信息诠释能力	辅助变量	0.44 × 外部共享+0.18 × 内部共享	能力单位
创新决策能力	辅助变量	0.28 × 外部共享+0.06 × 内部共享	能力单位
实施实现能力	辅助变量	0.25 × 外部共享+0.19 × 内部共享	能力单位
内部共享	辅助变量	外源性新知获取 × 2^(学习效果)	—
外部共享	辅助变量	吸收能力 × 外部知识源	—
知识创造	辅助变量	企业知识基础^0.01 × 内部共享^(0.05) × 外部共享^(0.05) × 创新能力^0.05	知识单位
吸收能力	辅助变量	企业知识基础 × 0.05	知识单位
外源性新知获取	辅助变量	“平均知识需求/机会” × 把握机会数	知识单位
把握机会数	辅助变量	机会池/10 × IC^0.2	个
创新机会	辅助变量	IF THEN ELSE(ABS(环境动荡) ⩾ 0.6:AND: ABS(环境动荡) ⩽ 0.85, 1, 0)	个
核心知识	辅助变量	企业知识基础 × 0.05	知识单位
知识扩散	辅助变量	核心知识^(知识再用)−核心知识	知识单位
知识再用	辅助变量	−ln(1−降低成本压力)/ln2	—
降低成本压力	辅助变量	IF THEN ELSE(ABS(环境动荡) ⩾ 0.75, 0.3, 0.1)	—
知识遗忘	辅助变量	STEP(企业知识基础 × 0.01, 12)	知识单位(月)
人员流失	辅助变量	企业知识基础 × 0.01	知识单位(月)
知识折旧	辅助变量	IF THEN ELSE(ABS(环境动荡) ⩾ 0.5, 企业知识基础 × 0.05, 0)	知识单位(月)
学习效果	常量	−ln(1−0.3)/ln(2)	—
外部知识源	常量	1	个
平均知识需求、机会	常量	5	知识单位
战略性知识储备	常量	2	知识单位
环境动荡	随机变量	RANDOM UNIFORM(−1, 1, 1)	—

第7章　知识积累、创新能力与企业成长[①]

知识作为生产过程中的战略性资源（Drucker，1992），正日益成为生产力、竞争力与经济绩效的关键（Prahalad and Hamel，1990）。“将知识储存于程序、规范、规则和结构（forms）中，并通过向其成员学习积累这些知识”（March，1991），能够使企业在一定的时间与空间范围内将现有能力与其他知识重新组合，产生能够把握变革的新能力（Kogut and Zander，1992），并最终获得新颖的创新性竞争优势（Leonard-Barton，1992）。因此，知识积累是企业创新的基础（Cohen and Levinthal，1990），是竞争优势的根本来源（Dierickx and Cool，1989）。

现有关于知识积累与创新、发展的研究，多遵循熊彼特新增长理论的逻辑，即知识存量积累有利于促进技术创新，并通过创造出新产品、新工艺的方式最终推动经济增长。但大多研究以国家或区域经济体如欧共体（现为欧盟）为分析单元进行宏观层次分析，如罗默（1990）、琼斯（1995a，1995b）等的研究，并且仍然存在知识积累完全内生性还是半内生性地促进技术创新以及经济增长的争论（严成樑和龚六堂，2009）。相比而言，微观企业层次关于知识积累与创新、成长间关系实证研究却比较缺乏。一方面，知识管理理论倾向于研究知识有效利用的前因，而忽视知识积累的后果研究（van Wijk et al.，2008）。另一方面，创新理论多基于不同知识分类体系探究不同类型知识存量对创新绩效的影响，或者在“知识贡献于创新与发展”的潜在假设下关注各种影响知识流动的因素对企业创新绩效的影响，如知识网络结构与关系强弱对创新绩效的影响（Hansen，1999），而不是关注知识积累本身对创新的影响；而从企业能力理论视角的研究，常以创新绩效表征创新能力探讨存量知识与流量知识对企业成长的影响（张军，2012a）。因此，现有研究间相互分离，缺乏对知识积累如何影

① 本章内容主要来源于：张军和许庆瑞（2014）。该文获《新华文摘》论点摘编，2014，(20)：167-168；《科技创新导报》全文转载，2014，(30)：10-12，16.

响企业创新与成长的系统性研究。

本章尝试基于企业不同知识积累机制揭示企业内外知识积累与成长间关系的“黑箱”，从而为基于知识基础观设计企业微观运营机制提供理论依据。本书整合知识管理理论、创新理论与企业能力理论，采用实证方法对上述主题进行研究，发现：①提高企业知识积累水平，并不能直接促进企业成长，而必须通过创新能力的中介作用才能有效促进企业成长，特别是外部所获知识与内部存量知识积累，如果不能内化或转化为企业创新能力，则反而不利于企业成长。但提高企业内部知识共享与交流水平，可直接促进创新绩效的提升。②企业创新能力分为潜在部分与现实部分，潜在创新能力并不直接贡献于企业成长，而是通过提供现实创新能力的基础与来源间接促进企业成长，即潜在创新能力提供企业成长的冗余与可能，现实创新能力提供企业成长的绩效阈限。

7.1　文献回顾与研究假设

关于知识积累与企业成长关系的研究，理论上存在内在化还是外在化的争论。内在化观点认为：知识是一种战略性资产（Drucker，1992），而战略性资产的获取是企业竞争优势的来源（Barney，1986）。企业知识积累是外部知识内在化的过程，因为内在化节约了稀缺的管理资源，从而为企业的扩张与成长提供可能（Penrose，1959）。因此，内在化观点的基本逻辑是：外部知识获取→知识内化、管理资源节约→效率提高→企业成长。但有学者认为，企业持续竞争优势并非由外部获取的战略性资产所提供，而必须依靠自身专有性资产、知识的历时积累来加以维持（Dierickx and Cool，1989）。此外，企业新知识的产生源于内部隐性知识的显性化，因为内部隐性知识外显化使标准化成为现实，进而使机器替代劳动力提高生产效率成为可能（Marshall，1920）。因此，外在化观点的内在逻辑是：内部或专有性知识→显性化、标准化→机器代替劳动力→效率提高→企业成长。上述两种观点包含三种知识积累机制：外部流量知识积累、内部存量知识积累与内部流量知识积累机制。它们在解释知识积累与企业成长间关系中，孰优孰劣，长期以来并未达成一致，其争论焦点是：不同知识积累机制对于企业成长的影响存在什么样的差异。

针对现有研究中缺乏有关知识积累统一分析框架的不足，本书基于知识形态与企业边界两个维度构建研究框架（图 7.1）。由于外部存量知识反映特定企业所面临的外部知识丰裕度，对于企业而言是外生的，因此本书不予考虑，而是着重研究企业的外部流量知识、内部流量知识与内部存量知识积累的三种机制对企业成长（本书用财务绩效与创新绩效进行测量）的影响机理。

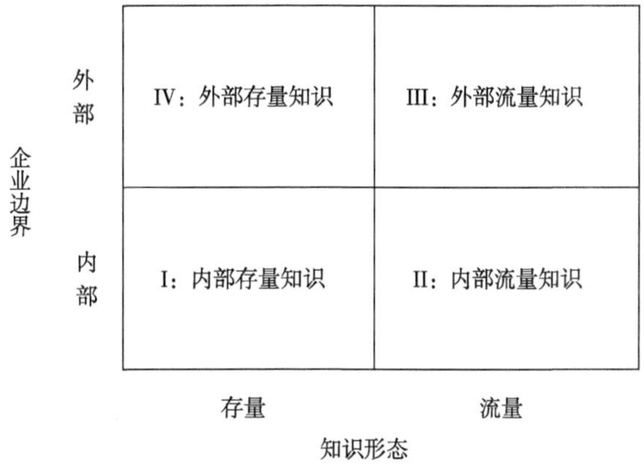

图 7.1　企业知识积累分析框架

7.1.1　内部存量知识积累与企业成长

企业专有性知识积累是持续竞争优势的根本来源（Dierickx and Cool，1989）。“知识与信息是企业的一种资产，因为知识与信息可以影响企业的生产可能性曲线。”（Prescott and Visscher，1980）在不确定性环境下，企业对未来的把握取决于特定企业的知识积累状况（Alchian，1950）。较高的企业知识存量水平，有利于促进技术商业化（Zahra and Nielsen，2002），提高新产品开发效率，获得更多的创新数量（Thornhill，2006）。培训良好的劳动力或高技能水平的员工是创新成功的关键（Lundvall and Nielsen，2007；Caloghirou et al.，2004）。同时，作为企业专有性知识重要内容的组织经验，对于降低生产过程的单位成本、提高企业绩效具有重要作用，并且这种作用大于产业经验的效应（Darr et al.，1995）。因此，本书提出如下假设。

H1：企业提高知识存量水平，有利于获取更高水平的创新绩效和财务绩效。

但现有关于存量知识与企业绩效间关系的研究并不一致，如有研究显示两者之间并没有显著关系（Moorman and Miner，1997；Brockman and Morgan，2003）。或者知识本身与企业绩效并不直接关联（Bojica and Fuentes，2012），而是需要先转化为一定的组织能力再为企业绩效提供贡献。如存量知识通过促进问题与备择的生成、评价与选择能力（Cohen and Levinthal，1990），以及企业搜索、认识并表述问题与消化、利用新知识解决问题的能力（Caloghirou et al.，2004）而有利于获得高水平创新绩效。也就是说，知识存量水平越高，企业创新能力越强，绩效水平越高（Decarolis and Deeds，1999）。因此，本书提出如下假设。

H2：更高的企业知识存量水平，通过促进企业创新能力提升而促进企业成长。

7.1.2 企业内部流量知识与企业成长

企业内部知识流动能够促进企业知识基的整合、优化与知识创造（Kale and Singh，2007），是专有性知识积累的重要来源。以企业内部员工之间、部门之间知识共享与交流为表现形式的内部知识流动，是促进企业产品创新的重要手段（Grant，1996；Kale and Singh，2007）。企业内部知识流动提供知识间相互激荡的过程，通过这个过程，企业能联系、整合其广泛的完全不同领域的知识，以非预见性、非常规性模式，生成用于重大创新的突破性理念（Zahra and George，2002）。因此，企业内部知识共享对创新绩效的提升及竞争优势的获取具有显著正向影响（Szulanski，1996；Sáenz et al.，2009），如提高新产品开发效率（Hansen，2002；Hong et al.，2004）；缓解地理距离、技术差异性以及部门间竞争关系带来的消极影响，从而提高企业创新绩效（Hansen and Løvås，2005）。因此提出如下假设。

H3：企业提高内部流量知识水平，有利于获得更高水平的创新绩效和财务绩效。

提高企业内部知识流动水平对于企业成长的影响，可能不仅仅体现其对创新绩效、财务绩效的直接效应上，还可能通过促进部门间合作和互相学习，改善问题解决能力进而提高创新绩效。特别是在企业知识基多样性的情况下，内部知识共享与交流通过唤醒“万花筒式思维”，能够进一步整合个体的诀窍，帮助构建更加深度的、更完善的对现有知识的理解（Kale and Singh，2007），从而提供新的、真正的创新性知识组合的潜力，在此基础上，进一步促进企业成功创新（Zhou and Li，2012）。

H4：更高的企业内部流量知识水平，通过促进企业创新能力提升而促进企业成长。

7.1.3 企业外部流量知识积累与企业成长

有学者认为，对重大创新十分必要的知识大多在企业外部才能找到（Ahuja and Katila，2001；Laursen and Salter，2004）。外部知识获取对于探索性与利用性创新均非常重要（He and Wong，2004；Rosenkopf and Nerkar，2001）。知识开放可加速创新节奏，因为竞争者能够建立其他创新者优势，而不是阻碍他人进程（Foray，1997）。因此，企业获取外部知识与创新成功成正比，包括成功引入创新、缩短上市时间等（Chamberlin and Doutriaux，2010）。对于低技术型企业，无论是包含在设备、原材料、软件中的嵌入性知识，还是非嵌入性知识（如外部研发产生的知识），外部知识获取都会促进企业创新，特别是对创新新颖性程度方面具有积极影响（Chamberlin and Doutriaux，2010）。因此，提出如下假设。

H5：企业提高外部流量知识水平，有利于获得更高水平的创新绩效和财务绩效。

同样，有学者质疑企业获取外部知识能否直接带来高水平的创新绩效。外部知识的获取实际上包括获取与利用两个步骤（Zahra and George，2002；Bierly III et al.，2009），知识获取本身对企业绩效并没有直接影响（Bojica and Fuentes，2012），而必须通过企业对所获知识的有效应用才可能对创新结果产生影响。从这个角度来说，企业外部流量知识必须经过有效的内化过程才能整合到企业知识基中，形成知识积累的增量，并进而促进企业成长。因此，提出如下假设。

H6：更高的企业外部流量知识水平，通过促进企业创新能力提升而促进企业成长。

据此，提出研究的理论模型，如图 7.2 所示。

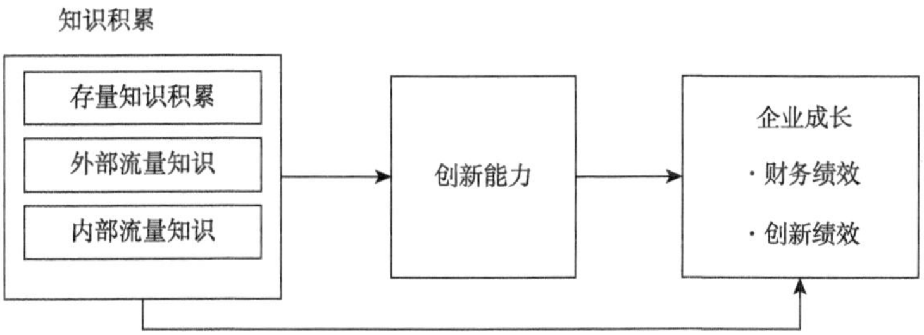

图 7.2　知识积累、创新能力与企业成长关系模型

7.2　研 究 设 计

7.2.1　数据收集

本书通过量表开发、问卷设计进行系统性数据收集。共发出问卷 600 份，回收问卷 501 份，有效问卷 419 份，回收率 83.5%，有效率 83.6%。所有问卷在两

个月内完成收集，第一个月回收 191 份问卷，剔除无效问卷获 162 份有效问卷，用于探索性因子分析。第二个月回收 310 份问卷，剔除无效问卷获 257 份有效问卷，用于验证性因子分析与模型检验。

样本分布于 22 个省区市，其中 360 份来自创新比较活跃的华东地区与广东省，占总量的 85.92%；超过 73%的样本企业为内资企业，民营企业占全部样本比例超过 56%。由于我国内资企业，特别是民营企业是中国转型阶段技术创新的主体或生力军（王华等，2010；陈小洪，2009），因此，本样本用于创新能力的调查具有一定的代表性（具体结果详见第 3 章）。

因本书采用自评方式收集数据，故用 Harman 单因素分析检验共同方法偏差（Podsakoff et al.，2003）。结果抽取 15 个特征根大于 1 的因子，累计解释 76.60%的总变异，最大因子解释力为 30.36%，存在一定的共同方法偏差，但尚可接受。

7.2.2 变量测量

1. 因变量

本书关注企业成长，用财务绩效与创新绩效进行测量。采用 Gupta 和 Govindarajan（1986）研究中财务绩效的测量方法，包括 4 个题项，采用利克特 5 点量表。创新绩效参照 Chen 等（2011）的研究，提取新产品产值率、新产品数、专利数以及创新效率等 4 个题项，用利克特 5 点量表进行测量。

2. 自变量

（1）知识积累。该自变量是指企业知识积累在特定时间截面上的结果。现有研究一般用研发投入强度（Cohen and Levinthal，1990）、工程师人数（Thornhill，2006）或专利数据（Ernst et al.，2011）测度，但这些测量难以适用于非技术型、非科学基础型企业的知识积累测量。基于 Barrales-Molina 等（2010）、与 Sáenz 等（2009）的研究，结合实地调查，用核心人员的保留、企业专有性知识传承、组织对任务实施过程中的经验总结与推广以及教训的集体性反思等 4 个题项、7 点量表测量这一构思。

（2）流量知识。为避免知识转移中解释性障碍，并保留知识的专业性，本书认为通过知识共享的交互性过程实现企业知识的增加与积累（Berends et al.，2011），并依据企业内外知识的经济特性的差异，将其进一步划分为内部知识共享与外部知识共享，以此分别表征企业内外流量知识。其中，外部流量知识测量借鉴 Lee（2001）与 Lin（2007）的相关研究，提取 4 个题项、采用利克特 7 点量表；内部流量知识测量以 Sáenz 等（2009）与 Lin（2007）的研究为基础，用 5 个题项采用 7 点量表。

3. 中介变量——创新能力

企业创新在本质上是指在外部环境动态变革产生的机会或内部能力模块间发展不均衡产生的价值潜力的驱动下的一种系统性应变或求变获利、最终获得竞争优势的系列组织活动（张军和金露，2011）。因此，本书认为创新能力是企业知觉变异、解读变异、创新决策与有效实施的组织活动。采用扎根方法、以“知觉—响应”模型（Haeckel，1999）为框架，对企业创新能力进行构思开发（张军等，2014a）（表 7.1）。

表7.1　企业创新能力探索性与验证性因子分析

名称	题项	EFA 载荷	CFA 载荷	建构信度
实施实现能力（IC_R）	IC_R1	0.766	0.888	0.88
	IC_R2	0.761	0.867	
	IC_R3	0.760	0.804	
	IC_R4	0.695	0.782	
	IC_R5	0.689	0.784	
创新决策能力（IC_D）	IC_D1	0.842	0.879	0.91
	IC_D2	0.792	0.883	
	IC_D3	0.734	0.869	
	IC_D4	0.692	0.854	
信息诠释能力（IC_I）	IC_I1	0.862	0.932	0.92
	IC_I2	0.813	0.931	
	IC_I3	0.687	0.856	
变异感知能力（IC_S）	IC_S1	0.845	0.851	0.80
	IC_S2	0.813	0.846	
	IC_S3	0.749	0.756	

注：探索性因子分析采用样本量为 162 份；验证性因子分析采用样本量为 257 份；KMO 值为 0.907，Bartlett 球形检验：χ^2=1620.05，df=105，p<0.001

7.2.3　分析程序与方法

分析过程包括问卷信度与效度分析、因子分析与模型检验；采用 SPSS 19.0

进行探索性因子分析，采用 AMOS 19.0 进行验证性因子分析以及模型检验。

7.3 分析结果

7.3.1 测量模型检验

本书中创新能力是新开发构思，因此首先采用 SPSS 19.0 进行探索性因子分析，采用主成分分析与最大方差旋转的方法萃取因子。在此基础上，用 AMOS 19.0 进行验证性因子分析。结果见表 7.1。

验证性因子分析显示，各题项载荷均在 0.50～0.95，建构信度均大于 0.60。核心概念的拟合指标均达到可接受范围（表 7.2）：数据与测量模型拟合良好，因子建构信度良好，变量具有良好的聚合效度与区分效度。

表7.2　核心概念的拟合指标

变量	χ^2	df	χ^2/df（<3.0）	RMSEA（<0.08）	CFI（>0.90）	NFI（>0.90）	GFI（>0.90）	IFI（>0.90）
创新能力	196.56	84	2.34	0.072	0.964	0.939	0.906	0.964
知识积累	70.3	57	1.23	0.030	0.993	0.962	0.961	0.993
企业绩效	9.23	17	0.543	0.00	1.000	0.992	0.991	1.007

注：χ^2，卡方；df，自由度；RMSEA（root mean square error of approximation，近似误差均方根）、CFI（comparative fit index，比较拟合指数）、NFI（normed fit index，规范拟合指数）、GFI（goodness of fit index，拟合优度指数）、IFI（incremental fit index，增量拟合指数）

7.3.2 结构模型检验

1. 基准模型

图 7.3 显示基准模型的数据拟合结果，主要拟合指标如表 7.3 所示。该基准模型是可接受的。

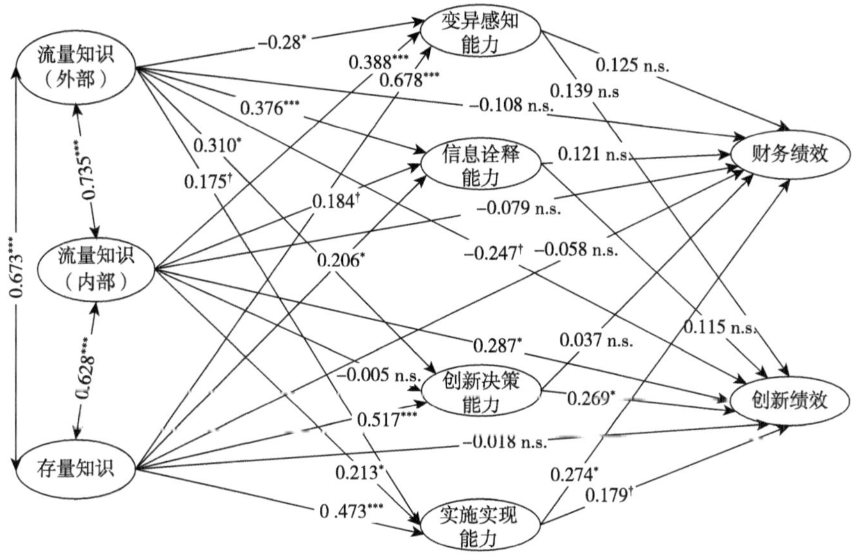

图 7.3　基准模型

***表示 $p<0.001$；*表示 $p<0.05$；†表示 $p<0.1$；n.s.表示不显著

表7.3　基准模型的主要拟合指标

χ^2	χ^2/df	RMSEA	GFI	NFI	CFI	NNFI	IFI	RFI	Sig.
1202.6	2.129	0.068	0.787	0.828	0.900	0.888	0.901	0.808	0.000

注：χ^2，卡方；df，自由度；RMSEA（近似误差均方根）、GFI（拟合优度指数）、NFI（规范拟合指数）、CFI（比较拟合指数）、NNFI（非规范拟合指数）、IFI（增量拟合指数）、RFI（相对拟合指数）

（1）直接效应。知识积累与财务绩效无直接关系；知识积累与创新绩效的直接效应主要体现在流量知识维度上，存量知识与创新绩效间无显著直接效应。并且，除内部流量知识与创新绩效间有直接的正向显著关系之外，知识积累各维度均与创新绩效之间呈现负向关系，即知识积累本身可能并不利于创新绩效的提升。

（2）间接效应。创新能力在知识积累与企业绩效之间起中介作用。但对于存量知识与企业绩效间关系具有完全中介作用，而对流量知识与企业创新绩效之间关系存在部分中介作用。知识积累经过创新能力的中介作用而对企业绩效提升产生积极影响。

2. 模型修正

与基准模型结果相比，修正模型（图 7.4）拟合结果更优，拟合指标如表 7.4 所示。

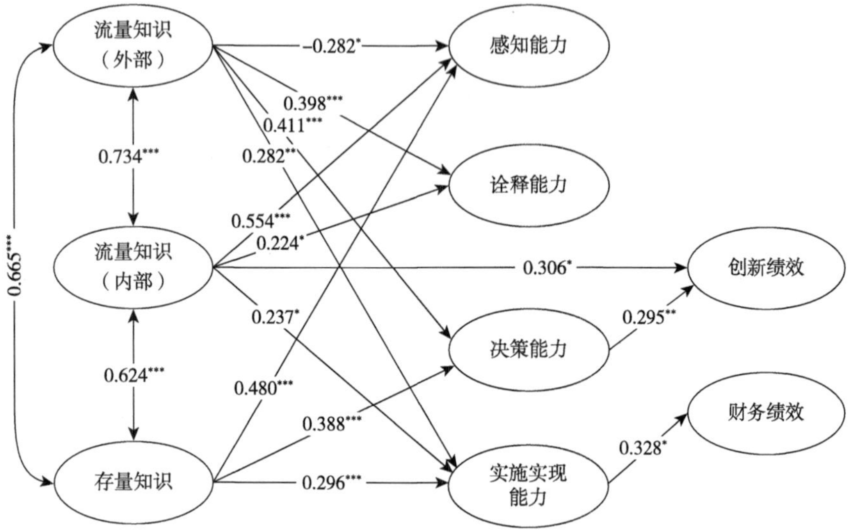

图 7.4　修正模型

***表示 $p<0.001$；**表示 $p<0.01$；*表示 $p<0.05$

表7.4　修正模型的主要拟合指标

χ^2	χ^2/df	RMSEA	GFI	NFI	CFI	TLI/NNFI	RFI	IFI	Sig.
855.3	1.584	0.049	0.850	0.878	0.950	0.942	0.857	0.951	0.000

注：χ^2，卡方；df，自由度；RMSEA（近似误差均方根）、GFI（拟合优度指数）、NFI（规范拟合指数）、CFI（比较拟合指数）、NNFI（非规范拟合指数）、RFI（相对拟合指数）、IFI（增量拟合指数）、TLI（Tucker-Lewis index）

（1）直接效应。知识积累与企业财务绩效没有直接关系。企业内部流量知识与创新绩效间存在直接效应，为正向显著相关（β=0.306，$p<0.05$）。存量知识（β=−0.077，n.s.；β=−0.052，n.s.）、外部流量知识（β=−0.037，n.s.；β=−0.239，n.s.）与企业绩效（含财务绩效与创新绩效）无显著直接关系，但符号均为负，并且内部流量知识与财务绩效也无显著直接关系（β=−0.014，n.s.），但符号为负。也就是说，除提高企业内部知识流动水平能够有效提高创新绩效之外，知识积累总体上并不能直接促进企业绩效水平的提高，甚至可能产生负面影响。

（2）间接效应。创新能力在知识积累与企业绩效之间起中介作用。但在存量知识、外部流量知识与企业绩效间具有完全中介作用，而对内部流量知识与企业创新绩效之间存在部分中介作用。具体如下。

企业提高与外部主体间知识接触并促进交流，主要通过提高创新决策能力（β=0.411，$p<0.001$）与实施实现能力（β=0.282，$p<0.01$），分别获得更高水平的创新绩效与财务绩效。意味着，外部知识必须内化到企业能力体系中才能促进企业成长，否则对企业创新绩效的获取反而产生损害。

提高企业内部知识流动水平，通过提高创新的实施实现能力（β=0.237，p<0.05）来获得更高水平的财务绩效；但对创新绩效具有直接的显著正向作用（β=0.306，p<0.05）。因此，提高企业内部知识流动水平，无论对创新绩效还是财务绩效的提升都是有利的，但对创新绩效具有直接的提升作用，而对财务绩效的提升作用必须通过创新的有效实施来获得。

企业存量知识积累水平提高，有利于通过提升创新决策能力（β=0.388，p<0.001）与实施实现能力（β=0.296，p<0.001）进而获得更好的企业成长，即企业提高存量知识水平，不仅有利于提高企业创新绩效，也有利于提高财务绩效，但分别需要通过提升创新决策能力与实施实现能力的中介作用得以实现。

（3）创新能力的四个维度对企业绩效的效应呈现出差异性：创新绩效由创新决策能力所决定（β=0.295，p<0.01）；财务绩效由实施实现能力所决定（β=0.328，p<0.05）；变异感知与信息诠释能力与企业绩效无直接关系。

综上，创新能力的四个维度子能力并非均衡地对企业绩效做出贡献。相对而言，变异感知与信息诠释能力的作用更加内隐，创新决策能力与实施实现能力的作用则相对外显。为进一步探究创新能力内部关系，依据 Zahra 和 George（2002）的潜在吸收能力与现实吸收能力的划分思路，本书在四维度创新能力的基础上，进一步构建二阶因子——潜在创新能力与现实创新能力，前者包括变异感知能力与信息诠释能力，后者包括创新决策能力与实施实现能力。

3. 基于二阶因子模型的进一步探索

经过修正的二阶因子模型如图 7.5 所示，主要拟合指标见表 7.5。相比一阶因子模型，二阶因子模型更简洁、拟合参数更优。

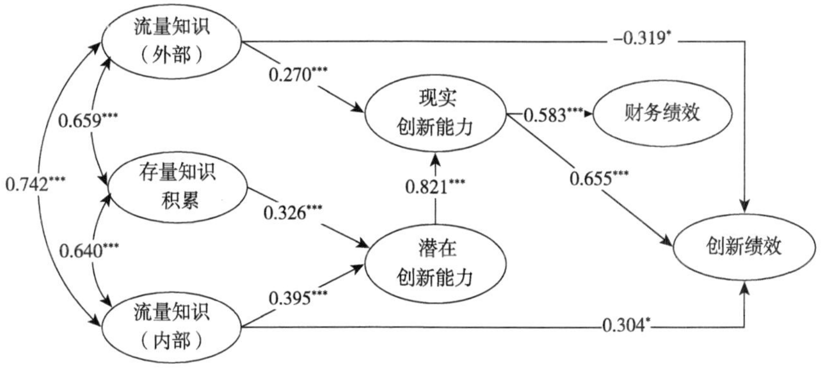

图 7.5　修正的二阶因子模型

***表示 p<0.001；*表示 p<0.05

表7.5　修正的二阶因子模型主要拟合指标

RMSEA	χ^2	χ^2/df	GFI	NFI	CFI	TLI	IFI	RFI	Sig.
0.049	887.0	1.60	0.842	0.873	0.948	0.940	0.948	0.856	0.000

注：χ^2，卡方；df，自由度；RMSEA（近似误差均方根）、GFI（拟合优度指数）、NFI（规范拟合指数）、CFI（比较拟合指数）、TLI（Tucker-Lewis index）、IFI（增量拟合指数）、RFI（相对拟合指数）

（1）企业的现实创新能力与创新绩效（β=0.655，p<0.001）及财务绩效（β=0.583，p<0.001）均显著正相关；潜在的创新能力与创新绩效、财务绩效均没有显著的直接关系，但通过现实的创新能力间接促进创新绩效、财务绩效的提升。

（2）企业外部知识流动水平高，并不利于提升创新绩效（β=−0.319，p<0.05），而必须通过提升企业现实创新能力（β=0.270，p<0.001）才能提升企业创新绩效与财务绩效。外部流量知识本身对潜在创新能力没有显著影响，因此外部知识流动对企业成长的影响路径是：①外部知识流动→（−）创新绩效；②外部知识流动→（+）现实创新能力→（+）企业成长（包括创新绩效与财务绩效）。

这意味着企业所获得的外部知识，必须内化为现实的创新能力才能提升创新绩效，简单收集或囤积外部知识并不利于创新绩效的提升，这可能一方面是因为企业与外部知识共享是需要成本的，另一方面过多的外部知识交流可能带来信息过载等问题，反而不利于创新绩效的提升。这与麦肯锡公司指出的“不断接触新信息反而抑制创新”的观点一致。

（3）提高企业内部知识流动水平，有利于直接提升企业创新绩效（β=0.304，p<0.05）；内部流量知识促进企业成长的路径是：首先提升企业潜在的创新能力（β=0.395，p<0.001），进而提升现实创新能力（β=0.821，p<0.001），最终收获更高水平的企业绩效。内部知识流动水平对现实创新能力的效应不显著，但方向是负的（β=−0.127，n.s.）。因此，企业内部知识流动提升企业绩效的路径为：①内部流量知识→（+）创新绩效；②内部流量知识→（+）潜在创新能力→（+）现实创新能力→（+）企业成长（包括创新绩效与财务绩效）。

因此，促进企业内部员工间知识共享与交流，不仅有利于提升企业创新绩效，而且可以通过提升企业创新能力进而促进企业成长。

（4）企业知识存量水平对创新绩效没有显著的直接效应，但方向是负的；此外，企业知识存量积累水平通过提升潜在创新能力（β=0.326，p<0.001）进一步提升现实创新能力，最后提升创新绩效与财务绩效。存量知识提升企业绩效的路径为：存量知识→（+）潜在创新能力→（+）现实创新能力→（+）企业成长（包括创新绩效与财务绩效）。

值得注意的是：企业知识存量积累水平对创新绩效的直接效应虽然不显著，但却是负向影响，这意味着知识存量积累本身可能产生核心刚性而不利于创新绩效的提升。同时，知识存量的积累通过转化为创新能力，才有利于创新绩效水平的提高。因此，企业知识存量积累，提供企业获取竞争优势的基础与潜力，但并不自动产生企业绩效，而是需要企业创新能力的中介作用最终转化为现实的竞争优势。

7.4　结论与讨论

7.4.1　结论

1. 知识积累需要首先转化为企业创新能力，才能有效贡献于企业的创新与发展

企业存量知识本身并不能带来企业绩效，而必须通过创新能力的完全中介作用才能促进企业成长，表现为创新绩效与财务绩效的提升。

外部流量知识必须首先内化为企业创新能力，才能促进企业成长，否则可能产生损害作用，特别体现在对创新绩效的直接负面影响上。

创新能力对内部流量知识与企业绩效之间关系具有部分中介作用，主要表现为：提高企业内部知识交流水平将直接促进创新绩效的提升，但必须经过创新有效实施才能转化为现实的财务绩效。

2. 不同知识积累方式对企业成长的作用机理存在差异

内生性知识积累（包括企业存量知识积累与内部流量知识积累）一般首先形成企业潜在创新能力，然后转化为现实创新能力进而促进企业成长，与此同时，提高企业内部知识流量水平，有利于直接提升创新绩效；而外源性知识积累主要是指企业通过与外部各相关主体的知识共享与交流所形成的企业知识存量的增加，一般是通过促进现实创新能力的提升而促进企业成长，但如果不能有效内化外部知识，则会对企业创新绩效产生损害。比较内生性知识积累与外源性知识积累对企业成长的作用机理，可以发现：内生性知识积累对于企业成长的影响过程因果关系链更长、更复杂，这为构筑企业竞争优势壁垒提供了更好的基础，一定程度上验证了“企业专有性知识独特的积累路径提供持续竞争优势”（Dierickx and Cool，1989）的观点。

3. 企业创新能力是一种包括潜在部分与现实部分的综合能力

企业创新能力可分为潜在部分与现实部分。潜在创新能力对企业绩效并无直

接效应，而是通过现实创新能力的中介作用来实现对企业绩效的提升。有学者指出：组织能力不仅包括绩效阈限（Grant，1996；Eisenhardt et al.，2010），还包括柔性维度（Bingham et al.，2007）。本书研究发现：能力的绩效阈限主要通过现实创新能力体现，而柔性维度更倾向于由潜在创新能力提供。创新能力现实维度提供企业现期发展的基础，而潜在维度为企业发展提供能力冗余或储备。

7.4.2 讨论

1. 理论贡献

首先，研究发现知识积累本身往往并不能直接带来企业绩效水平的提升，而必须转化为创新能力才能为企业创新与发展服务，否则甚至可能损害企业绩效。这一发现厘清了知识积累提升企业绩效的内在机理与路径，指出企业创新能力在知识与绩效间的重要作用。这一发现丰富了知识管理的后果研究。

其次，研究区分了不同知识积累机制对企业成长的不同影响，检验了长期以来知识积累与企业成长的内在观与外在观。本书关于“外部流量知识积累通过提升企业现实创新能力的途径促进企业成长”的研究结果明晰了外部知识获取促进企业成长的内在机理，深化了 Penrose（1959）关于外部知识内在化是企业成长的关键的观点。而关于“提高企业内部知识流动水平能够有效提高创新绩效，不仅具有直接正向效应，而且具有间接正向效应”的研究结果，验证了 Marshall（1920）所提出的知识积累外在化促进企业成长的观点。本书研究结果不仅在一定程度上验证了 Dierickx 和 Cool（1989）提出的竞争优势来源内在化的观点，而且指出了战略性资产获取仅仅提供获取竞争优势的可能，而不是必然的，深化了 Barney（1986）所提出的“通过战略性资产市场获取企业竞争优势”的论点所实现的条件。此外，研究结果还显示：内生性知识积累（包括存量知识积累与内部流量知识积累）较外源性知识积累对于企业成长具有更大的贡献，这与一些学者发现的“企业利用不同部门间知识对发明的影响强于企业利用外部知识的影响”（Chen and Miller，2007）一致。

最后，本书实证检验了企业能力的现实部分与潜在部分及其分别与企业成长之间的关系。创新能力从整体上来说可以分为潜在创新能力与现实创新能力。Zahra 和 George（2002）指出：潜在创新能力与企业长期绩效有关，现实创新能力与企业短期绩效有关。但他们并没有对此进行检验，也没有探讨两种能力之间的关系。本书研究发现：潜在创新能力对绩效并不产生直接影响，而是通过转化为现实能力这一途径来促进企业绩效的提升；现实创新能力是企业绩效的直接前因，对企业绩效产生显著的积极影响。因此，能力就像一座冰山，显现出来的只是能力整体中的一部分，还有一部分深藏在水面之下。但正是深藏在水下的那部分，提供整体能力的支撑与储备。本书不仅验证了能力存在现实与潜在之分，检验了两类能力分别对企业绩效的影响，而且探析了潜在能力与现实能力之间的关系。研究指出知识积累不仅提供企业现实的创新能力，而且为企业提供能力储备。这一发现不仅丰富了创新理论而且对企业能力理论有所贡献。

2. 管理意义

知识积累是技术进步与经济发展的源泉，但本书研究发现：知识积累并不能直接促进技术进步与经济发展，而是需要创新能力的中介作用才能发挥作用。这一发现的管理意义在于：知识积累是企业创新与发展的必要条件而非充分条件。作为创新能力的深层次基础，知识积累一方面促进企业现实创新能力的发展，另一方面转化为潜在创新能力以形成能力储备，从而为企业未来发展提供战略准备。但在企业实践中，由于知识积累、潜在创新能力的隐性及其与绩效非直接关联的特征，许多企业并不重视日常的知识积累活动。这在一定程度上导致企业持续发展的能力不够，难以有效实现“生产可能性曲线”（Prescott and Visscher，1980）的扩张或把握“不确定性未来”（Alchian，1950）。因此，企业需要从战略发展的高度审视知识积累，既要关注更易获取直接收益的内部知识交流与共享活动，也要关注对外部知识的集聚与内化，兼顾企业专有性知识的扩散、传承与积累，这样才能使企业在长期利益与短期利益之间获得平衡。

3. 局限与未来研究

本书研究仍然存在一定不足。首先，研究发现了知识积累促进企业成长的内在机理，但并没有关注这种作用机理实现的条件，这将成为以后研究的一个议题；其次，研究识别了创新能力由潜在与现实两个部分构成，并验证了两者之间的基本关系，但潜在创新能力是如何转化为现实创新能力的？以及在什么样的条件下实现这种转化？这些问题是未来研究值得关注的议题；最后，本书样本企业包括制造型、高技术型以及知识密集型服务企业，但在分析中并没区分企业类别，这可能掩盖了不同类型的企业在知识积累提升企业绩效的内在机理中存在的差异，这一点将在未来研究中努力改善。

第 8 章　新颖度区分下知识创造与企业成长[①]

知识经济时代的到来，使知识成为企业竞争的战略性资产（Drucker，1992）。在以“时基竞争”为特征的动荡环境中，快速、有效地创造出适应情境的新知识，是企业获得持续竞争优势的关键（Eisenhardt and Martin，2000）。知识创造已经成为企业竞争制胜的利器！

关于企业知识创造怎样影响企业竞争乃至可持续发展的问题，现有研究大多以 Nonaka 和 Takeuchi（1995）的知识创造的动态理论为研究框架（Nonaka and Takeuchi，1995），基于过程视角探讨企业知识创造过程（能力）与创新绩效间关系，具体如：新产品与新服务数（Smith et al.，2005）、产品创新性（Su et al.，2013）、与竞争者相比的新产品销售额与市场份额（Chang et al.，2014），以及基于技术创新类型区分的产品创新与工艺创新（Shu et al.，2012）等，却鲜见从微观企业整体层次成长的视角探索企业知识创造在其中的效应。然而，一方面，创新绩效并不必然带来企业成长，而企业终究是一个逐利实体，知识创造作为一种企业行为，最终需要从投入、产出的对比中进行洞察；另一方面，知识创造过程也不必然带来创造性成果，并且即使从创造性成果视角洞察知识创造的企业成长效应，也没有充分关注创新性成果本身内在差异性及其对企业成长的影响，即不同类型或不同程度的创造性成果是否对企业成长产生等同性影响。因此，在知识创造过程的创造性结果获得的非必然性与创新绩效的成长结果获得的非必然性之间，需要更加深入、细致地探索知识创造与企业成长间关系。此外，对知识投资（知识创造与积累）的效应是长期的（Bacovic and Lipovina-Bozovic，2010），但现有研究多采用横截面数据进行分析，因此从方法论角度来说，横截面式研究设计难以提供对知识创造在时间维度上的经济效应动态性的洞察。

本书拟以上述理论缺口为切入点，将知识创造放到企业整体成长的框架中，

---

① 本章中探索性案例研究部分主要来源于张军等（2016）。

基于知识创造结果的视角，以华为的时间序列数据为例，对以新颖度为区分的知识创造与企业成长间动态关系进行探索性研究。在此基础上，本章进一步基于通信设备制造行业 2008～2017 年 101 家企业面板数据进行实证研究。

研究发现：知识创造对企业成长的效应存在一定的时间滞延，但随着时间推移，知识创造对企业成长的效应呈现出先递增后递减的倒“U”形关系。不同新颖程度的新创知识，由于对企业成长的效应存在不同的滞后期，而导致同一时间断面上难以评价不同新颖程度新创知识与企业成长之间的统一性规律，而需要置于一定的时间框架下综合考虑其间关系。对于通信设备制造行业，企业需要聚焦特定细分领域进行知识创造，否则并不利于高新颖度知识创造对企业成长效应的发挥。

8.1　理论回溯与研究框架

8.1.1　文献述评

知识存量积累是企业创新与成长的源泉（Schumpeter，1934；严成樑和龚六堂，2009）。而从根本上来说，企业知识存量积累是通过持续的知识创造形成的（Smith et al.，2005）。因此，知识创造怎样成为企业创新与成长的源泉，一直是学界关注的焦点议题之一。

关于企业知识创造，现有研究多以 Nonaka 和 Takeuchi（1995）、Nonaka（1994）的理论为基础，在隐性知识与显性知识的区分下，从两类知识相互转化的视角，将知识创造过程划分为社会化、外部化、组合与内部化等四个过程，即 SECI 模型，强调企业应努力促进隐性知识与显性知识间相互转化，从而促进企业创新与发展。另一研究路径则不刻意区分显性或隐性知识及其相互转化，而是强调企业内员工的知识创造行为特征，认为知识创造包括知识交流与知识组合两个基本过程，前者强调组织各个层次员工之间的知识交换与共享行为，后者则强调企业内员工将各种知识、不同来源知识进行组合的行为，并据此研究知识创造对企业技术创新的影响（Smith et al.，2005；Shu et al.，2012）。因此，企业知识创造是一系列过程构成的“组织内员工间共享与转移知识的能力”（Richtnér and Åhlström，2010；Schulze and Hoegl，2006；Schulze and Hoegl，2008）。

基于过程视角的研究，逐渐深入到知识创造的不同过程对于企业创新的影响及其可能存在的差异中。一般研究认为：知识创造的各个过程都会对企业创新产生积极影响（Smith et al.，2005；Su et al.，2013），但不同过程会对企业创新产生差异性贡献，如知识的组合能力不仅与产品创新显著正向相关，而且还能有效促进工艺创新绩效提升，但知识交流能力则只有利于促进产品创新（Shu et al.，2012），并且不同知识组合过程贡献企业创新的内在机理也不尽相同，如知识组合能力可直接提升企业新产品绩效，但知识社会化、外部化能力对新产品绩效的提升作用是间接的，而知识内部化能力则不仅可直接提升新产品绩效，还可以通过创造力间接提升新产品绩效（Chang et al.，2014）。此外，知识创造能力还可以通过与企业吸收能力的协同作用，促进更具创新性的新产品的诞生，尤其是在动荡的环境中，这种协同效应更加显著（Su et al.，2013）。

具体的实证研究中，对知识创造构念的测量也主要循着前述的两种思路进行：第一，从显性与隐性知识相互转化的四个过程，即社会化、外部化、组合与内部化进行操作化并予以测量（Chang et al.，2014；Nonaka et al.，2000；Choi and Lee，2002；Khodakarami and Chan，2014）；第二，以企业员工知识活动特征为区分的知识交流与知识组合的两个基本过程进行操作化并进行量表设计（Smith et al.，2005；Su et al.，2013），其中 Smith 等（2005）在操作化过程中还加入了“预期价值”，但最终得出知识创造能力是个单因子构念的结论。现有实证研究多采用横截面式研究设计，探索并推演知识创造过程与创新绩效之间的关系。

综上所述，现有研究多基于过程视角，探索知识创造过程（能力）对企业创新的影响，虽然对于知识创造构念的操作化及测量方式存在差异，但总体而言，知识创造的不同过程对企业创新具有不同程度的积极影响，并且以不同的方式影响企业创新。这些研究大大增进了人们对知识创造影响企业创新的内在机理的理解，但在以下几个方面仍然存在局限。

（1）现有研究关注知识创造过程（能力）与企业创新绩效间关系，而忽略知识创造结果与企业成长间的关系。然而，知识创造过程并不必然带来有效的或预期的知识创造结果，同样，创新绩效也并不必然带来企业成长，因此，在这两个非必然性之间，意味着关于知识创造与企业成长间的关系仍需要更加细致的探索。此外，知识创造作为企业刻意为之的行为，应该被纳入企业整体的投入—产出体系中进行考量，才能真正洞察知识创造在企业成长过程中的效应，但现有研究更多关注的是知识创造与创新之间的关系。

（2）现有研究多从过程视角关注知识创造与创新的关系，但对于知识创造所可能产生的不同类型的结果（如不同新颖程度的新知识）对企业成长的影响却关注不够。事实上，通过一定的知识创造过程，企业最终获得怎样的新知识以及这些新知识对企业成长产生怎样的影响的研究仍较为缺乏。

（3）从企业行为视角来说，知识创造是企业的一项投资，而对知识投资的效应是长期的（Bacovic and Lipovina-Bozovic，2010），但现有研究大多采用横截面式研究设计，这使得知识创造对企业成长的效应在时间维度上的动态性难以被洞察。

8.1.2　研究框架的提出

本书认为：知识创造不仅是过程，也是结果。基于知识创造过程视角探讨的是企业成长的可能，而不是现实与必然，而从结果视角探讨知识创造与企业成长之间随时间变化的动态关系具有更加现实的意义。此外，企业实践中，持续的知识创造过程往往产生多样性的知识创造结果，即产生一定的新知识组合，而什么样的新知识组合怎样贡献于企业成长则是被现有相关研究所忽视的领域。综上，本书拟以知识创造结果、企业成长以及时间等因素构建出三维研究框架（图 8.1）。

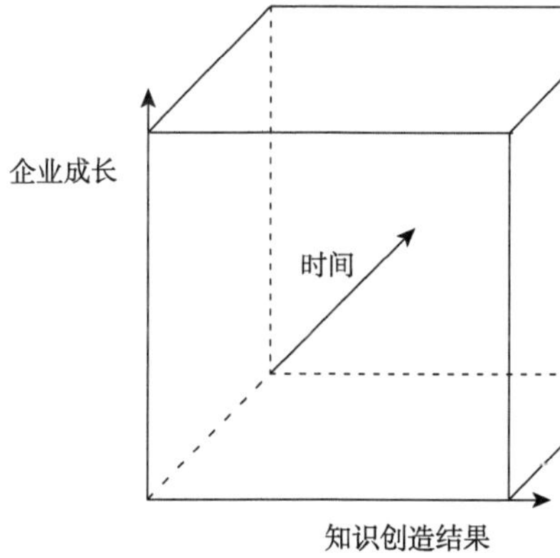

图 8.1　本书研究框架

关于知识创造结果，本书认为：企业知识创造过程可能产生以新颖程度区分为特征的多样性的新知识，而不同新颖程度的新知识是否对企业成长产生等同性效应在现有研究中并不多见，因此本书以新颖度为区分探索知识创造结果、企业成长间历时性动态关系。

8.2 研究方法与数据收集

8.2.1 方法与案例选择

1. 研究主题性质与研究方法选择

案例研究方法在解答“怎么样”以及“为什么”等类型的研究主题时具有显著优势（殷，2004）。根据案例研究方法所服务的目的，可以将其分为探索性、描述性案例与解释性案例研究（Yin，1981a；Yin，1981b）。当研究者对拟研究的问题不太了解，或者需要对研究方案的可行性进行判断的初步研究时，一般采用探索性案例研究方法。

虽然知识创造与企业创新，在战略管理领域属于传统研究主题，但关于以知识新颖度为区分的知识创造与企业成长之间随时间变化的动态关系的研究并不多见。因此，选择基于新颖度区分的知识创造与企业成长在时间维度上的动态关系作为本书研究主题，属于传统研究领域的新问题，尤其本主题涉及基于时间变化的动态关系探索，因此，采用探索性案例研究方法是与本书主题特征相匹配的。

2. 案例企业选择依据

案例研究的样本选择不同于统计分析中的代表性原则，而是强调案例企业的典型性（Eisenhardt，1989）。因此，选择案例研究样本的基本原则是理论抽样，而不是统计抽样（李高勇和毛基业，2015）。本书的研究主题关注企业知识创造与企业成长，依据典型性进行理论抽样，选择高技术行业中的企业。因为，所谓高技术企业，是指那些在业务战略中强调发明与创新、将其显著比例的财务资源用于研究与发展、工作中雇用显著比例的科学家与工程师并且是在短产品生命周期的全球市场上竞争的企业（Milkovich，1987）。从这一界定可以看出：一方面，由于短产品生命周期，企业知识创造活动及其结果易于凸显，便于观察；另一方面，高技术行业常常面临激烈的市场竞争，那些能够长期生存的企业本身就能有效体现出企业成长特性，因此，选择那些存续时间较长的高技术企业能够为本主题研究提供良好的观察窗口。

在上述条件限定下，进一步考虑资料及数据的可获得性，本书首先选定我国近些年具有发展迅速、技术快变、知识密集特征的信息与通信技术行业为对象范畴，具体选择近些年快速、稳步发展的华为作为本案例研究的典型样本。

8.2.2　模型建构与变量测量

1. 模型建构

基于理论综述与本书研究框架，构建探索模型如下（分别进行同期、滞后 1 年、2 年、3 年的回归分析，以此洞察企业知识创新对企业成长的累积性影响）：

$$Y_t=\beta_0+\beta_1\times \lg(x_{1t})+\beta_2 x_{2t}+\beta_3 x_{3t}+\mu_t$$

$$Y_t=\beta_0+\beta_1\times \lg(x_{1t-1})+\beta_2 x_{2t-1}+\beta_3 x_{3t-1}+v_{t-1}$$

$$Y_t=\beta_0+\beta_1\times \lg(x_{1t-2})+\beta_2 x_{2t-2}+\beta_3 x_{3t-2}+w_{t-2}$$

$$Y_t=\beta_0+\beta_1\times \lg(x_{1t-3})+\beta_2 x_{2t-3}+\beta_3 x_{3t-3}+z_{t-3}$$

其中，Y_t 为企业营业收入；β_0 为常数项；x_{1t} 为第 t 年发明专利数；x_{2t} 为第 t 年实用新型专利数；x_{3t} 为第 t 年外观设计专利数；μ_t，v_{t-1}，w_{t-2}，z_{t-3} 为随机项。

2. 变量测量

（1）知识创造。本书采用企业专利数来测量知识创造。因为专利是独特与新颖性技术知识的载体（Ahuja and Katila，2001），是创新性活动的一种可见结果（Nooteboom，2000）。并且，依据专利类型（发明专利、实用新型专利、外观设计专利）表征企业知识创造的新颖性程度，即发明专利新颖程度最高，实用新型专利新颖程度次之，而外观设计专利的新颖程度最低。在区分企业知识创造新颖程度的基础上，本书对企业所创造的不同新颖程度的知识对于企业成长是否具有差异性贡献进行探索。

（2）企业成长。企业成长是一个内涵广泛的概念，包括企业财务性增长，如表现为营业收入、利润率等指标的增长，与一些非财务性增长，如市场占有率、创新水平等。创新绩效是指示企业发展潜力的变量，常常被认为是表征企业成长的重要指标。然而，本书所选择的案例企业华为并不是上市公司，有关新产品数、新产品产值率等表征创新绩效的数据难以获取。因此，本书选择财务成长数据来表征企业成长，并根据数据可获性因素具体选择营业收入作为企业成长的测量指标。

8.2.3　数据收集

本书样本数据来自“上海知识产权(专利信息)公共服务平台检索系统”。首先，通过检索得知：华为于1996年开始有登记备案的专利数据记录，并且为了便于统计分析，本书以每一完整年度数据为一个样本，所以，最终采用1996～2013年作为本书的样本时间窗口。其次，专利数量有公告数和申请数两个指标，本书选取公告专利数作为测量指标，以此更加准确地表征企业知识创造状况（由于申请专利未必都能获得最终审批，因此申请专利数会大于公告专利数）。在上述两条规则下，对华为在这个时间区间内发明专利数、实用新型专利数以及外观设计专利数按照年份序列进行逐年检索与校核。同时，通过华为官方网站获取华为各年财务年报，获得华为逐年主营业务收入数据。

关于华为发展过程资料的收集主要通过网络渠道公开资料，在获取资料过程中，强调多源数据之间的相互验证（Patton，1987）。通过凤凰、搜狐、网易等主流门户网站收集关于华为的发展事件、高管受访谈话、他人评论等质性资料，用以解释、验证定量数据分析结果。搜索以华为为案例样本的研究报告与学术论文，以获得关于华为的间接资料，提供本书中交叉验证的资料基础。

8.2.4 分析方法

本书采用定量分析的方法进行质性研究，即通过线性回归分析对研究主题所涉关系进行探索，结合案例企业发展路径的质性资料分析，以获得对此主题更加深入、细致的理解。具体数据处理中，对营业收入以及发明专利两个变量取对数，以降低样本数据间变异程度。在此基础上，本书采用SAS 9.3统计软件进行回归分析。

考虑知识创造对企业成长的影响可能存在一定的时间滞延，本书对变量先后进行了同期以及分别滞后1年、2年、3年的回归分析，以探索知识创造与企业成长关系在时间维度上的动态性。

8.3 案例分析与结果

8.3.1 华为技术有限公司案例素描

华为技术有限公司成立于1987年，最初是一家用户小交换机（private branch exchange，PBX）的民营代理销售商。1990年，华为开始自主研发PBX产品，并逐渐转型为一家通信设备制造企业。截至 2012 年，第三代合作伙伴计划（3rd generation partnership project，3GPP）LTE（long term evolution）核心标准中华为贡献了全球通过提案总数的 20%。在技术创新方面，2013 年华为在全球率先发布骨干路由器 1T 路由线卡、40T 超大容量的波分样机和全光交换网络 AOSN 新架构；发布全球首个以业务和用户体验为中心的敏捷网络架构及全球首款敏捷交换机 S12700，满足云计算、BYOD（bring your own device，自带设备）、SDN（software defined network，软件定义网络）、物联网、多业务以及大数据等新应用的需求；在 LTE 商用部署方面持续领跑全球，进入全球 100 多个首都城市、覆盖九大金融中心。此外，作为欧盟 5G 项目推动者、英国 5G 创新（5GIC）发起者，华为于 2013 年发布了 5G 白皮书，积极构建 5G 全球生态圈。在信息与通信技术从 2G 技术经由 3G、4G 到现今 5G 技术的发展过程中，华为也从一个积极的追随者正在努力向领先者华丽转身。

经过近 30 年的发展，华为已经成为全球领先的信息与通信解决方案提供商，主要在电信网络、企业网络与计算等领域构筑了端对端的解决方案①。在信息与通信产业“云”“端”“管”三大业务领域中，华为在“管”领域具有显著竞争优势②，并努力在“端”业务领域寻求发展。2013 年，华为旗舰机型华为 Ascend P6 实现了品牌与利润双赢，智能手机业务获得历史性突破，进入全球 TOP3，华为手机品牌全球利润同比增长 110%。而在“云”业务领域，2012 年，华为与全球 33 个国家的客户开展云计算合作，并建设了 7 万人规模的全球最大的桌面云。目前，华为的产品与解决方案已经应用到 170 多个国家和地区，服务全球 1/3 的人口，业务主要涵盖运营商网络业务、企业业务与消费者业务等。截至 2013 年底，华为实现销售收入 394.63 亿美元，利润 48.09 亿美元，利润率 12.2%③。

从深圳的一个小型通信设备代理销售商，到获英国《经济学人》杂志年度公司创新奖，再到在全球部署华为 SingleRAN 商用网络的信息与通信设备制造企业，华为已成为一家在全球极具影响力、创新性的企业，其发展成就举世瞩目。是什么支撑华为在不到 30 年的时间内成长为一家国际化企业？华为是如何实现持续创新并在国际市场上实现步步为“赢”的？又将如何实现从追随者向领先者的跨越？这已经成为学界关注的焦点问题之一，也是实业界试图找寻发展源泉的战略性问题。本书尝试通过透视华为来洞察高技术企业知识创造与企业成长间的动态关系。

图 8.2 至图 8.5 描述了华为自有专利起的 1996 年至 2012 年三项专利与主营业

① 来源：http://www.huawei.com/cn/about-huawei/corporate-info/index.htm。

② 来源：岑峰. 2012. 华为创新的未来：任正非答“2012 实验室”科学家 16 问. http://www.leiphone.com/news/201406/huawei-renzhengfei-2012.html[2012-09-07].

③ 来源：华为公司 2013 年年报。

务收入的发展状况。其中需要注意的是：各图表纵轴数据单位并不一致，这样安排是为了便于观察趋势状况。

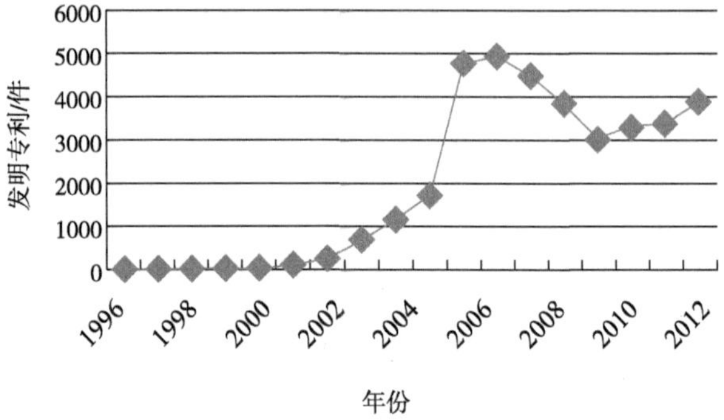

图 8.2　华为发明专利发展状况（1996～2012 年）

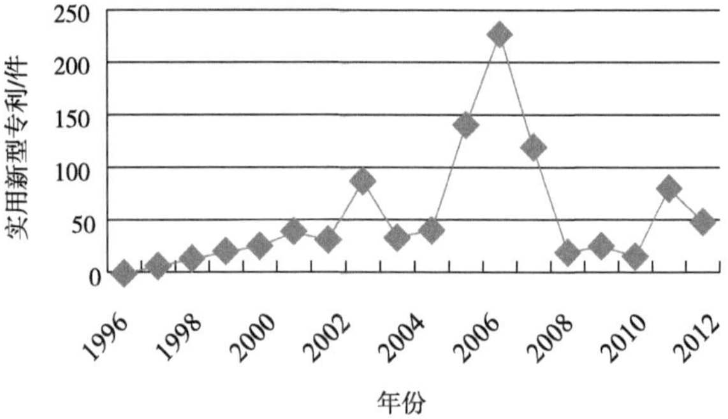

图 8.3　华为实用新型专利发展状况（1996～2012 年）

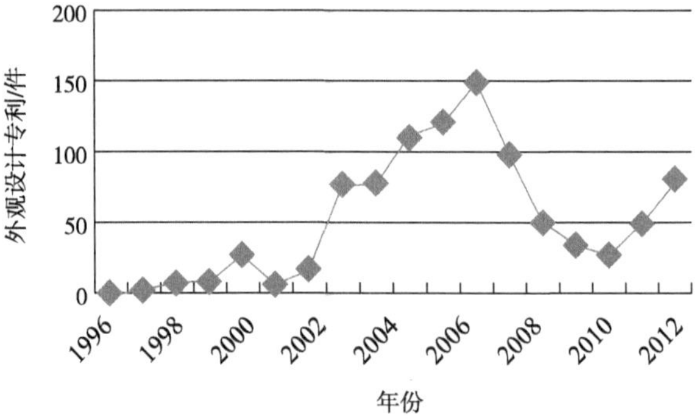

图 8.4　华为外观设计专利发展状况（1996～2012 年）

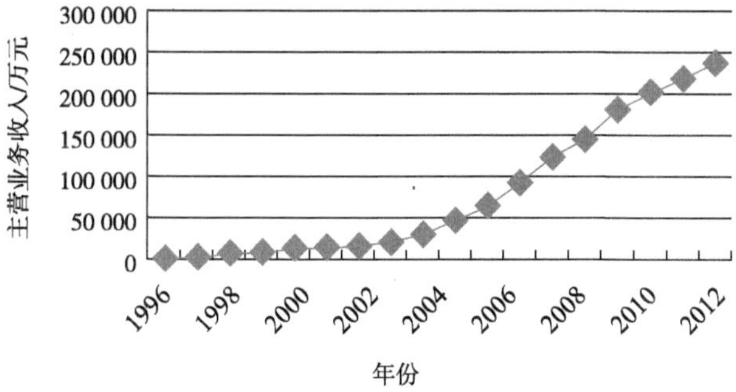

图 8.5　华为主营业务收入发展状况（1996～2012 年）

8.3.2　分析结果

本书首先对同期数据进行线性回归分析。分析发现：DW 统计量为 0.969，但查阅 DW 统计量表发现，DL 值为 0.93，而 DU 值为 1.69，这意味着同期回归的自相关问题不可判定，但采用拉格朗日乘数检验发现：卡方值为 0.0096（$p<0.05$），因此存在正自相关问题。本书研究对自相关问题进行了校正。在此基础上，观察同期数据的回归分析结果，结果显示：三项专利与企业当年主营业务收入均没有显著关系，但发明专利与主营业务收入间关系为负向。这意味着，发明专利的生成是需要大量投入的一项工程，并且发明专利生成当年可能由于尚未形成规模化收益而不能弥补形成发明专利的投入而导致两者之间关系虽然不显著，但呈现出负向关系。

为深入洞察知识创造对企业成长的影响，本书依次进行了滞后 1 年、2 年与 3 年的线性回归分析，一方面洞察知识创造对企业成长在时间序列上产生的影响，另一方面洞察不同新颖程度对企业成长影响的差异性。经过自相关判断与校正，回归分析结果如表 8.1 所示。

表8.1　同期及不同滞后期三项专利对主营业务收入的多元线性回归分析结果

变量	同期回归（M1）	滞后 1 年（M2）	滞后 2 年（M3）	滞后 3 年（M4）
常数	15.078 69*** （10.214 74）	13.280 40** （3.996 955）	7.872 129*** （10.418 29）	8.276 191*** （21.755 71）
log（发明专利）	−0.144 873 （−1.145 317）	0.136 249 （0.952 442）	0.511 833*** （5.281 633）	0.481 682*** （8.726 429）
实用新型	0.000 266 （0.234 920）	−0.000 479 （−0.367 158）	−0.001 858 （−0.99 414）	−0.001 624 （−1.247 056）
外观设计	0.000 614 （0.327 113）	0.000 671 （0.303 328）	0.000 268 （0.063 514）	7.38×10^{-5} （0.026 853）

续表

变量	同期回归（M1）	滞后 1 年（M2）	滞后 2 年（M3）	滞后 3 年（M4）
R^2	0.987 413	0.983 569	0.973 021	0.985 002
Adjusted R^2	0.983 217	0.977 594	0.962 230	0.978 336
F	235.341 6***	164.613 6***	90.165 45***	147.771 7***

注：括号内列示的是 t 值

***p<0.001；**p<0.01

从表 8.1 可见，同期回归模型中，三项专利与主营业务收入间关系均不显著，并且发明专利的效应表现为负向；滞后期为 1 年的回归模型中，三项专利与主营业务收入间关系仍不显著，但发明专利的效应为正号，而实用新型专利的效应表现为负号；滞后 2 年与滞后 3 年的回归模型中，发明专利与主营业务收入呈现出显著的正向效应，而实用新型专利、外观设计专利的效应不显著，并且实用新型的效应呈现为负向。

综上，在同期、滞后 1 年、2 年、3 年的三项专利对主营业务收入的回归模型中的关系可概括为：①企业发明专利对主营业务收入的影响，表现为 2 年滞后期的正向收益效应；②企业实用新型专利与外观设计专利在同期、滞后 1 年、2 年、3 年的期间内均对企业整体经营收入没有显著影响，其中实用新型专利对主营业务收入的效应虽然不显著，但表现为负向。

以三项专利分别表征知识创造的新颖程度的高、中、低三个水平，从可获得性数据的定量分析结果来看华为的知识创造与其成长间关系，可见：高新颖程度的知识创造提供华为可持续成长的重要基础，而中等与低水平新颖程度的知识创造并不能在财务性指标上表现出对企业成长的支持作用，甚至中等新颖程度的知识创造表现出对主营业务收入的负向影响。更值得注意的是，高新颖程度的知识创造对主营业务收入的影响呈现出显著的滞后效应，具体到华为公司，这个滞后期长达 2 年。从分析结果来看，发明专利产生当年甚至对主营业务收入的效应是负向的（但不显著），第 2 年效应仍然不显著但符号变为正号，从第 3 年开始，企业所创造的高新颖程度的知识才积极贡献于企业发展，表现为财务性成长。

针对高新颖程度知识创造促进企业成长的滞后效应，本书对发明专利与企业成长间关系进行了更多滞后期的分析，以深入观察这种滞后性正向效应的持续性及其特征。分析发现：从滞后 2 年开始（即知识创造的第 3 年），高新颖程度的知识创造显著促进企业成长，这种正向显著效应并非一直持续，而是呈现出先增强后逐渐减弱的倒“U”形特征（图 8.6）。

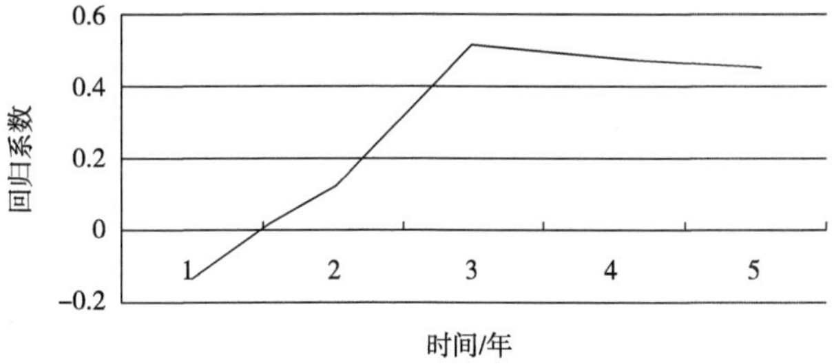

图 8.6　华为发明专利促进企业成长的效应周期示意图

图 8.6 描述了华为发明专利提供企业成长基础的作用周期的示意图。需要说明的是：由于在进行作用周期分析时，主营业务收入对发明专利每滞后 1 年，就意味着样本数据损失 1 个，因此图 8.6 给出的仅仅是示意图，而不是精确的作用周期。但从这个示意图中，我们仍然可以看到：企业持续成长，必须要以持续创新或持续高新颖度知识创造为基础，而不能指望一次创新或知识创造就可以一劳永逸地持续发展。

8.4　研究命题提出

本书选择华为为典型案例，采用定量分析方法对华为 1996～2013 年知识创造对其成长（财务绩效）的影响进行分析。本书特别关注不同类型的知识创造结果是否会对企业成长产生等同性效应，同时考虑知识创造的成长效应在时间维度上的演化特征。研究主要得出以下几点结论。

首先，在华为成长过程中，知识创造具有显著贡献，但是这种效应表现出一定的滞后期。因此，本书提出假设 1。

H1：高技术企业中，知识创造能够有效促进企业成长，但这种促进作用具有一定的时间滞延。

其次，知识创造对企业成长的效应具有一定的时间滞延，但并不意味着当效应阈值突破之后这种效应就是一劳永逸的。分析表明，突破时间滞延的限定后，知识创造对企业成长的促进作用随着时间的推移会呈现出先递增再衰减的特征。值得一提的是：本书没有考虑全新技术的出现对现有技术的替代或颠覆性影响。因此，本书提出假设 2。

H2：高技术企业中，知识创造对企业成长的促进作用随着时间推移呈现先递增后递减的贡献效应，即知识创造对企业成长的效应随着时间推移呈现出倒“U”形关系。

最后，企业所创造的不同新颖程度的新知识并非同等地促进企业成长。本书研究表明：企业高新颖度的知识创造会有效促进企业成长，但中等与较低水平的新知识创造对于企业成长并没有显著的促进作用，甚至以实用新型专利为测度的中等新颖程度的知识创造与企业成长间关系表现为负向。这在一定程度上表明：高新颖度知识创造虽然高投入（当期回归虽然不显著但符号为负），但 2 年后表现出显著正相关并持续数年，这体现了它的高收益能力；而中等新颖程度的知识创造可能并不是没有产生相应的新产品产值，而是其收获的产值并不能弥补其开发投入，从而在符号上表现为负号，因此基于新颖度区分的知识创造对企业成长的影响呈现出如图 8.7 所示的特征。据此，本书提出假设 3。

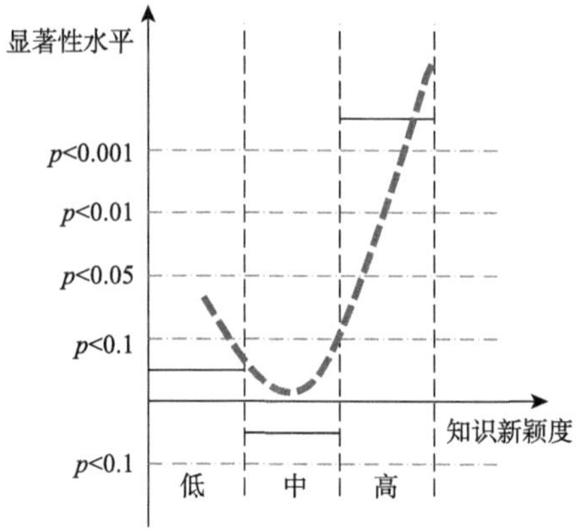

图 8.7　基于新颖度区分视角的知识创造与企业成长关系示意图

H3：高技术企业中，不同程度新颖性的知识创造对企业成长的作用存在显著差异，即知识创造对企业成长的效应随知识新颖程度提高呈现出“U”形关系。

8.5　基于面板数据实证检验

8.5.1　补充性假设提出

针对上述案例研究结果提出的研究命题，本书进一步收集高技术行业中的企业面板数据进行命题检验。在检验上述命题的基础上，本部分进一步从企业知识产权战略的角度考虑不同新颖程度的新创知识自身的集聚程度（或离散性）对企业成长的影响。知识离散度是测量企业知识结构的常用指标，其内涵是企业基础的宽度（Bierly and Chakrabarti，1996）。按照 Zhou 和 Li（2012）的研究观点，企业知识基宽度在企业提升根本性创新与渐进性创新绩效过程中的作用存在显著差异。知识基对于企业内外知识共享与创新能力之间的关系具有方向相反的调节作用，即知识基宽度负向调节内部知识共享与创新决策能力之间的正向关系，正向调节外部知识共享与创新的变异感知能力、信息诠释能力与实施实现能力之间的积极关系（张军等，2014c），即当企业所拥有的知识聚焦程度高（离散程度低）时，对于外部获取知识与企业创新能力间关系具有积极促进作用，但对于基于内部存量知识共享与创新能力间关系具有消极影响。对于企业自身新创知识而言，新创知识属于企业自有知识，聚焦程度越高，对于新创知识与企业成长间关系则越可能产生削弱影响，即新创知识的离散程度越高，企业新创知识对于企业成长的贡献越大。因此，在前述研究命题基础上，本书提出假设 H4a。

H4a：新创知识的离散度越大，企业新创知识对于企业成长的贡献越大。

但本书同时认为，越是新颖程度高的知识（偏离现有知识距离越大），要想发挥新创知识的价值，越需要围绕以高新颖性新创知识为核心的密切相关的新知识集合的支持，所谓“单木不成林”，即越是新颖程度高的知识，在知识聚集度越高（离散度越小）的条件下，对企业成长的贡献越大。因此，本书提出 H4a 的竞争性假设 H4b。

H4b：知识离散度越大，高新颖程度新创知识对企业成长的贡献越小。

但是，中低水平新创知识由于与现有知识的距离小，在发挥促进企业成长的过程中，现有知识存量能提供其发挥作用的条件，因此，中低新颖程度新创知识对企业成长贡献过程中，不受其知识集聚程度（离散度）的影响。本书提出假设 H4c（由于考虑表征低新颖度知识的外观设计专利数据缺失较多，相对于发明专利的高新颖程度，H4c 采用实用新型专利数表征“低新颖度新创知识”）。

H4c：知识离散度对低新颖程度新创知识与企业成长间关系没有影响。

8.5.2　数据收集与研究方法

1. 数据收集

以 2008～2017 年在沪深证券交易所上市的信息与通信技术行业的公司为研究样本。有关上市公司的财务数据来自股票证券分析软件“同花顺”，其中研发投入数据来自 Wind 数据库。上市公司的专利数据来自以专利数据分析挖掘为核心的垂直搜索引擎“专利汇”，该平台将公司拥有的专利按照发明专利、实用新型专利和外观设计专利进行了归类整理。由于申请专利未必都能获得最终审批，所以本书选取公告专利数作为测量指标，以此更加准确地表征企业知识创造状况。在剔除存在大量缺失值的样本后，本书总共得到了 101 个观察样本。

2. 模型建构

基于理论综述与本书研究框架，分别进行同期、滞后 1 年、2 年、3 年的回归分析，以此洞察企业知识创造对企业成长的延时效应，构建模型如下。

$$y_t = \beta_0 + \beta_1 x_{1t} + \beta_2 x_{2t} + \beta_3 x_{3t} + \beta_4 \sum_{i=1}^{t-1} x_{1i} + \beta_5 \sum_{i=1}^{t-1} x_{2i} + \beta_6 \sum_{i=1}^{t-1} x_{3i} + \beta_7 x_{4t} + \beta_8 x_{5t} + u_t$$

$$y_t = \beta_0 + \beta_1 x_{1t-1} + \beta_2 x_{2t-1} + \beta_3 x_{3t-1} + \beta_4 \sum_{i=1}^{t-2} x_{1i} + \beta_5 \sum_{i=1}^{t-2} x_{2i} + \beta_6 \sum_{i=1}^{t-2} x_{3i} + \beta_7 x_{4t} + \beta_8 x_{5t} + v_t$$

$$y_t = \beta_0 + \beta_1 x_{1t-2} + \beta_2 x_{2t-2} + \beta_3 x_{3t-2} + \beta_4 \sum_{i=1}^{t-3} x_{1i} + \beta_5 \sum_{i=1}^{t-3} x_{2i} + \beta_6 \sum_{i=1}^{t-3} x_{3i} + \beta_7 x_{4t} + \beta_8 x_{5t} + w_t$$

$$y_t = \beta_0 + \beta_1 x_{1t-3} + \beta_2 x_{2t-3} + \beta_3 x_{3t-3} + \beta_4 \sum_{i=1}^{t-4} x_{1i} + \beta_5 \sum_{i=1}^{t-4} x_{2i} + \beta_6 \sum_{i=1}^{t-4} x_{3i} + \beta_7 x_{4t} + \beta_8 x_{5t} + z_t$$

其中，x_{1t} 为第 t 年的发明专利；x_{2t} 为第 t 年的实用新型专利；x_{3t} 为第 t 年的外观设计专利；$\sum_{i=1}^{t-1} x_{1i}$ 为第 t 年之前累积的发明专利；$\sum_{i=1}^{t-1} x_{2i}$ 为第 t 年之前累积的实用新型专利；$\sum_{i=1}^{t-1} x_{3i}$ 为第 t 年之前累积的外观设计专利；x_{4t} 为第 t 年的研发强度；x_{5t} 为第 t 年的资产规模；y_t 为第 t 年的收入；u_t，v_t，w_t，z_t 为随机项。

3. 变量测量

（1）知识创造。专利数量能够很好地表示知识创造活动的产出，本书沿用了以专利数据计量知识创造的方法（林岩和陈剑，2008）。并根据专利的三种类型来划分知识创造的新颖程度，即发明专利代表最高新颖程度的知识创造，实用新型专利次之，外观设计专利的新颖程度最低。所以本书以企业当年新增发明专利、实用新型专利和外观设计专利的数量来衡量知识创造。

（2）企业成长。企业成长可以用财务指标和非财务指标衡量，财务指标包括营业收入、利润等，非财务指标包括顾客满意度、市场份额、新产品开发能力等。而企业终究是个逐利体，财务绩效可以更好地评估企业获利能力，且考虑到数据获取的容易性，本书选择财务指标中的营业收入来衡量企业成长。

（3）知识离散度。由于外观设计专利所代表的知识新颖程度最低，仅是外观的改变，因此借鉴同类文献的做法（Kim et al.，2012），只研究发明专利和实用新型专利，即调节变量为发明专利离散度与实用新型专利离散度。离散度的测量借鉴李忆等（2015）的研究，以专利数据为基础，用改进的赫芬达尔指数来测量知

识离散度，具体公式为

$$\text{Index} = 1 - \sum_{i=1}^{8} X_i / X$$

其中，i 为该专利所属的主分类号；X_i 为第 i 种主分类号下的有效专利数。

此外，本书选取研发强度、资产规模作为控制变量。考虑到组织所积累的技术知识会对后续知识创造产生影响，或使企业陷入路径锁定的困境，或由于技术知识特性之间的相似或互补性对后续知识创造产生积极影响（汤超颖和丁雪辰，2015），所以本书将以往知识积累进行了控制。具体的变量说明如表 8.2 所示。

表8.2　模型变量的定义说明

变量类型	变量名称	变量操作定义与说明
控制变量	研发强度	当期研发投资金额/营业总收入
	资产规模	当期总资产的自然对数
	累计发明专利	企业以往年度发明专利的数量总和
	累计实用新型专利	企业以往年度实用新型专利数量总和
	累计外观设计专利	企业以往年度外观设计专利数量总和
自变量	发明专利数	企业当年新增发明专利数
	实用新型专利数	企业当年新增实用新型专利数
	外观设计专利数	企业当年新增外观设计专利数
调节变量	发明专利离散度	$\text{Index} = 1 - \sum_{i=1}^{8} X_i / X$
	实用新型专利离散度	
因变量	收入	当期营业收入的自然对数

8.5.3　检验结果

本节采用面板数据检验理论，由于面板数据可能抵消一定的共线性问题，因此，无须进行共线性检验。表 8.3 为描述性统计分析结果与相关系数表。表中初步可见，发明专利数与收入相关性较高，且高于实用新型专利数、外观设计专利数与收入的相关性。

对当期、滞后 1 年、2 年、3 年的数据进行了 Hausman 检验，p 值均为 0.000，所以选择固定效应模型。进行组间异方差的检验、组内自相关的检验、组间同期相关性的检验，发现存在组间异方差和组内自相关，因此使用了稳健标准误加以控制，但此时 F 检验失效。

表8.3　描述性统计分析结果与相关系数表

项目	收入	累计发明专利	累计实用新型专利	累计外观设计专利	发明专利	实用新型专利	外观设计专利	研发强度	资产规模	发明专利离散度	实用新型专利离散度
收入	1.000										
累计发明专利	0.5064*** (0.0000)	1.000									
累计实用新型专利	0.5223*** (0.0000)	0.6983*** (0.0000)	1.000								
累计外观设计专利	0.4775*** (0.0000)	0.9538*** (0.0000)	0.6742*** (0.0000)	1.000							
发明专利	0.5554*** (0.0000)	0.8361*** (0.0000)	0.7618*** (0.0000)	0.8110*** (0.0000)	1.000						
实用新型专利	0.3777*** (0.0000)	0.2590*** (0.0000)	0.6924*** (0.0000)	0.2462*** (0.0000)	0.5301*** (0.0000)	1.000					
外观设计专利	0.3827*** (0.0000)	0.6010*** (0.0000)	0.5496*** (0.0000)	0.6085*** (0.0000)	0.7337*** (0.0000)	0.4559** (0.0000)	1.000				
研发强度	−0.0232 (0.5470)	0.1246** (0.0012)	−0.0107 (0.7814)	0.0821* (0.0326)	0.0999** (0.0093)	−0.0518 (0.1785)	0.0458 (0.2343)	1.000			
资产规模	0.9396*** (0.0000)	0.4722*** (0.0000)	0.5053*** (0.0000)	0.4384*** (0.0000)	0.5271*** (0.0000)	0.3862*** (0.0000)	0.3568*** (0.0000)	0.0791* (0.0396)	1.000		
发明专利离散度	0.2992*** (0.0000)	0.0054 (0.8732)	0.1317*** (0.0001)	0.0190 (0.5760)	0.0171 (0.6156)	0.1501** (0.0000)	−0.0032 (0.9248)	−0.0804* (0.0445)	0.2865*** (0.0000)	1.000	
实用新型专利离散度	0.3151*** (0.0000)	0.0801* (0.0228)	0.1999*** (0.0000)	0.1153*** (0.0010)	0.1083** (0.0021)	0.1911*** (0.0000)	0.1021** (0.0037)	−0.0339 (0.4181)	0.3039*** (0.0000)	0.4622*** (0.0000)	1.000

注：括号内列示的是标准误

$^{***}p<0.001$；$^{**}p<0.01$；$^{*}p<0.05$

从表 8.4 中可见实证检验结果：发明专利对企业绩效的影响，从当期存在负向显著影响，到滞后一年负向不显著，再到滞后两年（发明专利产生的第三年）显著正向后，再到不显著的过程，表现为高新颖性知识创造对企业成长的效应随着时间推移先递增再递减的倒“U”形特征，伴随显著的时间滞后特征。实用新型专利对企业绩效的贡献始终正向，但不显著。但累计实用新型专利对当期企业收益有显著积极效应，随着时间推移，效应逐渐变得不显著，甚至出现负贡献的倾向。由于累计实用新型专利数据取值截至上期末，因此从累计实用新型专利数对企业绩效贡献的角度可以推断，实用新型专利对企业成长的贡献存在一定的时间滞延特征，但短于发明专利对企业成长效应的时间滞延期。外观设计专利对企业绩效的影响则体现在当期贡献中，未表现时间上的滞延效应，即高技术企业中，企业知识创造对企业成长具有积极贡献，但存在一定的时间滞延特征，并且积极效应具有边际贡献递减的特征。因此，命题 1 与命题 2 总体获得数据支持。

依据发明专利、实用新型专利以及外观设计专利分别表征高、中、低新颖度知识的划分方式（表 8.4），从当期效应来看，发明专利、实用新型专利与外观设计专利对企业成长的效应分别为负向显著、正向不显著以及正向显著，即随着企业所创造知识的新颖程度提高，知识创造对企业当期绩效的贡献并没有呈现出命题 3 所提出的“U”形关系，而是仅仅微弱显示出“U”形左侧的从低新颖度到中等新颖度的递减关系。但滞后 2 年的数据分析结果显示：发明专利对企业绩效的贡献显著正向，实用新型专利与外观设计专利的贡献作用不显著，即考虑滞后 2 年的因素，随着新创知识的新颖程度提高，对企业绩效的贡献提高，类似“U”形右侧特征。因此，命题 3 未能通过检验。

命题 3 提出“随着知识新颖度提高，知识创造对企业成长的效应呈现出先降低后提高的‘U’形特征”，但在不同时期，分别支持“U”形关系的左右分部。进一步分析可见：本年度发明专利对滞后 2 年的企业绩效具有显著积极贡献（滞后 2 年），而上一年度累计实用新型专利对本年度企业绩效具有显著积极贡献（滞后 1 年），外观设计专利仅在当年对企业绩效具有积极贡献（当期效应，无滞后），进一步验证了命题 1 中的滞后效应，同时可见，随着知识新颖程度提高，企业新创知识对企业绩效贡献的滞延时间增加。由此，很难在同一时间截面上判断新创知识的新颖度与企业绩效之间的关系，而应将知识新颖性程度对企业绩效影响的规律，置于一定的时间框架下进行探索。

此外，由于本书采用企业营业收入测量企业绩效，考虑企业新创知识是一个需要投入的过程，因此从成本—收益权衡的视角分析，可见：低新颖程度知识创造，对企业绩效的贡献相对于获得创造该新知识的成本，当年可有显著收益；中

表8.4　固定效应模型的计量分析结果

自变量	ln（收入）					
	M0	M1 当期	M2 当期	M3 滞后 1 年	M4 滞后 2 年	M5 滞后 3 年
常数	0.801 807** （0.266 404 7）	0.766 920 2** （0.247 770 1）	0.819 172 5*** （0.250 273 4）	0.806 084** （0.270 914 6）	0.541 332 6† （0.279 648）	0.547 143 7† （0.287 885 9）
研发强度	−2.592 707*** （0.601 254 2）	−2.030 263*** （0.519 543 3）	−2.046 551*** （0.522 675）	−2.625 353*** （0.624 369 6）	−2.482 914*** （0.657 133 8）	−2.596 81*** （0.688 668 4）
ln（资产规模）	0.831 256 6*** （0.036 009 7）	0.819 901 6*** （0.031 381 2）	0.815 889 7*** （0.031 646 4）	0.830 556 9*** （0.036 506）	0.861 377 2*** （0.037 275 8）	0.864 725 5*** （0.037 867）
累计发明专利	1.18×10^{-6} （0.000 014 3）	3.82×10^{-6} （0.000 012 7）	0.000 013 （0.000 010 7）	4.43×10^{-7} （0.000 018 9）	-6.36×10^{-6} （0.000 020 5）	-1.66×10^{-6} （0.000 022 2）
累计实用新型专利	0.000 057 9 （0.000 070 7）	0.000 143 7* （0.000 064）	0.000 153* （0.000 068）	0.000 091 6 （0.000 099 3）	−0.000 025 8 （0.000 093 4）	−0.000 071 （0.000 142 7）
累计外观设计专利	0.000 376 7 （0.000 511 6）	0.000 312 4 （0.000 530 6）	0.000 5109 （0.000 5741）	0.000 417 7 （0.000 777 3）	0.000 774 6 （0.000 824 8）	0.000 518 2 （0.000 730 1）
发明专利		−0.000 136 9** （0.000 041 9）	−0.000 106 5** （0.000 039 5）	−0.000 025 4 （0.000 039 1）	0.000 047 4† （0.000 027 2）	0.000 052 5 （0.000 033 6）
实用新型专利		0.000 058 7 （0.000 290 8）	0.000 265 5 （0.000 581）	0.000 030 8 （0.000 286 7）	0.000 079 7 （0.000 211）	0.000 184 2 （0.000 236 7）
外观设计专利		0.000 729 6† （0.000 429 8）	0.000 719 8 （0.000 486 9）	0.000 193 7 （0.000 597 2）	0.000 391 6 （0.000 649 7）	2.42×10^{-6} （0.000 579 2）
发明专利离散度		0.229 754 2*** （0.066 122 7）	0.172 099 4 （0.068 216 5）			
实用新型专利离散度		0.075 170 6 （0.057 558 5）	0.057 233 4 （0.058 109 5）			
发明专利数×离散度			−0.000 470 3** （0.000 173 2）			
实用新型专利数×离散度			−0.001 321 2 （0.002 099 6）			
R^2	0.813 1	0.833 4	0.834 2	0.812 5	0.811 0	0.814 5
观测值/样本	677/101	677/101	546/96	673/101	644/101	585/101

注：括号内列示的是标准误

***$p<0.001$；**$p<0.01$；*$p<0.05$；†$p<0.1$

等新颖程度知识创造，对企业绩效的贡献基本实现了当期得失相抵，但可收获上一期累积性效应；而高新颖程度知识创造，对企业绩效的当年贡献，不能补偿创造该类新知识所投入的成本，滞后一年大致相抵，直到第三年才可盈余。这一结果，不仅意味着企业对于知识创造要有长期投入的耐心与耐力，还要从知识产权战略层次上做好知识创造活动规划，以实现新创知识效应的组合与优化。

为了探索企业新创知识是否存在组合效应，本书采用知识离散度（知识宽度）来检验企业新创知识对企业绩效的组合效应。表 8.4 显示：发明专利的离散度对发明专利与企业绩效间关系具有显著负向调节作用，即发明专利离散程度越高，越会削弱高新颖性知识创造与企业绩效间的原本关系，也就是说，离散度越高，高新颖性新创知识对企业绩效的负向贡献越大。假设 4a 未能获得支持，而作为 H4a 竞争性假设的 H4b 获得了支持。相对于发明专利的高新颖度而言，表征低新颖度的实用新型专利知识离散度对实用新型专利与企业绩效间关系没有显著调节作用，H4c 获得支持。综合 H4b 与 H4c 的检验结果可推测，企业新创知识的新颖度越高，即与现有知识异质性程度越大，越需要这些新创知识相互之间具有高关联性，“单木不成林”，企业需要聚焦于特定领域形成一定的专利群簇，才能更好地发挥出新创知识对企业发展的贡献作用。这样的结果也可能与通信设备制造行业自身特征有关，即专业化程度高，市场细分度高，这使得身处其中的企业必须聚焦特定细分领域才能融入行业的竞争生态，否则正面竞争太激烈，并不利于企业生存与发展。这一研究结果解释了任正非先生一再强调“攻入无人区时需要伙伴”的观点，凸显了知识产权管理之于企业发展的战略意义。

8.6　结论与讨论

8.6.1　结论

（1）知识创造是企业成长的重要来源，但知识创造对企业成长的贡献具有一定的时间滞延，并且不同新颖程度的新创知识对企业成长贡献的滞延期不同。研究表明：企业新创知识的新颖程度越高，其对企业成长贡献发生的滞延期越长。这一研究结果表明：从知识产权战略角度反观企业知识创造与创新，是一个需要在长期和短期之间不断权衡取舍的过程，也是一个需要企业对新创知识组合实现动态管理的过程。

（2）知识创造对企业成长的贡献具有边际收益递减的特征。研究表明：知识创造促进企业成长的效应不仅具有时间上的滞后，还具有边际贡献递减的特征。这意味着，企业知识创造并不是一劳永逸的活动，而是需要耐心、耐力的持续性组织活动。

（3）高技术行业中，企业高新颖性新创知识，在形成聚焦于特定领域知识集簇的条件下，能够更好地发挥对企业成长的贡献作用。不同新颖程度的知识创造总体而言均有利于企业成长，但越是高新颖水平的新创知识，越是需要企业针对特定领域的新知识集簇，用以建构新创知识价值发挥的知识生态环境，以便更好地利用新创知识贡献于企业成长。所谓“单木不成林”，企业知识创造过程中也要切实关注这样的问题。

8.6.2 理论贡献

第一，基于新颖度区分的新知识及其组合的成长效应研究，深化了知识创造理论。

在探讨知识与创新间关系的研究中，大量研究在不同知识分类体系下关注不同类型知识，如显性知识与隐性知识（Hansen，2002；Haas and Hansen，2005）、技术知识与市场知识（Fang et al.，2010）、程序性知识与描述性知识（Bojica and Fuentes，2012）、核心知识与集成知识（Helfat and Raubitschek，2000）、个体知识与集体知识（Leiponen，2006）、内部知识与外部知识（DeCarolis and Deeds，1999；Díaz-Díaz et al.，2008）等对企业创新与成长的影响及其差异性，但很少研究从内生性视角关注企业自身有目的的知识创造活动所产生的新知识及其内在差异性所形成的新知识组合对企业创新与成长的影响。本书在新颖度区分视角下、采用华为三项专利的客观数据（而不是主观评价数据）分别表征高、中、低新颖程度的新知识，并据此探索企业所创造的新知识及其组合对企业成长的效应，对企业知识创造理论有所深化。在此基础上，本书进一步收集通信设备制造行业企业数据对基于探索性案例研究所提出的研究命题进行实证检验，并获得大部分支持。

第二，基于结果视角而非过程视角的知识创造后果研究，将知识创造的企业成长效应的可能性转化为现实性并予以探索，补充了知识创造与企业发展间长期被忽视的环节，丰富了企业创新理论。

如前文综述所分析的，关于知识创造与企业成长关系，现有研究多关注知识创造的过程而非结果、创新绩效本身而非总体成长的关系，这使得企业实践领域的一个重要现实问题尚未得到充分理解，即具有相同知识创造过程的企业为什么获得不同创新绩效或成长结果？本书认为，知识创造过程提供的是企业新知识的生成潜力与可能性，却不是现实与必然性，而知识创造所产生的新知识及其组合（企业实践中常伴随新产品、新服务及其带来的市场绩效）提供的是企业成长的现实基础。本书将现有研究所聚焦的“知识创造过程→创新绩效”间关系研究平移到“知识创造结果→成长绩效（以财务指标衡量）”间关系探索上，在“知识创造过程→知识创造结果”与“创新绩效→成长绩效”两个非必然性关系之间架构桥梁，补充了知识创造与企业发展间长期被忽视的环节。同时，基于新颖程度区分企业所创造的新知识，并据此探讨知识创造与企业财务性成长绩效间的关系，使人们能够从企业整体层次的投入—产出框架中分离出不同新颖程度的新知识对企业成长的差异性影响，在此基础上进一步采用行业面板数据进行实证检验，深化且丰富了企业创新理论。

第三，基于时间序列数据的纵向案例研究，结合基于行业面板数据的实证检验，探索并检验了知识创造对企业成长效应的动态演化特征，弥补了横截面研究设计中因果关系推演不足的局限性，对知识创造与企业成长理论的完善有所贡献。

从测量角度看，现有研究多基于过程视角解构知识创造并采用量表方法予以测量（Smith et al.，2005；Nonaka et al.，2000），但这种测量方式并不能区分“新”的程度而可能将微小知识进步与重大新知识发现的效应混在一起；而基于被试的自我报告方式获取相关变量的量级，具有一定的主观性，并可能存在一定的社会称许性偏差。本书采用三项专利测量知识创造，并依据三项专利申请与核定的基本标准——专利的新颖性程度——来表征企业所创造知识的新颖性程度，具有较高水平的客观性。上述努力能够更加客观地反映企业所创造的不同新颖程度的知识对企业成长所产生的差异性影响。更加重要的是，本书基于时间序列数据进行纵向案例研究，能够更加精确地探索新颖度区分下的知识创造对企业成长在时间维度上的影响动态，克服了现有研究多采用横截面设计的局限性，然后又通过行业面板数据进行实证检验与补充，增进了对知识创造与企业成长间关系的理解，为推进知识创造与企业成长理论的发展做出了贡献。

第四，从新颖度区分下的新创知识基于时间序列组合的企业成长效应，以及不同新颖程度知识集聚对企业成长影响的角度，检验知识创造对企业成长的影响规律，为企业知识产权战略理论做出有益探索。

随着我国创新驱动发展战略的不断推进，知识产权管理的战略意义日益显著。本书研究结果表明：企业新创知识对企业成长的影响，不仅存在时间序列上的组合效应，也存在知识领域空间范畴下的集聚效应，表现为不同新颖程度新创知识对企业成长效应的发挥呈现出不同的时间滞延，以及对高新颖性新创知识的领域内知识集聚的要求。这意味着，企业依靠创新驱动发展的过程中，有必要从知识产权战略视角来审视并管理企业知识创造活动。

8.6.3 管理意义

本书以三项专利分别表征不同新颖度的新知识创造结果，并基于华为时间序列数据探索知识创造与企业财务性成长间的动态关系，获得了有趣的研究结论，具有以下几点管理意义。

（1）企业知识创造与创新应有“板凳要坐十年冷”的耐心与耐力。

研究表明：知识创造是企业成长的内生引擎，提供企业发展源泉。但由于知识创造的企业成长效应具有一定的时间滞延，这意味着知识创造难以产生即期收益，这不仅对企业资源的长期投入能力提出挑战，也挑战企业知识创造与创新的耐心与耐力。因此，企业知识创造与创新，要有长期思维、战略思维，并要在资源时空条件下的配置、企业文化建设等方面提前布局，才能真正发挥知识创造与创新的企业发展源泉的功能。

（2）高技术行业企业知识创造要强调领域聚焦与分层布局的管理意识。

研究表明：高新颖性知识创造，如果有领域内聚焦性知识集簇的支持，将会更加有效地促进企业成长，不同水平的新颖性知识对企业成长的影响存在显著的时间效应上的差异，这意味着企业在知识创造过程中，既要考虑不同层次的知识创造活动，也要考虑针对特定新兴领域的新创知识的组合，使企业发展能够兼顾长短期收益，实现可持续发展。

（3）应建构企业知识产权的战略管理体系，并纳入企业整体发展战略中进行规划。

研究表明：知识创造的企业成长效应不仅具有滞后性，而且随着时间的推移呈现出先递增后递减的动态特征。这意味着企业知识产权管理需要放到更加广阔的时空条件下进行建构，要有持续创新的战略架构。同时，知识创造产生的不同新颖程度的新知识并非对企业成长提供同等贡献，这意味着企业在强调高新颖程度知识创造的同时，还要兼顾不同新知识可能存在的组合，在此框架下进行知识创造的资源投入与配置，以便获得更优的经济价值。

8.6.4 局限性与未来研究

本书首先选择典型行业中典型企业进行探索性案例研究（李高勇和毛基业，2015），较为深入洞察知识创造与企业成长之间的微妙关系。针对单一案例研究在生态效度方面的挑战，本书进一步收集通信设备制造产业中 2008～2017 年 101 家企业面板数据进行实证检验。但由于通信设备制造产业是个快变产业，企业更新快，随着数据窗口期延长，数据损失严重，这使得本书实证检验的样本量不够充足，并且基于时间序列的检验结果稳健性可能还需提高。

其次，本书采用三项专利分别表征不同新颖程度的新知识，但采用专利测量知识创造具有一定的局限性（Fleming and Sorenson，2001；Gittelman，2008），因为并不是所有的知识创造都可以用专利来表征。专利主要表征的是不同或独特的技术知识，而对于市场知识、管理知识的创造，则都是专利力所不能及的。

最后，本书仅仅从知识创造的直接经济效果的角度进行研究，也考虑了基于新颖度区分的各类新创知识的离散度对企业绩效的影响，但没有考虑企业不同新颖程度的新知识之间的交互效应，即考虑不同新颖程度的知识创造分别对企业成长的贡献，但没有考虑不同新颖程度的知识之间的交互效应及其可能对企业成长的协同效应（新知识组合效应）。然而，单纯从经济指标来看，似乎企业只需进行高新颖度知识创造就可获得更好的经济效应，但事实是，中低新颖水平的知识虽然对企业成长没有直接贡献，但却可能通过与高新颖度知识组合形成一定的专利群簇或专利池，从而形成一定的竞争壁垒或申请技术标准的基础、品牌价值、谈判力优势等间接价值。这一涉及企业知识产权战略的问题将成为未来研究的议题。

第 9 章　知识观下企业创新能力形成路径[1]

经济全球化不仅加大了企业之间的竞争强度，而且大大增加了企业生存及发展环境的变数。如何在复杂、动荡的环境中竞争取胜，是企业面临的重大现实问题，并成为重大的理论命题，而这一命题的研究核心就是企业可持续竞争优势的获取或来源。

企业竞争优势来源的研究主要包括产业和企业两个研究层次。产业层次的研究将企业视作黑箱，强调企业竞争优势来源的外部因素，认为企业竞争优势来源于与其所处产业的五种力量的对比（Porter，1980）。企业层次的研究以企业能力理论为主，着眼于企业获取竞争优势的内生因素，如异质性资源及其隔离机制（Penrose, 1959; Rumelt, 1984; Teece, 1984; Wernerfeld, 1984; Augier and Teece, 2008）、集体共享的问题解决方式（Cyert and March，1963）或具有正式与非正式过程复杂属性的企业独特行为模式（Dosi et al.，2000；Hofer and Schendel，1978；Sanchez and Mahoney，1996），以及"以知识为基础的经济"背景下日益成为企业能力核心要素的组织知识（Nonaka and Takeuchi，1995）等。

针对产业层次研究忽略企业内在因素、企业能力理论忽视外部环境的局限，动态能力理论（Teece et al.，1997；Eisenhardt and Martin，2000）将企业放在动态环境中，从企业发展与动态环境相匹配的角度，着眼于企业内部动态要素的培育，试图将两个层次的研究整合起来，通过克服核心能力的核心刚性（Leonard-Barton，1992）来提高企业对外部环境动荡的响应能力。因此，动态能力理论正逐渐成为对动态环境中企业可持续竞争优势来源的主流解释之一。但动态能力理论的研究大多仍停留在理论演绎的层面，对于企业实践中以动态特征为核心的创新能力如何形成及演化的研究仍显不足，即企业到底如何获取"采用、整合、重塑组织内外技能、资源与功能，从而与不断变化的环境相匹配的能力"（Teece et al.，1997）

---

① 本章内容主要来源于张军和金露（2011）。有改动。

或如何“快速创造出特定情境的新知识”（Eisenhardt and Martin，2000）？

本书以企业创新能力的形成及其演化为关注焦点，通过案例研究的方法，以企业集体共享的问题解决方式或惯例的形成过程为切入点，以企业创新活动中心在要素间转移为脉络，对企业创新能力动态形成与演化路径进行探索。

9.1　文献回顾与研究框架

关于企业能力形成及发展的研究，主要包括资源基础观、演化观两类。

9.1.1　基于资源基础观的能力构建路径研究

资源基础观强调独特性资源对于竞争优势的贡献，最早可以追溯到 Penrose（1959）提出的企业是“产生于企业自身以前活动的可互换资源集”（Penrose，1959）的观点。她认为企业成长是异质性资源禀赋所带来的优越能力所促成的，强调建立一个具有凝聚力的“管理壳”，并在此壳中开发出独特的个体资本和团队资本，从而获得企业可持续的竞争优势（卢伟航和贺小刚，2005）。在此基础上，众多学者围绕企业异质性资源的来源或获取探讨企业能力的构建，如 Barney（1986）认为可以利用不完美的战略性要素市场获得异质性资源（Barney，1986）。但有学者认为可交易的资产都难以成就企业资源的独特性，而独特性资产往往是不可交易的，因此，企业关键资产应由自身积累而非市场交易获得。企业在关键资产自我积累过程中形成的资产总体效率、资产间相互关联以及时间压缩不经济等效应，成为企业依赖异质性资源持续获得租金的隔离机制（Dierickx and Cool，1989）。这些观点虽解释了异质性资源的可能来源，但既没有考虑外部环境的动态性对于企业竞争优势的影响，也没有解释这些资源转换为竞争优势的过程或机制（Wang and Ahmed，2007），是静态诠释。

动态能力理论对资源基础观进行了有益补充。动态能力理论认为，与动态能力概念存在天然内在联系的市场动态性（Wang and Ahmed，2007），是企业演化的关键驱动要素（D’ Este，2002；Mota and de Castro，2004；Athreye，2005）。无论是中等动态市场（Fredrickson，1984），还是高速变革的市场，快速创造出特定情境的新知识都是构建动态能力的核心（Eisenhardt and Martin，2000）。对于如何快速创造出特定情境的新知识，经典观点是：从企业内部来看，由特定资产地位（position）和发展路径（path）决定的组织过程（process），即 3P，在发挥协调与整合、学习、重组与变革三方面作用的过程中实现。其中，学习、重组与变革的意义重大，但也代价高昂（Teece et al.，1997）。此外，建立能力监控系统对能力发展产生的核心刚性进行风险补偿（Schreyögg and Kliesch-Eberl，2007）的思路则是试图通过某种高阶能力（Winter，2003）实现企业能力的动态化发展。

基于资源基础观的能力及其构建的研究，从独特性资源及其隔离机制决定竞争优势的静态观点，逐渐发展成为在确保独特资源位置的基础上，在企业能力体系中植入动态要素，提高企业对环境变革的响应能力的动态观点。资源基础观从企业构成要素的视角探讨要素独特性的来源，包括动态要素的植入，在理论上部分地解释了可持续竞争力的来源，但从企业过程视角探讨能力动态发展的路径或机制方面仍存在较大不足。同时，这些观点多以一种能力解释另一种能力的理论演绎方式，使其陷入能力无限后推的陷阱中，不能在根本上解释能力的动态化适应问题。

9.1.2 基于演化观的能力构建路径研究

与资源基础观不同，演化观关注的不是存在，而是生成。演化模型强调对变异的选择机制，组织通过选择实现适应。选择机制是演化的重要内容，它使能最好地适应其环境的技术、组织惯例和产品得以流行（Foster and Metcalfe，2001）。因此，基于演化观的组织能力被界定为：由社会互动产生并表现为集体共享的问题解决的方式（Cyert and March，1963），包含了正式与非正式过程复杂属性的独特行为模式（Dosi et al.，2000；Hofer and Schendel，1978；Sanchez and Mahoney，1996）。演化观从组织的社会学以及行为特征的视角出发，强调组织能力是各要素交互作用的结果，是演化过程的产物。但传统演化模型采用生物学演化类比的方式进行分析，变异被认为是外生的，组织选择相对而言是被动适应的，时序上是相对滞后的。

熊彼特并不接受变异外生的观点，他认为通过新产品、新工艺、新供应来源、新市场以及新组织形式等创新活动，在企业对垄断利润追逐的动机引导下，推动企业能力的提高（Schumpeter，1942）。这个过程是创造性破坏的过程，体现了组织演化过程中的组织层面的主体性与能动性。现代演化观强调“变异—选择—发展”之间交互作用，指出组织在产品、组织和生产方法上的创新产生了变异，然后由市场过程评价这种变异，并把它转变成不同的盈利可能性，同时，竞争的动态又把这种盈利可能性转变成不同程度的增长（Nelson and Winter，1982；Dosi et al.，1988；Saviotti，1996；Metcalfe，1998），从而形成不同的增长模式或路径。随着市场动态性程度日益加大，企业或企业家对各种盈利可能性的评价也日趋动态化，而竞争动态的加剧正日益频繁地试图修正组织成长的模式。在外部变异激发下被动选择的同时，组织在其内部则更加积极地创造变异，即创新，从而试图实现组织内外之间的动态平衡。现代演化观认为组织能力的发展，一方面受到外部不确定性的影响而使其发展具有一定的盲目性（Nelson and Winter，1982；Nooteboom，1999），另一方面组织努力创造内生变异，以期在一定程度上形成对外生变异所形成的不确定性的补偿机制，从而尽力使组织能力的成长达到组织预期。与传统演化观将变异仅仅作为选择的外生变量不同，现代演化观突出了组织创造内生变异对于组织演化发展的重要意义，而这正是创新理论发展的基点。

基于演化观的组织能力的发展，从根本上来说是组织对变异不断选择的累积性过程，既包括对外生变异的适应性选择，也包括对内生变异的主动选择。对于企业而言，外生变异的主要因素是市场动态性，而内生变异主要是由创新活动创造而产生的。因此，如何在一种系统的、可预测的方式中实现改进甚至是根本性变革（Nelson and Winter，1982），构建起企业的创新能力，是现代企业积极应对动态环境的一种有效途径。

综上所述，基于资源基础观与基于演化观的能力发展、演化理论，分别从要素与资源、过程两个视角对企业能力的形成及其对竞争优势的贡献进行有益的探讨，但是，前者缺乏对资源独特性形成机制或过程的研究，而后者强调惯例、选择机制的一般作用过程，但针对惯例如何形成、选择机制如何实现等方面的剖析存在不足。本书试图基于演化经济学的观点，以企业要素、资源为能力起点，从企业如何形成集体共享的问题解决方式或创新惯例的角度探讨企业创新能力的演化路径。

9.1.3　研究框架的建构

如前所述，企业通过创新获得内生变异，对由外生变异造成的不确定性进行一定的风险补偿，从而实现企业与外部环境的动态平衡。根据 Dosi 等（2008）的观点，惯例是能力的基础（Dosi et al.，2008），那么企业如果能够建立起一套系统化创造变异的组织程序或惯例（创新惯例），从而形成对外部环境动态性所带来的各种变异所致不确定性的可持续风险补偿机制，这也就意味着企业具备了适应动态环境的能力。因此，本书将循着企业创新惯例发展脉络探究企业创新能力的形成路径。

企业总是倾向于将其成功经验尽可能扩散到各部分与各层面，从而最大限度地激发价值潜力。从这个角度而言，企业创新惯例可能起步于企业最初的成功创新经验，而这又往往起源于要素层次的某一特定要素的成功创新，在充分挖掘要素创新的价值潜力之后，企业可能转向高层次的架构创新，以实现企业能力的结构性突变。这里借鉴了 Henderson 和 Clark（1990）对产品创新研究中所提出的“架构创新”的概念（Henderson and Clark，1990）。所谓架构创新，原意是指“改变产品的要素连接方式而不改变产品要素核心设计概念（要素深层的基本知识）的创新”。按照 Henderson 的观点，产品整体是一个系统，在架构创新中，企业的架构知识遭到创造性破坏，但其构成要素的主导设计或要素知识的有用性依旧被保留下来（Henderson and Clark，1990）。本书认为，企业作为微观层次的创新系统，同样可以从要素层次和架构层次探讨创新发展的规律。要素是企业的基本单元，也是创新活动作用的基本对象，按照许庆瑞（2007）全面创新管理的思想，创新的要素包括技术、市场、战略、组织、制度和文化等，企业应当树立全要素创新的思想，才能有效提高创新能力，赢得长期可持续的竞争优势（许庆瑞，2007）。由于技术、市场、组织及其整体协同对于企业创新绩效具有重要意义（Tidd et al.，2001），本书将技术与市场作为企业的资源要素，将组织作为对要素之间关联进行安排的活动要素。从组织视角探讨架构创新，主要是从组织流程与组织结构的角度进行考虑，即组织基本要素本身不发生改变，但是针对要素之间连接的关系或组织方式会改变，并外化在组织结构上，这些则属于架构层次的创新。同时考虑企业是多层次创新系统，按照创新活动所处层次划分为要素层次创新、要素架构层次（多体现为部门层次）创新以及组织架构层次创新等三个层次。综合要素类别与创新所处层次，形成如图 9.1 所示的研究框架，据此探讨创新惯例如何从要素层面向架构层面推广从而推动企业能力的动态演化。

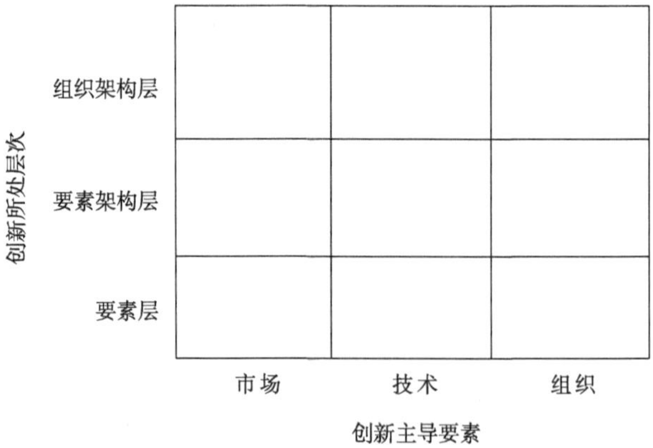

图 9.1　能力形成路径的研究框架

9.2　研究方法与数据收集

9.2.1　方法及案例选择

研究方法的选择是根据研究问题的类型所确定的（殷，2004）。本书以企业能力如何实现动态化发展为研究问题，属于“怎么样”类型的问题，因此选择案例研究方法是适宜的。

从本书问题所涉内容角度思考，所选择研究的案例企业应该已经具备一定的能力基础并持续成功发展的特征。在具体案例的选择上，结合案例选择的地理接近性与便利性原则，选择 S 与 F 两家同处电工、电子领域的高技术企业。其中，S 企业成立于 1993 年，是主要涉及工厂自动化、公用工程信息化与先进装备自动化等三个领域的自动化与信息化技术及产品和解决方案的供应商。经过 16 年平稳发展，2009 年实现销售收入 17.9 亿元。F 企业成立于 2002 年，主要基于半导体激光技术进行工业过程的在线监测及分析仪表的设计、研发、生产与销售，经过 7 年快速发展，2009 年实现销售收入超过 4 亿元。选择二者作为研究对象，依据如下。

（1）两家企业都是高技术企业，此类企业成长特征较一些传统制造型企业表现更为显著，为观察与研究提供了便利。

（2）两家企业的发展都已经越过了国内中小企业平均寿命期[①]，具备一定的能力基础。而且，两家企业在其各自领域都主持或牵头制定相应的国际标准，反映了两家企业具有一定的自主创新能力，为研究企业如何通过创新推动能力提升提供较好的观察点。

（3）两家企业依赖于不同的技术路线，但企业的技术基又存在共性部分，如自动化技术、软件技术、网络技术等，产品或服务都具有典型的客户定制化特征。所处的行业存在交叠，并且都具有中等变化速率的特征，即产品或服务由于客户定制化特征而呈现出多样性特征，但行业发展的技术路径的可预测性较强，技术的发展速度中等。两家企业的共性和差异性，为本书研究提供了归纳分析的基础。

① 中国中小企业协会会长李子斌说：“我国中小企业平均寿命 5.9 年，在北京中关村只有 2.9 年。”数据来源：CCTV.com，经济信息联播 2007 年 12 月 14 日。

9.2.2 数据收集

巴顿（1987）讨论了评估中四种类型的证据三角形（Patton，1987），分别是：不同证据来源（资料三角形）、不同评估员（研究者三角形）、同一资料集合的不同维度（理论三角形）、各种不同方法（方法论的三角形）（殷，2004）。

为了确保本书研究所采集数据能够相互验证，形成证据三角，同时也为了能够就研究的问题进行充分的讨论和思考，我们组建了一个由 2～3 名固定成员加上 3～4 位机动人员构成的调研小组。同时，采用多种方法收集案例企业的数据和信息，包括访谈、现场蹲点、问卷、档案、网络及公开发表文献收集等方法，历时约 7 个月。在整个访谈、蹲点观察及研究报告撰写过程中，采用面对面、电子邮件、电话等方式保持与一些关键访谈对象的沟通、交流和验证，不断互动，以求得真实资料及数据。

总之，在资料收集过程中，本书尽可能多途径获取资料，组建多人研究小组，并通过不断互动尽可能确保所收集数据之间能够得到交叉验证。

9.2.3 数据分析

我们将通过各种方法收集来的数据，以关涉“关键问题”“问题解决”“组织活动”“创新”等关键词的关键事件为关注焦点进行分析，按照时间序列进行梳理。在此基础上，分析两家企业在组织内各项创新活动中，能力如何实现动态化发展。

9.3 案例分析与结果

9.3.1 案例概括

通过对调研资料的整理提炼，本书以企业发展所面临的主要矛盾的转移为依据对企业发展进行阶段划分，首先分析各阶段的主导性创新要素，其次分析创新活动在要素间及层次间的历时发展特点，从而归纳出成功创新经验如何从要素层次向要素架构层乃至组织架构层推广。表 9.1 总结了 S 公司、F 公司发展过程中关键要素的变化状况。

表9.1　S公司与F公司发展各阶段创新主导要素分析

项目	S 公司			F 公司		
	初创期（1993～1995 年）	成长Ⅰ期（1996～1999 年）	成长Ⅱ期（2000 年至今）	初创期（2002～2003 年）	成长Ⅰ期（2004～2006 年）	成长Ⅱ期（2007 年至今）
核心问题	◆在国际巨头垄断的国内市场撕开一个口子进入自动化仪表行业	◆现有市场扩张、渗透 ◆新细分市场与连接	◆与国际巨头在本土市场竞争 ◆产品竞争从低端向高端迁移	◆技术资源转化为经济资源 ◆市场细分与恰当定位	◆基于半导体激光技术的产品开发效率及其质量稳定性 ◆应对新细分市场的技术发展与产品开发 ◆现有市场快速渗透与扩张 ◆新细分市场定位与战略准备	◆多技术路线并行运作的管理 ◆开放式创新网络构建 ◆现有市场快速渗透与扩张 ◆新细分市场定位与战略准备
市场要素	◆定位国内中小企业 ◆低成本、高质量的分布式控制系统作为连接市场与企业的载体	◆满足国内中小企业对自动控制产品先进技术、低价格、高质量的需求 ◆本土化工程经验和行业经验为基础的行业性需求	◆关系国民经济安全的重特大自动化工程项目 ◆定位国内市场，竞争从低附加值产品向高附加值产品迁移 ◆市场话语权（标准）竞争	◆冶金工业过程在线气体检测	◆各类工业过程在线气体检测 ◆环保领域多物态在线检测	◆工业过程在线气体检测 ◆环保领域多物态在线检测 ◆民生、灾害监测用仪器仪表
技术要素	◆基于控制技术、电气技术、软件技术等的分布式控制系统开发	◆基于控制技术、电气技术、软件技术、网络技术的现场自动化控制系统开发	◆基于控制技术、电气技术、软件技术、网络技术的流程工业自动化、公用工程信息化、先进制造装备自动化	◆半导体激光技术（初创时期的资源基础）	◆半导体激光技术 ◆紫外分光技术（自主研发）	◆半导体激光技术 ◆紫外分光技术（成熟） ◆近红外技术（并购获得，通过研发、消化、吸收）
新产品和标准		◆现场总线圆卡（变送器圆卡）及其改进：模拟表升级为智能表(1996 年，全国第一块，自主知识产权） ◆先进控制和优化软件的系列产品（1998 年，本土化工程经验和行业经验提供了成功的基础）	◆以太网应用到工业控制领域，制定出工业通信的国家标准（2000 年）	◆分光光谱气体分析仪器通过 CMC 认证，获制造计量器具许可证（2006 年）		◆在线紫外/可见/近红外光纤光谱分析仪通过 CMC 认证（2007 年） ◆水质在线监测仪（SWA-2000）通过“中国环境保护产品认证”（2008 年），正式进入水质检测领域

续表

项目	S公司			F公司		
	初创期（1993～1995年）	成长Ⅰ期（1996～1999年）	成长Ⅱ期（2000年至今）	初创期（2002～2003年）	成长Ⅰ期（2004～2006年）	成长Ⅱ期（2007年至今）
新产品和标准	◆1∶1热冗余分布式控制系统（1993年，技术性能与国际公司产品相当） ◆无纸无笔记录仪（1994年，国际上第一台）	◆现场软件技术应用于隧道监控的自动化监控系统（1999年，国内最先应用）	◆EPA上升为第一个具有自主知识产权的工业自动化国际标准（2005年） ◆EPA正式成为国际标准（2007年，IEC61784-2实时以太网标准）	◆半导体激光气体分析仪通过CMC认证，获制造计量器具许可证，并小批量生产（2003年）	◆烟气分析系统通过CMC认证，获制造计量器具许可证（2006年），正式进入环保市场	◆《可调激光气体分析仪国际标准提案》获国际电工委员会（IEC）全票通过（2008年）
组织要素	◆研发小组→软件开发部+硬件开发部	◆软件开发部+硬件开发部→软件开发部+硬件开发部+新技术开发部+仪表开发部→技术中心	◆技术中心→基础研究部（技术中心）+应用研究部（产品中心）→企业研究院（"三个一代"+"三个层次"）	◆以研发小组为核心的工作团队，无显在组织结构	◆新职能部门快速建立（满足组织内控的要求） ◆直线职能制 ◆增加研发小组，以复制前期成功经验的方式进行管理 ◆研发小组→项目小组构成矩阵式研发部	◆矩阵制结构分别应用于研发部与市场部 ◆直线职能制、"哑铃式"构型 ◆引入集成产品开发研发管理模式 ◆研发中心→共性技术研发部+产品专有技术研发部的两层次研发体系
问题解决要素	◆市场细分与恰当定位 ◆成功连接企业与市场 ◆成功开发出恰当产品 ◆研发小组+学科带头人	◆持续新产品开发 ◆聚焦核心技术发展的策略 ◆研发集中管理、分散运作体系 ◆宽松的创新环境	◆聚焦核心技术发展的技术战略 ◆知识产权发展战略 ◆研发集中管理、分散运作体系 ◆三个一代、三个层次的创新体系 ◆信息化办公流程、知识管理系统 ◆宽松的创新环境	◆市场细分与恰当定位 ◆产品研发 ◆研发小组+学科带头人	◆围绕核心技术，持续研究发展关联性技术 ◆持续新产品开发与相应的知识产权管理 ◆矩阵制组织架构为成功复制研发经验提供基础 ◆团队学习与信息、知识共享 ◆产品线之间横向沟通	◆聚焦核心技术发展的技术战略 ◆知识产权战略 ◆研发集中管理及两层次开发模式 ◆集成产品开发流程 ◆宽松的创新环境

资料来源：根据实地调查、深度访谈、现场观察、档案资料，以及网页、档案等二手资料整理

由表9.1可见，两家公司的发展都已经历初创期以及成长Ⅰ期，正处于成长Ⅱ期。同为高技术企业，企业的起点都是针对技术要素开展创新活动。市场动态性提供了企业技术创新活动的选择依据。企业家对特定技术发展规律的把握以及对市场动态性的认知与解释，是实现技术与市场有效连接的前提。

9.3.2　分析与结果

1. 初创时期

初创期的市场创新主要体现在企业创始人基于市场细分的市场定位与准确切入。在此基础上，研发小组针对明确定位的细分市场开发特定产品，不断交流与学习、体验失败与成功，有胜任力的学科带头人把握着研发方向和进程，并起到激励作用。学科带头人的领导风格一般在第一个新产品开发过程中确立，而研发小组成员之间的沟通渠道、信息过滤器等也随之基本形成，但企业的技术组织边界模糊，分工存在较大交叠。

初创期是企业在市场定位引导下将其所有资源向能力转化的过程。首次创新过程中所积累的经验非常重要，是企业能力发展的源头和基础。资源提供了能力形成的物质基础，而在资源转化过程中形成的关于如何有效创造变异、新奇的知识与经验是能力形成的软要素。事实上，识别企业之间能力差异的往往不是其硬件，而是软要素以及硬件与软件的组合方式。初创期的创新主导要素是技术本身。市场创新是先导。

2. 成长 I 期

成长 I 期通常是在第一个新产品成功后市场快速扩张的基础上获得的。第一个新产品在市场上取得成功，检验了企业创新活动的有效性，不仅为企业提供了市场扩张的基础，也为企业提供了利用成功经验的信心。现有市场迅速扩张要求企业快速开发出满足客户定制化需求的产品系列。而复制研发小组及其成功经验，是从单一新产品发展成为一个产品系列的效率保证。此时，组织规模迅速扩张，多个同质化程度较高的研发小组并行工作，技术组织的结构松散，学科带头人承担其间的协调工作。

两家高技术企业所处行业特征是：市场需求都具有显著的定制化特征，每个细分市场的容量有限。因此，企业必须不断寻求新的细分市场。随着新产品开发所需技术基的扩展，不同新产品开发的研发小组之间的异质性凸显出来，同时随着复制增加，管理的复杂性迅速增加，简单复制不再能保证效率，成功经验的应用必须要满足本地化条件的要求。因此，最初的创新成功经验开始出现分化，一方面提炼出成功经验中的共性规则（一般化），另一方面针对异质性研发小组开发出差异化规则（差异化）。这些规则共同指导企业的创新活动。此时，组织规模继续扩张，技术组织内部分工逐渐明晰，如 S 公司在最初简单的软件开发部与硬件开发部基础上，增加了新技术开发部与仪表开发部。分工深化的同时对协调的要求增加。为了更好地利用技术资源，企业建立技术中心，实行集权化研发管理。而 F 公司研发部采用矩阵制，但通过产品经理加强横向交流，一方面促进新产品开发过程中经验的一般化，另一方面增强成功经验的本地化适应性。

创新成功经验的复制是企业能力的巩固阶段，是能力“量”的扩张，虽然扩张过程中存在能力要素的微调，但不是“质”的发展。一般化是能力的共性要素聚合收敛的过程，而差异化则是能力差异性要素分化并各自集聚的过程。一般化过程与差异化过程可能并行，是能力要素内部结构渐进调整的过程。直到企业由于获得新的外部变化、动机或手段而创造出新的变异时，企业能力的发展才可能产生“质”变，包括现有能力与新要素的组合以及现有能力要素的结构性重组等产生的变革。能力“量”的扩张是基于企业同质性要素之间的创新经验的扩散，而能力“质”的变革则更多基于企业异质性要素的创新。企业成功经验经过复制巩固以及一般化与差异化过程，其结果是在企业内形成几个能力集束（Dosi et al., 2008），已经具备了决定企业竞争地位的潜力。

成长Ⅰ期的创新主导要素仍然是技术本身，基于初创时期市场定位的市场扩张以及新的市场定位，使得与初创期不同的是在巩固从前成果的基础上，有新的技术要素进入创新范畴。由于出现新的技术基础，因此技术的组织协同重要性逐渐显现，会出现多要素并行创新。但总体而言，创新活动仍然停留在要素层次上。

3. 成长Ⅱ期

进入成长Ⅱ期，识别并进入新市场以获得一定程度的成功。企业通过前期的学习与积累，已经形成了一定数量的能力集束，但这些能力集束分散地根植于各个研发小组或项目团队中，尚未形成一体化的动态能力。随着企业进入新的成长阶段，各项创新活动之间的协调复杂性进一步增加，为了有效配置技术资源，企业需要系统化的组织程序指导企业实现持续改进或根本性创新。S 企业建立具有独立法人资格的研究院，以集权方式实现技术管理，负责制定企业技术发展战略，规范研发管理流程，建立了“三个一代”“三个层次”的研发管理体系；F 企业引进集成产品开发模式，优化了研发管理流程，并形成了共性技术发展与产品开发的两层次研发体系，强化了研发集中化程度。两家企业通过对技术组织结构的变革与流程创新，将分散的能力束进行整合，形成指导企业未来创新活动的系统化的组织程序。

通过研发组织的流程创新和结构再设计，企业建立起技术组织的整体架构，并实现了技术组织一体化的管理创新，这同时意味着：创新活动从技术要素、技术的组织要素层面转移到了技术的组织架构层面；企业能力由若干个能力集束实现了一体化的整合。图 9.2 基于案例研究，描绘了企业在不同的发展时期，不同类型、不同层次的创新如何推动企业能力形成及动态发展过程①。

① 案例研究体现了企业创新从要素层面到要素架构层的跃迁及其对能力发展的影响。图 9.2 中所示要素架构层到组织架构层的变化是基于前两个层次研究结果推论获得，即随着不同阶段主导性创新要素架构创新的不断推进，创新活动将从要素架构层（部门层次）跃迁到组织架构层次。

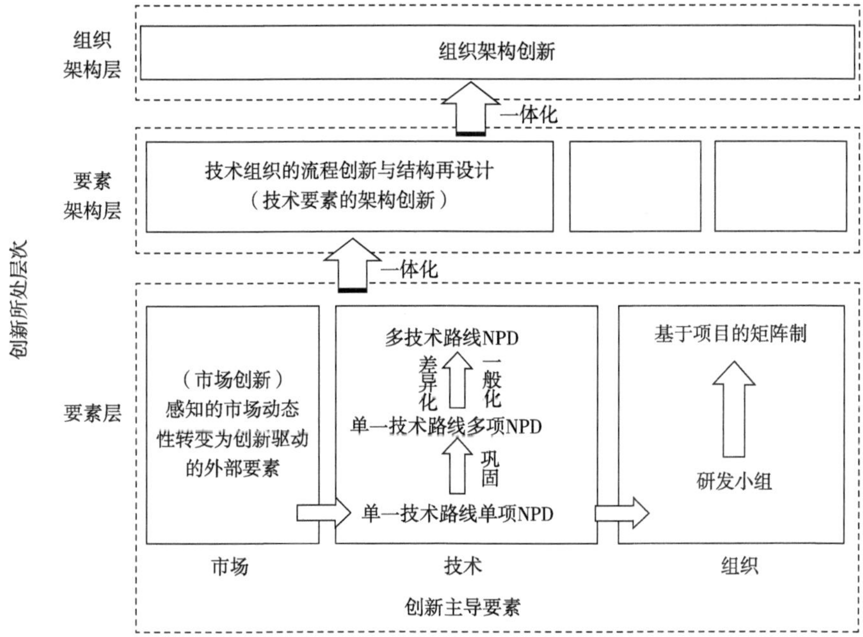

图 9.2　企业能力形成及其动态演化：从要素创新到架构创新的非均衡模式

NPD（new product development，新产品开发)

分析表明：伴随企业创新活动从单一要素主导性创新，到多要素协同创新，最后到主导要素的架构创新过程，S、F 两个公司的能力演化呈现出共同的发展脉络，即从某一成功经验到单一“能力集束”、几个“能力集束”并存，最后到能力集束之间协同并整合为企业动态能力。企业能力发展呈现出非均衡、动态化的发展特征。而且，正是能力发展的不均衡所带来的潜在收益，成为推动企业能力不断演化的内在动力。

9.4　结论与讨论

9.4.1　结论

本书对同一行业中两家基于不同技术基础发展的高技术企业进行案例研究。通过追踪企业创新活动在要素之间以及所处层次（要素、部门、组织）之间迁移，以集体共享的问题解决方式特别是创新惯例如何从经验（种子知识）转化为解决特定问题的知识，再形成类别性问题解决的知识集（含情境化知识与共性化知识），最后形成问题解决的体系化知识及知识互换与更新的周期性过程，在此过程中伴随不断复制、巩固、转移、积累的过程，探讨企业创新能力的形成路径。研究主要得出以下几点结论。

（1）企业动态能力的形成遵循具有周期性及阶段性非均衡发展特点的“点—线—面—体”演化路径。

企业动态能力的发展具有周期性特征。资源是企业能力形成的物质基础，最初将资源成功转化为现实的市场价值的经验是企业能力周期的起点，一般经历巩固、一般化、差异化、一体化、与新要素交互作用及互换等阶段，形成一个周期。其中，巩固一般以经验复制方式实现；一般化则强调对经过巩固的成功经验在不同情境下的共性部分的提炼并推广；差异化是指对不同本土化条件的适应过程；一体化则是对经过一般化与差异化的经验法则进行整合，从而形成具有指导企业系统化运营的组织程序或惯例，包括创新惯例，企业创新能力得以形成。在这个过程中，某次成功经验是“点”，基于市场扩张的要求而进行经验复制，是由“点”连成“线”的过程，而由一般化与差异化过程进行经验推广，则是由“线”到“面”的过程。最后，一体化过程将分散的能力集束整合成一种综合性的、具有系统性指导未来变异创造以应对外生变异给企业带来的挑战或风险的组织程序或惯例，实现了从“面”到“体”的进化。在此基础上，通过与新要素不断交互作用、互换获得新条件，包括变化的动机、机会以及手段，企业能力的动态性得以有效维持。因此，从能力的整个发展周期来看，振荡向前伴随阶段性结构突变以有效补偿外生变异所致不确定性带来的风险，这一过程体现的正是企业的创新能力，所以创新能力的动态属性包含时间维度，并且其内容具有内在的非均质性特征。

（2）创新主导要素类型的变化及创新所处层次的迁移决定企业能力动态演化进程。

创新能力形成路径或能力发展周期的形成，在很大程度上是由企业创新活动所居的主导要素类型的变化以及创新活动所处层次的迁移所决定的。居于同质性要素的创新活动，常常是基于复制的能力巩固活动，该阶段能力发展是“量”的增长；当创新活动从一种要素转移到另一种异质性要素时，是能力的一般化与差异化并行发展的阶段，其中一般化是能力架构（Grant，1997）中的共性要素收敛的过程，而差异化是能力架构中的差异性要素分化的过程。一般化与差异化的结果是形成分散根植的、具有层次性、多样性的非均衡发展的几个能力集束。能力架构内的不均衡状况产生价值潜力，一体化能力集束的要求成为推动组织创新从要素层次向要素架构层次跃迁的内生因素，而创新活动实现层次间迁移进一步推动了企业能力的结构性突变，是“质”的变革。所以，从要素创新到要素的架构创新，最后到组织架构创新，推动了创新能力从“量”增到内部结构的渐进性调整，最后实现结构性突变的动态演化。

9.4.2　讨论

市场动态性与动态能力概念内在地关联在一起（Wang and Ahmed，2007），是企业演化的关键驱动要素（D' Este，2002；Mota and de Castro，2004；Athreye，2005），这一点已经得到学者的广泛认同。本书认为，市场动态性只是企业演化的外生驱动因素，企业演化还受到企业内部所创造的变异所驱动，值得注意的是，企业能力自身发展过程中的非均衡性是企业能力演化的内生驱动力。这一点在以往关于能力演化的研究中未受到重视。

本书从要素创新分析入手，循着创新活动在不同要素之间以及创新活动所处层次之间迁移的脉络，探讨了企业动态能力的形成路径，总结出“经验获得→巩固→一般化与差异化→一体化→新要素互换”的动态能力发展周期，这一发现同时寓示动态能力概念包含时间维度，为以后研究动态能力结构及其测度提供了理论基点。此外，本书研究指出了企业创新活动中心的迁移与动态能力发展周期之间的对应关系，这为指导企业进行能力构建提供了指导性的理论框架。

毋庸讳言，本书仅仅选用两家高技术企业进行研究，其结论在其他行业中的适用性值得进一步检验。同时，基于研究主题的需要，本书将焦点投放在两家企业发展过程共性成分的分析上，而对两者的差异关注不够，这也是下一步需要深入研究的主题之一。

第 10 章　构建企业创新能力的组织机制①

在探究知识积累、创新能力与企业成长间关系的基础上，本书进一步深入到企业微观组织过程中洞察企业创新能力构建的组织机制，以便为构建与提升企业自主创新能力提供可操作化的指导性理论框架。本章继续采用第 9 章中的企业案例进行深入剖析。

10.1　理论回溯与研究框架的提出

10.1.1　创新能力构建的理论回溯

关于创新能力构建的研究，学界主要秉承熊彼特先后提出的两个模式所指示的脉络进行，即以企业家精神为企业创新能力来源的熊彼特模式Ⅰ（Schumpeter，1934），与以大企业有组织的研发活动或实验室建设为企业创新能力来源的熊彼特模式Ⅱ（Schumpeter，1942）。其中，熊彼特模式Ⅰ强调创新型小企业的“新产品、新过程商业化应用”无休止的“创造性破坏”过程。遵循熊彼特模式Ⅰ的研究传统，主要从企业家层面关注企业创新能力的构建，如企业家精神（Teece，2007；Freiling et al.，2008）、创业导向（焦豪等，2008）在企业创新能力形成与发展中的作用，并特别强调企业家对市场机会的识别与把握能力是企业创新能力的关键（Carlsson and Eliasson，1994）。

① 本章内容主要来源于张军等（2012）。有改动。该文获中国人民大学书报资料中心全文复印：《企业管理研究》，2013.1：160-170；中国社会科学网全文转载。

熊彼特模式Ⅱ强调惯例化或常规化创新活动，表现为大型企业致力于一些高风险、大规模的研发活动，是企业“一项日常的甚至是普通的内容”（Baumol，2002：4）。遵循熊彼特模式Ⅱ的研究传统，主要关注大型企业的研发组织及其活动对企业创新能力的效应，如研发组织的结构与制度安排对创新能力的影响（Argyres and Silverman，2004；Argyres，1996），创新惯例在企业不同要素间联动性运营（如创新要素与创新活动所居层次的迁移）对组织能力动态演化的内生的推动效应等（张军和金露，2011）。

长期以来，关于熊彼特提出的两个创新模式到底孰是孰非，存在一定的争议。有观点认为小企业创新更多遵循熊彼特模式Ⅰ，而大型企业或跨国公司的创新能力更多适用于熊彼特模式Ⅱ。其隐含逻辑在于：企业家精神在中小企业中更容易发挥其影响力；研发机构理性的、规划性的创新活动则更能发挥出大型企业在创新中的资源优势。这些研究更多地将两种模式分离对待，缺乏对两种模式整合的观点。事实上，创新是一个过程，包括发起、采纳决策、实施等三个基本阶段（Pierce and Delbecq，1977；Damanpour and Schneider，2006）。在创新过程中，不同创新阶段所受到的影响的因素来源也不同，如在创新的采纳决策阶段，组织特征与管理者态度对创新的影响，大于环境特征与管理者的人口统计学特征对创新的影响（Damanpour and Schneider，2006）。本书认为企业创新能力包含来自个体层次的因素，特别是企业内具有权势的个体（如企业家、管理者等）对组织能力（如创新能力）的形成与发展具有关键性作用（Hambrick and Mason，1984），尤其是在创新发起与创新采纳决策阶段。而惯例化的研究与发展运作体系则在创新实施过程中（特别是大规模、高风险性的创新项目实施过程中）发挥着更加显著的作用。而且，熊彼特模式Ⅰ更多强调企业个体层次因素对创新能力的影响，而熊彼特模式Ⅱ则从企业组织层次的因素关注其对创新能力发展的影响。本书关注企业创新能力提升前因，不仅会考虑企业家个体层次因素，也考虑企业集体性活动层次的因素。

10.1.2　企业创新能力构建的研究框架

企业创新能力是一种组织高阶、多维性综合能力，是多个基础性能力模块的集束。依据管理学大师彼得·德鲁克关于“创新是将变革转化为机会的唯一方式”的观点，本书关注企业创新能力的“变异感知能力”、“信息诠释能力”、“创新决策能力”与“实施实现能力”等四个维度能力提升的影响因素，因此仍然以“知觉—响应”模型为分析框架。如图 10.1 所示。

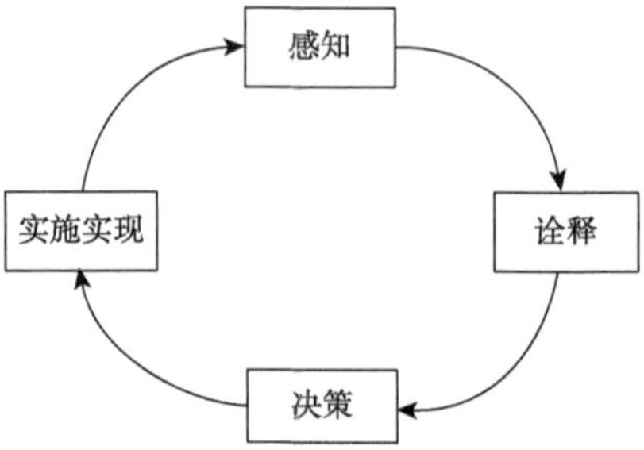

图 10.1　企业创新能力提升的研究框架

10.2　案例分析与结果

本章采用案例研究方法，由于采用的样本企业与第 9 章案例企业相同，所有有关案例研究方法匹配性、案例企业的背景信息在此略过。以下内容围绕创新能力构建的组织机制这一主题展开。

10.2.1　关键概念的操作化定义

为了便于数据分析，我们首先依据研究框架对企业的相关组织活动进行理论界定：①变异与动态知觉活动是指企业信息和知识监测、收集、整理的各种努力与活动；②变异与动态信息解释活动是指基于信息的现实或潜在商业价值、企业应用信息及知识的可能性以及企业可实现性等进行理解与评估的各种交互性活动，包括个体层次与集体层次的各种互动；③创新决策活动是指在各种互动产生共识的基础上对企业未来创新行动或行动方向的选择活动；④创新实施与实现活动是指基于确定的方向而采取的各种旨在实现创新目标的各种日常的、常规化活动。

在上述各类组织活动界定的基础上，我们对所收集的数据和信息资料进行编码、分类，依据 Nonaka 等（1995）提出的“创新是知识创造的一种方式”的观点，本书将主要以信息与知识的流动、转化以及创造活动为基点进行分析。

10.2.2　案例分析过程

1. F 公司：基于同步调研与集体解释的研发决策

F 公司成立之初明确定位“国内高端仪器仪表市场”，采取“直销经营模式”的战略。针对当时该行业普遍采取代理经营模式而 F 公司确定采取直销经营模式的原因，其 CEO 解释道：一是为了建立自主品牌，二是通过直销经营模式获得一手的客户资料（客户知识）。在这个整体战略下，F 公司提出了“做市场导向的产品研发”的技术战略，并明确了“技术调研与市场调研同步走”的研发思路。

1）变异与动态知觉活动

F 公司最初的战略性感知来源于最初的高管个体。2002 年公司成立之初，基于最初直觉所感知的商业机会，公司创始人对国内高端监测仪器市场进行深入的信息扫描，寻找技术的商业化切入点。最终选定冶金工业过程的在线气体分析仪器作为切入点，并历时 2 年成功开发出适用于冶金工业过程的在线企业监测与分析仪器的样机。在此基础上，F 公司实时监测市场动态，整合客户知识，开发出 LGA 系列激光气体分析仪表。截至目前，该系列产品已经占领了国内冶金工业过程在线气体监测仪表市场 95%以上的份额。

2004 年，基于对高端仪器市场特征的深刻理解，所需技术包括紫外分光技术与近红外技术。F 组建了以 CTO 为首的技术扫描小组，一方面，针对紫外分光技术的发展动态进行了收集，并于 2004 年 4 月到位于合肥的中国科学院安徽光学精密机械研究所进行了走访和沟通。在了解到安徽光学精密机械研究所的紫外分光技术已经转让后，基于自身所积累的技术能力和产品开发经验，F 公司最终自主开发该项技术，并于 2006 年初推出以紫外分光技术为基础、适用于环保气体监测领域的“CEMS 烟气排放连续监测系统”等系列产品。CEMS①系列产品已经通过替代进口在国内市场占据 20%左右的份额。另一方面，F 公司关注并追踪近红外技术发展动态，考虑市场竞争的紧迫性，最终决定通过并购北京英贤仪器有限公司获得该项技术。

F 公司在获得第一台样机成功后的 2004 年上半年，充分认识到了监控外部动态信息对于企业创新活动的重要性。基于初期经验与知识的积累，针对外部动态和变异信息感知的重要性，建立了“技术调研与市场调研同步走”的环境动态感知机制，践行做“市场导向的研发”策略。通过系统化导入集成产品开发系统，在研发流程前端就确保输入两类基本信息——技术动态信息与市场动态信息。技术调研与市场调研分别由企业研究中心、市场发展部门承担，并将调研活动分为

① CEMS（continuous emission monitoring system，烟气自动监控系统）。

三个层次开展：宏观、微观以及过程调研。宏观层次调研，企业研究中心主要通过会议、信息监测等方式，获得宏观层次的技术信息，把握新技术动态；市场发展部门着重于监测国内外业界的进展，监控并获取市场信息，寻找市场机会，面向行业挖掘行业需求。微观层次调研主要围绕有限的产品概念，进行具体的技术先进性、差异性与可行性，以及市场容量、市场成长等方面的信息收集。研发过程中，F 公司仍然会定期或不定期地进行技术与市场的调研，以把握产品研发过程中环境中的变革并评估其对在研项目的可能影响。“每个新产品的研发，我们都要不断地进行这三个层次的调研”，F 公司的产品总监说，“……如果在研发过程中调研发现市场需求已经发生变化，我们甚至可能会停止一些在研项目”。

2）变异与动态信息解释活动

F 公司的“技术调研与市场调研同步走”，在宏观、微观以及研发过程中持续进行。针对通过专业化部门获得的专业类信息，首先在专业群体内进行共享，就一些关键信息、知识进行集体性解释，从而将信息转化为具有行动导向的知识，并且实现知识从个体向群体乃至组织层次的转移与转化。如在紫外分光技术开发之前，公司专门组建以技术专业人员为核心的技术动态调查小组，并通过广泛收集信息到定点深入了解的过程，对紫外分光技术特性以及进行自行开发的可能性、可行性进行研讨与论证。而紫外分光技术的市场机会以及市场进入可能性等方面的信息，则最初主要由市场部门基于所收集的市场信息进行小组分析与讨论后，形成初步思想。F 企业组建自己的产品评审委员会，主要由 CEO、技术总监（创始人之一）以及外聘专家（包括国内两名近红外技术方面的专家、院士与国外激光技术方面的专家，也是创始人之一国外攻读博士时的导师）组成。产品评审委员会组织技术人员、市场人员，有时包括供应链与工程人员等，对宏观层次调研形成的概念簇进行研讨、评审与筛选。对微观层次调研形成的概念研讨、评审，进行选择性预研，最终确定当前所需研发的产品。过程调研获得的重要动态信息，也常以联合例会方式进行讨论。此外，F 公司还存在部门间非正式共享与解释机制。如 F 公司市场总监所说，“市场与技术部门之间有例会，例会频率未必很高。但两个部门的负责人经常碰头，而且中午吃饭一定会在一起”。

因此，F 公司的技术调研、市场调研不仅同步走，而且协同进行。对专业性监测所获信息在两个层次进行集体性解释，即群内解释与跨职能集体解释，并且包括正式集体性解释机制与非正式共享机制。此外，F 公司组建包含企业内、行业内专家在内的评审委员会，定期或不定期就行业动态、未来趋势以及技术前沿等信息进行研讨。

3）创新决策活动

F 公司以集成产品开发为基础的三层次监控（宏观、微观、过程）、两层次集体解释（群内解释、跨职能集体解释或组织外部）、两种共享与集体解释机制（正式、非正式）的结果（以下简称“三两两”机制），为公司创新活动提供了决策依据。宏观调研信息经企业内外专家集体研讨，将具有研发潜力的初步概念保留下来，形成公司产品研发的概念池。这个过程更强调信息来源以及概念形成视角的多样性等，从而为后续的漏斗型研发机制提供丰富的概念来源。微观调研与过程调研所获得的信息，在专业性团队内部交流、研讨，并兼顾不同职能部门之间的跨职能信息交换与讨论。其中，微观调研经专业性团队内部以及跨职能的集体解释，最终形成公司预研产品的备择方案或项目。这个过程强调从市场回报潜力、研发可行性、研发资源可获得性等各个方面进行评估，按照一定比例放大最终研发实施的概念数，进入企业内部试研备择库。过程调研经专业性团队以及跨职能的集体解释，根据技术与市场动态状况，随时评估在研项目的状况。其间可能会调整产品研发方向，甚至做出停止一些在研项目的决策。这些决策都是围绕“做市场导向的产品研发”的战略思维做出的。

基于知识共享与信息跨界集体解释机制的创新决策，不仅提高了产品研发决策的质量，也提高了市场发展的决策质量，体现在 F 公司创新绩效得到有效提高。例如，F 公司的第一台产品（LGA 系列激光气体分析仪）是在细分市场定位的前提下进行研发的，没有明确的市场与技术的互动，历时 2 年开发出新产品，然后再花时间和精力进行市场推广，滞延了新产品上市时间。同时，产品在研发完成后再接受市场的评价，增加了新产品的市场风险。2004 年底，F 公司决定引入集成产品开发后，市场信息与技术信息被同等重要地作为研发产品前端输入，增强了研发中组织要素之间的协同度，研发效率有所提高（每年至少推出 2 个新产品），也提高了企业对环境动态的响应能力，同时降低了产品上市面临的市场风险。

4）创新实施与实现活动

F 公司第一项产品开发，基于 30 多人的产品开发小组，以“师傅带徒弟”的方式进行创新活动（新产品开发）。在此过程中，CTO 的技术洞察力与对项目进程中的技术质量、进度等方面的掌控力起到关键作用。而公司的 CEO 在创新资源的聚集、外部市场动态信息的把握方面，为产品顺利开发提供了重要支持。

基于半导体激光技术新产品的成功开发，F 公司迅速进行紫外分光技术开发。多技术路线并行开发以及多细分市场并存，挑战了公司创新活动的协调与资源配置能力。由于兼顾市场与技术动态信息的前端导入，公司在整体组织架构上呈现哑铃型结构，并在“哑铃球”内部各形成矩阵结构，矩阵内不同项目组之间不断进行成功经验的复制和扩散。此时，企业研发第一个产品过程中所积累的经验起到了重要作用，最初经验正是通过矩阵制结构迅速在企业内各个研发小组之间复制与扩散，并在复制与扩散的过程中不断改进与完善。在以项目开发为载体的活动中，最初经验得到不断激活，经验在不断积累的同时也保持了柔性。这为进一步提高研发效率提供了基础。随着公司全面导入集成产品开发管理模式，公司整体的创新资源得到有效整合。在创新组织结构上，构建了两层次（共性技术开发平台与产品开发平台）研发体系，将初期积累的创新经验与知识惯例化、规则化，纳入集成产品开发体系中运作，形成漏斗型全过程研发管理体系，建立项目进度、质量等里程碑式过程控制模式，并通过集成产品开发流程 e 化方式，综合管理、配置创新资源。在我们的访谈过程中，F 公司的 CTO（也是创始人之一）指出，“我们基于集成产品开发的货架技术，有效地管理创新过程中的部件、配件选型问题，优化创新资源，有效控制创新成本”。集成产品开发的引入大大提高了 F 公司的新产品开发效率。而这得益于“我们在产品开发过程中不断积累的知识与经验”，“集成产品开发给我们提供了更好地复制与利用经验的管理体系”。技术总监说。

2. S 公司：基于技术扫描的研发决策与行动

1）变异与动态知觉活动

S 公司最初对信息的感知与获取基于高管个体。1993 年，创始人从海外学成归来，凭借自己所掌握的专业知识，结合对国内工厂自动化状况的了解及其与国外相关状况的比较，敏锐地感知到自动控制技术在国内企业技术升级进程中的重大商业价值，因此创立 S 公司，并确立了公司初创时期的市场战略。

在此战略下，公司组建了总裁带队的技术扫描监测小组，为技术选型，走访国外相关企业，主动感知并获取技术动态信息。通过对国际上优秀的集散控制系统进行调研，结合当时所了解的国情，最终选择日本横河公司的 μ XLDCS 产品。1997 年，公司再次通过组建技术扫描监测小组，关注到国外自动控制领域中的现场总线技术（Fieldbus），这为其随后果断打破现有技术路径的依赖、跃迁到新的技术轨道提供了依据。

S 公司秉持传统的技术视角，重视技术动态的监测，相对忽视对市场动态的关注。2005 年以前，公司研发项目都是基于以高管团队成员为核心的技术扫描小组感知、获取的技术信息而提出一个粗略概念为起点的，开发过程中极少有工程技术以外的人员介入。2005 年开始，公司开始引入外部咨询公司帮助其进行产品开发前端市场需求分析。此外，为把握需求，公司通过派人专门收集信息、高层带队走访客户、售后服务、定期走访等方式获取需求信息与客户知识，以监控市场动态，并努力将市场动态的信息导入产品开发前期，提高所开发产品的未来市场适合度。S 公司逐渐形成了以技术动态与市场动态为两个基本核心的信息感知与监控的工作惯例，但并没有从组织结构、组织流程的角度建立明确的外部动态信息的监控机制。

2）变异与动态信息解释活动

S 公司最初更多关注技术动态信息。对于技术扫描小组监测、收集到的技术信息，只在技术扫描监测小组或研发小组内部进行共享与研讨，对一些关键信息进行专家共享的集体性解释，形成简单概念，直接作为研发项目的备择。

1998 年起，以单个项目开发为载体的信息、知识共享过程纳入工程服务人员，拓展了共享范围并提高了研讨频次（从最初的 1～2 次提高到 6～8 次），但仍局限于专业内共享与解释，市场需求动态信息难以纳入共享系统内。

2005 年，公司开始关注产品开发中的前端需求分析，市场动态信息受到重视，并委托外部咨询公司帮助其进行市场需求分析。此后，技术与市场之间的信息、知识流动渠道逐渐建立，如技术部门从售后部门获取资料后，再定位问题、分析问题、进行研发，但该渠道仅限于信息、知识流动，没有考虑组织要素之间的同步共享、跨职能集体性解释的交互机制。

2007 年公司提出“市场”与“技术”双轮驱动的全球化发展战略以来，公司越来越重视“外脑”利用，利用脱胎于高校的关系资源优势，定期邀请高校、行业内、研究院所的专家对行业发展、技术前沿等动态进行广泛讨论。

3）创新决策活动

成立之初，S 公司定位于“中小规模，面向具有很大市场潜力的中小企业，以及大企业的中小装置及老装置的改造项目”。在技术动态扫描、专家集体解释信息的基础上，决定在技术引进基础上结合自身核心技术进行产品创新。

1993 年，通过技术扫描小组的调研与比较评估，决定选型日本横河公司的 μXLDCS 产品（基于集散控制技术）。利用自身所掌握的热冗余技术与软件组态技术，基于 μXLDCS 产品，在控制站中采取双机冗余体系结构，开发出 1∶1 热冗余集散控制系统（JX-100），超越了日本横河公司的产品。在此基础上，公司开发出 JX 系列产品，如 1996 年，开发出能够实现线路板级冗余，数据存取速度更快、实时性更强、组态更方便的 JX-300 产品；2005 年开发出 JX-300XP 产品等。

1996 年，在侦测到现场总线技术的发展并集体评审该项技术在控制领域未来发展趋势后，S 公司决定打破原有技术路径的依赖而跃迁到新的技术轨道上，以把握与国际巨头共同进入工业自动化的“网络时代”的机会，并最终在技术上实现了从第三代集散控制系统向第四代现场总线控制技术的跨越，开发出 ECS 系列产品（基于现场总线技术），如 2001 年开发出 ECS-100、2007 年的 ECS-700 控制系统等。

2007 年，S 公司开始强调“市场”与“技术”双轮驱动的全球化发展战略，着力于向不同行业提供解决方案。从创新的视角来说，这要求公司提高自身产品集成度，在更大程度上将客户知识纳入自身的技术创新系统中来，这将影响公司未来能力结构的调整与发展。

4）创新实施实现活动

S 公司的创新实施实现活动从最初的小组开发，逐渐发展到基于部门分工的研发，目前已经建立了企业研究院与技术公司。创新实施与实现活动已经实现了运营惯例。

1993 年成立之初，公司整体从一定意义上来说就是一个研发小组。创始人负责创新决策，包括技术选择、产品选型与新产品增值点选择等。同时，创始人负责产品开发过程中所需资源的聚集，并对开发进度、质量等进行监控及适时调整等。这个阶段的创新项目的实施与实现活动特点表现为探索性、试错性。随着 JX 系列产品开发推进与经验积累，研发小组逐渐分化为软件开发部与硬件开发部，分别负责产品开发中的软件开发与集成以及硬件开发。

1996 年，公司决定采纳第四代现场总线控制技术，基于控制技术、电气技术、软件技术、网络技术开发现场自动化控制系统。此时，公司发展出现了多技术路线并存的产品开发活动。创新活动更加依赖企业规则与惯例加以实现，体现在组织层面为原先的软件开发部与硬件开发部的粗分工研发活动，逐渐分化为软件开发部、硬件开发部、新技术开发部与仪表开发部，并最终整合成公司技术中心。公司技术中心统一规划、配置各创新项目资源，并监控创新项目进度与质量。

2000 年，公司将工业以太网技术应用到工业控制领域，公司并行发展多技术路线，并同时在多个细分市场上参与竞争。这对公司创新活动的组织与资源配置等方面提出了新的要求。公司技术中心分化为两个部门：基础研究部（原先技术中心的主要职能）与应用研究部（产品中心），并于 2008 年正式成立企业研究院，构建起三层次研发体系，支持公司创新活动有层次（基础性研究、应用性研究、产品开发）、有针对性地实施与实现。至此，公司的创新活动基于经验、知识积累与理性设计，更多依赖于组织架构、组织管理流程以及惯例运作加以实现。

10.3 企业创新能力构建的组织机制

1）环境动态的监控与感知能力是企业创新能力发展的起点，企业知识基与知识共享提供了变异感知能力的基础

从能力演化的视角来看，企业创新能力构建的起点在于获取新要素，并将其成功导入企业创新能力体系内，从而为实现或创造新价值服务（张军和金露，2011）。而获取新要素的前提在于感知各种变化并识别其中可能的价值潜力或机会。变化可能来自外部环境动态（D' Este，2002；Mota and de Castro，2004；Athreye，2005），也可能来自内部能力非均衡发展产生的价值潜力（张军和金露，2011）。从企业层面来说，这就需要建立监控体系（Schreyögg and Kliesch-Eberl，2007）来监测、识

别那些驱动能力动态发展的特定的内外部要素，以提供企业创新能力构建的基础。

2）基于知识共享的内外知识集聚提高信息解释的效能，是创新能力构建的驱动机制

感知总是发生在个体层次。从组织学习视角来说，感知是直觉形成的基础，而直觉是新学习的起点（Crossan et al.，1999）。但直觉是个体层次洞见发展的潜意识过程，需要进行某种转化，才能转化为组织层次的能力。解释（包括个体层次与集体层次）提供了转化的途径。个体解释使个体开发出关于所处领域的各种认知图式（Huff，1990）并提供个体间沟通与交流的基础；集体解释能够促进知识转化（Nonaka and Takeuchi，1995），并使学习在组织层次间实现转化（Crossan et al.，1999）。因此，解释过程也是知识转移、转化、整合特别是创造的过程，从组织能力的层次来说，解释过程是更加内隐的过程，但却为企业提供资源基础的冗余与变革的潜力，是推动能力动态发展的内在基础。

3）企业创新决策决定创新能力结构及其演化方向

信息解释在根本上是对显性知识内化并试图进一步外显的过程，也是知识螺旋发展的过程（Nonaka and Takeuchi，1995），有效内化可以将外部显性知识或信息转化为主体拥有的自有知识（主要是隐性知识）。一旦信息或外部显性知识被主体内化为自有知识，就具有一定程度上的行动导向能力。跨职能知识共享与集体解释活动，有利于将个体层次的专家直觉与企业家直觉（Crossan et al.，1999）整合到群体以及组织层次上，并常常推动产生一定的决策，包括企业整体决策与基于劳动分工的本地化决策。决策即选择。选择机制是演化的重要内容，它使能够最好地适应其环境的技术、组织惯例和产品得以流行（Foster and Metcalfe，2001）。因此，从企业整体层次而言，创新决策对能力演化的方向具有重要影响；从局部层次而言，创新决策决定了创新能力的内在结构及其重构。

4）行动与反馈是创新能力动态演化的常规

能力紧邻行动，从概念上而言，能力与行动或实践不可分离（Schreyögg and Kliesch-Eberl，2007）。企业创新能力的高低，最终须通过创新有效实现得以表达。但由于局部最优的达成，使得搜索在吸引盆内游荡，进而导致能力陷阱的形成（Gavetti and Levinthal，2000），因此企业需要建立对内的能力监控体系，以便及时发现能力执行过程中的盲点（Schreyögg and Kliesch-Eberl，2007）以及组织能力结构的内在不均衡之处（张军和金露，2011），从而获得“修改其运营惯例以寻求改善的效果”（Zollo and Winter，2002）的内在驱动因素。在创新实施过程中，则主要表现为对该过程的控制与管理，具体表现为企业对内外创新资源的整合与对创新过程偏误的监控、协调与修正活动。

第 11 章 结论与未来展望①

新中国成立 70 多年来，我国科技发展从“仿造到自行设计”（1949～1956 年）到“独立自主、自力更生”（1957～1976 年），再经由“改革开放、解放思想”（1977～1996 年）、“明确主体、发展高科技”（1997～2005 年）阶段，进入并正处于“强调自主创新、建设创新型国家”（2006 年至今）的第五次浪潮中（许庆瑞等，2012）。在第五次浪潮中，如何有效提升企业自主创新能力是关系到创新型国家建设、经济发展方式战略性转型的微观基础。与此同时，“核心技术是国之重器，最关键、最核心的技术要立足自主创新、自立自强”，因为，“市场换不来核心技术，有钱也买不来核心技术，必须靠自己研发、自己发展”②。这进一步凸显了自主创新对于我们实现“两个一百年”的战略性作用。在此背景下，本书从企业如何依靠自主研发的角度，从知识积累如何影响企业自主创新能力提升，进而促进企业可持续发展的内在规律入手，采用多种方法、多源数据，从多个视角，系统、全面地探索知识积累、自主创新如何驱动企业内生性成长的内在规律，得出了许多有意义的结论。

11.1 基于“潜显”区分框架的企业自主创新能力冰山理论

2006 年，中共中央提出“坚持走中国特色自主创新道路、建设创新型国家”战略，企业作为创新主体的地位得到进一步强调，自主创新的重要性空前凸显。2008 年次贷危机影响下，我国经济发展逐渐进入新常态，如何有效提升企业创新

① 本章研究结论部分主要来源于张军和许庆瑞（2017），该文获得《新华文摘》（网刊），2018 年第 9 期（总第 45 期），848～856 页．全文转载。

② 习近平讲解中国特色自主创新道路，https://www.chinanews.com/gn/2018/05-30/8526147.shtml。

能力的问题不仅是实业界关注的焦点，也是学界关注的焦点。在此背景下，围绕“什么样的创新才叫自主创新？”“如何提升企业创新能力？”这些问题，众多学者进行了探讨。本书通过深度访谈与蹲点观察首先发现：企业创新能力弱不能简单归因于创新投入水平低。创新能力的发展与投入之间，并非线性、单向关系，而是呈现出复杂的互为因果的链。在此基础上，进一步指出：所谓自主性，既不能简单等同于本土性，也不宜仅仅从产权性层面进行解析，而应回归到创新最本源的经济学含义进行界定，即自主创新在根本上不仅强调创新主体对创新过程的掌控性，更强调对熊彼特租金的收益权，在全球化分工与合作日益加深的背景下，特别是收益分配权或收益分配支配权的获取。这种收益分配权或收益分配支配权从根本上来说不是法律授予而只是法律保障的，其获取在根本上依赖于企业深层次能力——创新能力。产权性仅仅是创新收益权、收益分配权或收益分配支配权的工具性目标，而不是自主创新的终极目标。

基于上述解析，结合扎根理论与案例研究的结果，本书提出：企业创新在本质上是指在外部环境动态变革产生的机会或内部能力模块间发展不均衡产生的价值潜力驱动下的一种系统性求变或应变以获利并最终获得竞争优势的系列组织活动。这种系统性的组织活动为企业提供了将变革转化为机会的潜力，以一组相关能力模块的集束——创新能力为基础加以实现。在变革与机会实现之间，企业必须首先能够知觉到内外环境的变化，正确解读动态信息对自身管理的意义，在此基础上做出有效响应，才能确保自身与环境之间的动态适应性，即创新能力存在于企业对内外环境的“知觉—响应”的组织过程中。据此，本书从理论层面将创新能力进一步解构为：变异信息感知与获取能力（变异感知能力）、信息意义与价值解读能力（信息诠释能力）、创新决策能力与创新的实施实现能力等四个能力模块。

创新的基本过程是一个链式过程，感知能力、诠释能力、决策能力与实施实现能力依次居于创新链自上而下的位置上，并分别对应于企业的创新发起、采纳决策与实施等三个基本阶段（图 3.2）。分析显示：越是接近创新价值实现端的能力称为前端能力，反之为后端能力。各能力模块在创新链上的分布并非均衡的。创新链上后端能力越强，企业越可能成为创新的新思想来源，获得市场先入优势的潜力越大，这在一定程度上意味着企业对其创新收益独占或掌控的潜力越大，进而使企业在整个创新价值链上的掌控权越大，越具备对参与创新收益分配权提出要求的谈判力和基础，相应地，企业创新的自主性越有保障。而创新链前端的能力是将这种潜力转化为现实能力的基础和保证，但相对于创新链上的后端能力，对创新收益的独占潜力较小。

进一步的实证研究发现：企业创新能力的四个维度，依据它们与企业成长绩效间关系可以进一步归集为潜在创新能力与现实创新能力。其中，潜在创新能力与企业绩效并没有直接关系，而是通过贡献于现实创新能力间接促进企业成长。潜在创新能力在根本上属于管理认知范畴，是创新自主性更深层次的能力保障基础，而现实创新能力在根本上具有明确的行动属性，是企业成长的近因性驱动力。从这个角度来说，企业创新能力就像一座冰山，浮于水面的部分是企业现实创新能力，提供了企业成长的直接基础，而更深层次的、决定企业创新自主性的，是沉潜于水下的潜在创新能力。因此，提高企业创新能力，不仅要强调现实创新能力，以保障企业短期成长，更要强调潜在创新能力的构建与提升，以便在更长远的时期内保障企业可持续发展。图 11.1 描述了企业创新能力冰山理论的内在逻辑。

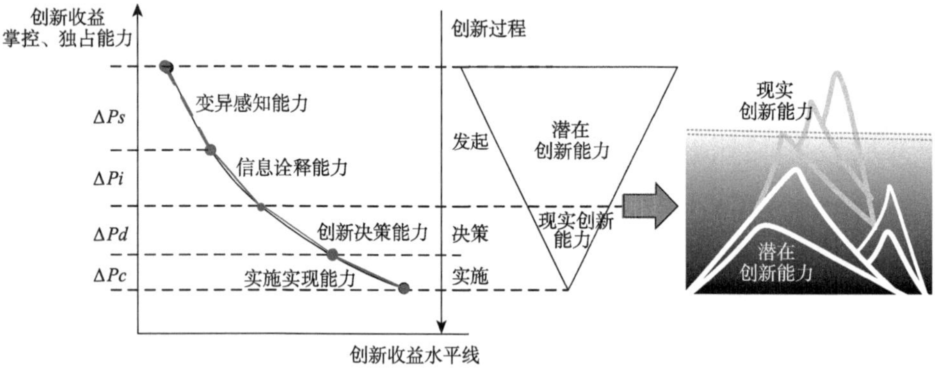

图 11.1　基于“潜在”与“现实”分类的企业自主创新能力冰山理论逻辑

11.2　基于模式区分的知识积累与企业创新能力关系

11.2.1　积累模式不同，能力提升方式有别

依据形成知识存量积累的来源，本书首先将知识积累划分为历时性知识积累与空间集聚性积累。其中，集聚性积累以企业边界为空间划分依据进一步划分为内部积累与外部积累。在此基础上，本书采用实证方法对不同模式的知识积累与企业创新能力在动态环境下的关系进行了探索与检验。研究发现：不同模式的知识积累对企业创新能力的效应存在显著差异，具体表现为：内部集聚性知识积累

以线性方式提升企业创新能力；外部集聚性知识积累以边际贡献递减的方式提升企业创新能力；历时性知识积累以边际贡献递增的方式提升企业创新能力。图 11.2 描述了三种知识积累模式提升企业创新能力的不同方式。

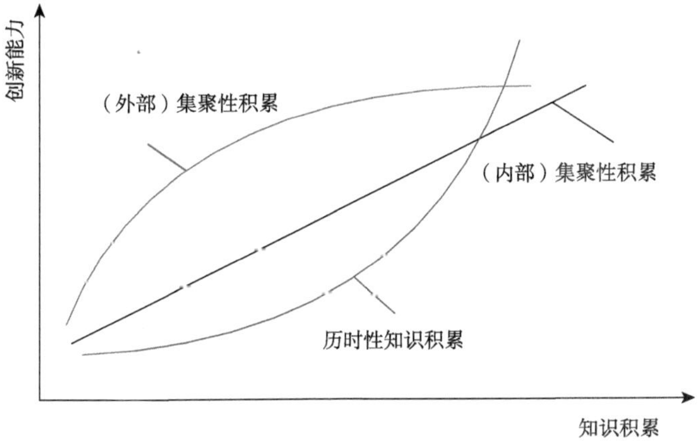

图 11.2　不同模式知识积累与企业创新能力提升之间的关系

考虑动态环境在知识积累与企业创新能力间关系的影响，研究进一步发现：知识积累有助于应对动态环境对企业创新能力提出的挑战。并且，空间集聚性知识积累，即内部集聚性知识积累与外部集聚性知识积累，在提升企业创新能力过程中，呈现出一定的此长彼消的特征。这一结论反映了企业在知识集聚过程中呈现出较为显著的内部导向还是外部导向的权衡与抉择倾向，也在一定程度上反映出企业在内外知识集聚或获取中的注意力资源的有限性。

11.2.2　不同积累模式，互为条件、内外有别

不同模式的知识积累影响企业创新能力提升过程中，还存在一定的交互作用。为了更好地洞察知识积累不同模式交互作用下企业创新能力提升的规律，本书分别从静态与动态两个方面进行深入研究。

1. 静态关系

本书采用实证研究方法对不同模式知识积累交互作用下的企业创新能力提升规律进行了探索，发现：以师徒传承为主要方式形成的具有企业专有性知识特征的企业历时性知识积累是企业创新能力提升的重要基础，并且贯穿在企业创新的全过程中。企业内外集聚性知识积累在历时性知识积累提升创新能力的过程中发挥激活存量知识、促进存量知识跨期利用的作用，这些作用由于创新过程所处的

阶段不同而存在一定差异。表现为：内部集聚性知识积累不仅能够强化现有累积性存量知识与创新过程中的信息诠释能力之间的正向关系，还有利于促进企业历时积累的知识在创新实施过程中的跨期利用；外部集聚性知识积累有利于强化现有知识与创新决策能力、创新实施实现能力间的正向关系。

综合来看，内部知识集聚对存量知识的激活作用主要表现在信息诠释与实施实现环节，而在创新决策环节则会削弱历时累积性知识对创新决策能力的贡献作用。而外部知识集聚对企业存量知识的激活则更加显著地表现在创新决策与实施实现过程中，而不是更加内隐的变异感知与信息诠释环节。由于创新决策与实施实现能力直接贡献于企业绩效而被认为是现实创新能力，而变异感知与信息诠释能力相对于创新绩效获取而言更具深层次、内隐特征而属于潜在创新能力（张军和许庆瑞，2014），因此可认为：集聚外部知识有利于强化知识积累与现实创新能力间的正向关系，进而获取更高水平的现实利益，而对知识积累与潜在创新能力间关系没有显著影响，反映了外部知识集聚的绩效效应以及潜在创新能力提升的内生性特征，进而在一定程度上解释了我国众多企业创新过程中倾向于从外部获取知识而不是内生发展知识的行为取向的深层次原因。同时，由于潜在创新能力更具独占或获取创新收益分配支配权的潜力并决定企业现实创新能力水平（张军等，2014b），因此，这一结论也指出了我国企业提高创新自主性的关键环节在于内生性知识积累与组织内学习机制的构建，验证了企业专有性知识及其独特的积累路径是企业持续竞争优势的来源（Dierickx and Cool，1989）的论点。

2. 动态关系

本书采用系统动力学方法对不同模式知识积累交互作用下提升企业创新能力的动态过程进行了仿真研究，发现：历时性知识积累对创新能力提升的边际递增贡献（张军等，2014d；张军和许庆瑞，2015）是需要一定的条件加以保障的，即企业所积累的知识必须是异质性的。如果企业倾向于熟悉的、同质化程度高的知识积累，那么在动态环境下，企业知识存量积累很快跌入到一个“坑里”，进而使得创新能力提升也进入瓶颈期而停滞不前，并很快衰退、死亡。当企业能够确保所积累知识的异质性时，知识积累提升创新能力的边际递增贡献得以保障，但这种贡献具有时间滞延效应与临界规模效应。由于环境动态的影响，从企业整体层次来说，创新能力的发展呈现出振荡向前伴随阶段性结构突变的周期性和非均质性特征（张军和金露，2011；张军和许庆瑞，2015）。

一般而言，企业通过内外空间集聚所获得的知识异质性程度，会高于其历时积累所获得的知识异质性，而外部集聚性知识积累的异质性会大于内部集聚性知识积累的异质性。从这个角度来说，历时性知识积累对创新能力提升的边际递增贡献作用的维持，总体而言是以空间集聚性知识积累为条件的，也是通过空间集聚性知识积累实现跨期利用的。

综合动静关系研究结论可知：企业能力刚性不是来自知识积累本身，而是来自知识积累的方式。并且，针对空间集聚性知识积累是维持历时性知识积累对创新能力提升效应的条件这一结论，可以进一步发现：作为企业创新发起点，并直接关系到创新自主性的潜在创新能力，更加依赖于内生性知识积累及其利用，即提高企业自主创新能力，更须注重企业知识的自我积累与自我发展。但同时值得注意的是，企业内部集聚性知识积累削弱了历时性知识积累对创新决策能力的贡献，这与外部集聚性知识积累的效应相反，由于创新决策能力直接关系到企业创新绩效的获取，从这个角度来说，开放性对于企业创新采纳或创新决策起着至关重要的作用。因此，企业提升自主创新能力过程中，要对知识积累进行内外权衡，过度开放或过度封闭都不利于自主创新能力的提升。

11.3　知识积累影响企业成长的内在规律

11.3.1　积累模式不同，促进企业成长的路径不同

知识积累提升创新能力并非企业发展的终极目标，而是工具性目标。那么知识积累最终如何影响企业成长？本书研究发现：如果企业倾向于外部导向型知识积累，试图借此促进企业成长，则必须首先将外部获取的知识转化为企业现实创新能力，才能有助于促进企业成长，否则这些看似提高企业知识存量的行为反而会损害企业利益，不利于企业成长。内部集聚性知识积累一方面可以直接促进企业创新绩效的提升，另一方面通过潜在创新能力、现实创新能力而间接促进企业成长。历时性知识积累则对企业成长的影响更加间接、路径更长。图 11.3 描述了不同知识积累模式影响企业成长的作用路径。这一结果意味着：一定程度上决定企业创新自主性的潜在创新能力，最终依赖的是企业内向型知识积累，换句话说，企业自主创新最终需要依靠自身内生性积累与自我学习；外部知识集聚必须通过企业内部学习与消化吸收，才能贡献于企业自主创新。

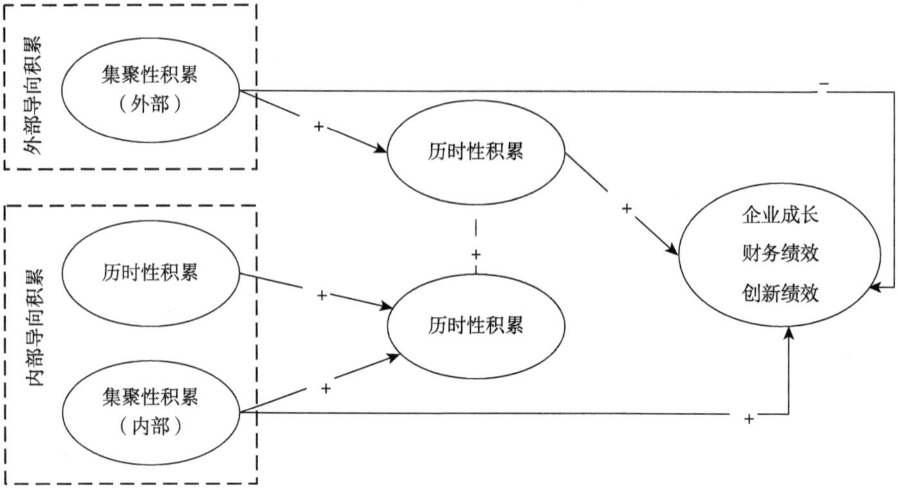

图 11.3　知识积累影响企业成长的路径示意图

11.3.2　知识新颖度不同，贡献企业成长的时间效应有别

以上研究基于企业知识积累行为的角度探索知识积累提升企业创新能力的规律，在此过程中，识别出知识异质性之于知识积累以及创新能力提升的重要性。为了更加深入理解知识积累行为所产生的增量知识，特别是增量性异质性知识（新知识）对企业成长的影响，本书首先采用华为科技有限公司时间序列数据以及定量分析的方法进行了质性的探索性案例研究，在提出相关研究命题的基础上，进一步收集通信设备制造行业内企业 2008～2017 年面板数据对相关命题进行了实证检验。

知识创造是企业成长的动力，但知识创造对企业成长的贡献具有一定的时间滞延（张军和许庆瑞，2015；张军等，2016），并且不同新颖程度的新创知识对企业成长贡献的滞延期不同，即企业所创知识的新颖程度越高，其对企业成长贡献发生的滞延期越长。这一研究结果表明：从知识产权战略角度反观企业知识创造与创新，是一个需要在长期和短期之间不断权衡取舍的过程，也是一个需要企业对新创知识组合实现动态管理的过程。

知识创造对企业成长的贡献具有边际收益递减的特征（张军等，2016）。知识创造促进企业成长的效应不仅具有时间上的滞后，还具有边际贡献递减的特征。这意味着，企业知识创造并不是一劳永逸的活动，而是需要耐心与耐力的持续性组织活动。

高技术行业中，企业高新颖性新创知识，在形成聚焦于特定领域知识集簇的条件下，能够更好地发挥对企业成长的贡献作用。不同新颖程度的知识创造总体而言均有利于企业成长，但越是高新颖水平的新创知识，越是需要企业针对特定领域的新知识集簇，用以建构新创知识价值发挥的知识生态环境，以便更好地利用新创知识贡献于企业成长。所谓“单木不成林”，企业知识创造过程中也要切实关注这样的问题。

11.4　企业自主创新能力形成路径：从种子经验到体系化常规

如果说能力是集体性问题解决方式，那么，企业最初是如何成功地解决一个创新问题的经验就是企业创新能力形成的知识起点。我们的案例研究显示：企业创新能力的形成与演化，是由企业创新主导要素类型的变化及创新所处层次的迁移进程所决定的。从知识视角来看，企业最初往往是通过不断试错，最终取得创新成功的，同时也获得了成功解决问题的集体共有的经验和知识，即种子知识。为了获得更大的创新收益，企业有动力将种子知识进行总结、复制、扩散，使之在“干中学”、“用中学”以及“研发中学习”的过程中得以巩固。当“种子知识”在同质性创新要素之间扩散时，常常基于复制的能力巩固阶段，该阶段能力发展是“量”的增长。当创新活动从一种要素转移到另一种异质性要素时，是能力的一般化与差异化并行发展的阶段，其中，一般化是能力硬核的共性化提炼的过程，差异化是能力硬核外围基于情境特征的保护带的建构过程。结果是形成分散根植的、具有层次性、多样性的非均衡发展的多个能力集束。不同能力集束之间并非能够均衡发展，不均衡就会产生一定的价值潜力。此时，“一体化”这些能力集束的要求，成为推动企业创新从要素层次向要素架构层次跃迁的内生驱动力，而创新活动实现层次间迁移进一步推动了企业能力的结构性突变，是“质”的变革。

因此，企业创新能力的形成，遵循具有周期性及阶段性非均衡发展特点的点（种子知识获取）→线（种子知识复制与巩固）→面（种子知识一般化与差异化形成各自根植的能力集束）→体（能力集束一体化）的演化路径。在这个过程中，资源是企业创新能力形成的物质基础，最初将资源成功转化为市场价值的经验是企业能力周期的起点，一般经历巩固、一般化、差异化、一体化、与新要素交互作用及互换等阶段，最终即可完成一个能力发展周期。这个过程也是企业知识不断生成（内生集聚）、导入（外部集聚）、积累（历时积累）、转化与应用（内外集聚激活存量知识创造价值）的过程。

11.5 企业创新能力构建的组织机制：聚焦知识共享与集体性解读

本书最终落脚点是为企业构建自主创新能力提供有效指导。如前所述，知识积累有利于提升企业自主创新能力，但其效应存在一定的时间滞延，并需要以异质性知识积累为条件。内生性知识积累对于提升企业创新自主性至关重要，但其效应体现在更深层次上，且作用路径更长，这意味着，企业要有“板凳要坐十年冷”的耐心和耐力。外部知识积累对于企业短期成长更加有利，但需要首先内化为创新能力才能发挥作用，否则反而不利于企业创新与成长。据此可见，知识积累之于企业自主创新能力构建的重要性。那么，如何将知识积累落实到组织实践中，为企业构建自主创新能力提供指导性框架？本书继续深入到案例企业的微观实践中，总结归纳出构建企业创新能力的组织机制。图 11.4 对这一组织过程进行了描述。

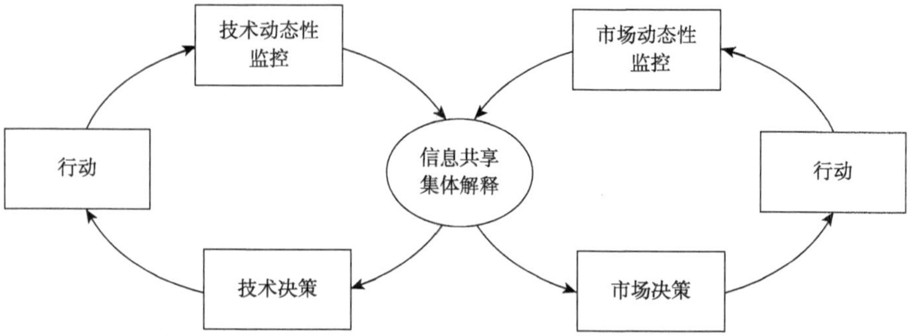

图 11.4　构建与提升企业创新能力的组织机制

企业创新能力发端于种子知识的形成，成于种子知识有效的“生根”、“发芽”、“成长”与“繁衍”。在具体的企业创新实践中，有效监控环境动态，不断导入新知识提供创新能力发展的养分。在此基础上跨职能进行知识共享与碰撞，是激活企业现有知识、驱动能力发展的内在动力。基于战略的本地化决策决定了创新能力的内在结构与演化方向。最后，在持续的行动与反馈中推动企业创新能力不断发展。创新能力构建的整个组织过程的底层，是企业知识与经验的积累、流动与互动。因此，企业创新能力构建的组织过程是企业不断导入外部新要素并与现有能力基础实现互换的连续过程。其中，跨职能知识共享与集体性解释是企业创新能力形成与转化的关键，其核心就是自我学习、自我积累、开放创新。

11.6　展望：遵循知识积累规律 全面提升企业自主创新能力

本书围绕知识积累如何提升企业自主创新能力进而影响企业成长的内生规律这一核心，首先基于“自主性”辨析对企业层次创新能力内涵及其内在结构进行界定。在此基础上，本书根据企业实践将知识积累依据时间与空间因素划分为历时积累、内部集聚与外部集聚三种基本模式。在此框架下，本书先后对不同知识积累模式与企业创新能力间动静关系、知识积累与企业成长关系，以及企业创新能力提升路径与内在组织机制进行了深入研究。在“坚持走中国特色自主创新道路、建设创新型国家”战略下，我国企业自主创新能力的建构、提升与发展，还需要注意以下几点。

第一，企业自主创新能力的提升，需要强化“重投深耕、厚积薄发”的思想。所谓“重投深耕”，是指企业提升自主创新能力过程中，要重视知识投入，不仅包括新知识创造与获取，也包括存量知识的深入挖掘与利用。“厚积薄发”，则是指针对本书提出的能力冰山理论中关于“企业创新能力包括潜部（潜在创新能力）与显部（现实创新能力）”的观点，强调企业要重视夯实深层的潜在创新能力（厚积），才能为“紧邻行动”的现实创新能力将知识转化为价值提供扎实基础（薄发）。特别是，潜在创新能力不仅是现实创新能力的基石，也是在源头上决定企业对创新收益的占有权、分配权或分配支配权获取与保障的能力基础。2016 年 4 月 19 日，习近平在网络安全与信息化工作座谈会上指出“市场换不来核心技术，有钱也买不来核心技术，必须靠自己研发、自己发展”[①]，企业只有通过自我创造、自我积累、自我发展，才能在创新能力这一根本性基础上获取并保障创新收益所有权的完整权能。

第二，企业既要善于进行知识积累，也要重视开放创新，集聚企业内外各种

① 习近平总书记在网络安全和信息化工作座谈会上的讲话，http://www.cac.gov.cn/2016-04/25/c_1118731366.htm。

知识，才能有效提升企业自主创新能力。创新，从本质上来说，是将知识变成价值的过程，关键是价值，前端是知识。知识是创新的源头活水，知识积累是企业通过各种方式，包括知识创造、知识传承、知识集聚等，提高或拓展企业知识存量的过程与结果。知识积累不仅包括企业通过创造新知识而获得增量知识，也包括通过师徒传承、知识显性化后在代际之间的传承与扩散形成的知识存量积累。知识集聚则不仅包括企业对内部存量知识的共享与创造，还包括从外部获取新知识形成企业内部知识存量的增长。研究表明：知识历时积累以边际贡献递增的方式提升自主创新能力，但必须以企业内外异质性知识集聚为条件，并且提升作用的发挥具有显著的临界规模与时间滞延效应，这意味着企业通过知识积累提升自主创新能力，进而获得成长，需要具有“板凳要坐十年冷”的耐心与耐力。

第三，从企业资源有限的视角来看，企业创造新知识需要从战略高度考虑不同新颖程度的新创知识组合在时间维度上的布局，才能既保障企业当下生存，又能支撑企业未来发展。同时，企业在知识创造过程中，要树立企业知识生态系统的观念，因为研究表明：越是高新颖性或高异质性知识，要想使其发挥促进企业成长的作用，越需要以高相关性知识集束为支持，所谓“单木不成林”，说的就是这个道理。因此，为有效提升企业创新能力并成功获取熊彼特租金，或者说在开放式创新背景下，获取熊彼特租金所有权的完整权能，企业需要制定知识产权战略，并建立相应的知识管理系统，才能真正发挥知识积累提升企业自主创新能力、促进企业可持续发展的作用。

第四，知识积累是企业克服能力刚性的重要途径，但要以异质性知识的持续导入为条件。研究表明：企业能力刚性不是来源于知识积累本身，而是来源于知识积累方式。这意味着企业在进行知识创造、知识积累过程中，要秉持开放、包容的态度，吸纳新知识，创造新知识，在企业知识基的深度和广度上都要进行积累，在不断优化企业知识结构的基础上提高企业能力柔性，提升能力水平。

随着我国经济社会发展进入新阶段，企业自主创新能力的构建与提升日益需要依靠内生积累与自我发展。作为创新的源头活水，知识积累在提升企业自主创新能力、促进企业内生性成长过程中起到至关重要的作用。本书聚焦企业层次，揭示了企业知识积累影响自主创新能力构建以及企业可持续发展的内在规律。与此同时，作为微观经济主体，基于知识积累的企业行为提升自主创新能力之外，还需要从宏观科学发展与技术创新体系的视角进一步洞察企业自主创新能力提升规律与路径。主要政策建议如下。

第一，从国家创新系统层面强化科学研究与技术创新之间协同治理体系构建与治理能力提升。本书凸显了企业知识积累之于自主创新能力提升、企业可持续发展的重要性，但从企业这一微观创新主体的角度出发，企业在国家创新系统中的角色分工主要在于转知识为价值，在整个社会知识系统中是知识应用者，即企业是技术创新主体，但不必是科学发展的主体。从理论逻辑上来说，科学发展提供知识产出，技术创新重在知识应用，知识是创新的源头活水，创新是知识驱动力的汩汩驱力。国家统计局网站 2019 年 8 月 30 日公布数据显示：2018 年全社会研发经费投入为 19 677.9 亿元，投入强度达到 2.19%。其中，基础研究投入为 1090.4 亿元，占研发经费总投入的比重为 5.5%。从这个角度来说，坚持走中国特色自主创新道路、建设创新型国家战略实现，还需要在科学发展上下大功夫，加大基础研究的投入力度，在整体上优化研发投入结构，在活水源头上多下功夫，深淘滩、多蓄水，为技术创新提供不竭源泉，才能进一步提高科学发展与技术创新之间的协同度，在科学发展与技术创新协同治理体系优化与治理能力提升的框架下全面提升企业自主创新能力。

第二，从科教兴国战略的高度完善有利于创新性人才培育的教育与科技创新协同的治理体系。知识最终是由人创造出来的，也是由人应用而产生价值的。具有开拓精神和创造力的人才是促进经济社会高质量发展的基石。创新型国家建设，最终取决于国民素质的提高和人才资源的开发，要将创新性人才培养导向嵌入到教育体制机制的改革中，将教育体制机制改革与科技创新治理体系改革协同起来，从根本上促进教育、科技与经济的结合。

第三，进一步实施知识产权战略和技术标准战略，完善相关法律法规，激发全社会创新热情，形成“大众创业、万众创新”常态化运营的制度土壤。近年来，随着建设创新型国家战略的实施与推进，我国在知识产权战略方面取得了一定进展。2019 年 11 月由中共中央办公厅、国务院办公厅印发的《关于强化知识产权保护的意见》，是进一步牢固树立保护知识产权就是保护创新的理念的具体体现，强调坚持严格保护、统筹协调、重点突破、同等保护，不断改革完善知识产权保护体系，综合运用法律、行政、经济、技术、社会治理手段强化保护，促进保护能力和水平整体提升，最终使得知识产权制度激励创新的基本保障作用得到更有效发挥。

因此，基于知识积累全面提升企业自主创新能力并促进企业可持续发展，不仅是企业个体层面的问题，更是国家创新系统建设层面的知识生产、人才培养、知识主体权益保护及其相互之间协同的治理体系如何完善的问题。只有提高全社会知识产出、创新性人才供给，才能提供创新的源泉；只有强化知识产权保护，才能保障创新主体的权益，进而在全社会建立起尊重创新、保护创新、崇尚创新的文化氛围，“大众创业、万众创新”才能成为我们经济社会的常态。这样，我们才能在坚持走中国特色自主创新道路上，真正做到依靠自我积累、自我发展，实现全面创新，最终建成创新型国家！

参考文献

宝贡敏，徐碧祥. 2007. 国外知识共享理论研究述评[J]. 重庆大学学报（社会科学版），13（2）：43-49.

曹庆奎，任向阳，刘琛，等. 2006. 基于粗集——未确知测度模型的企业技术创新能力评价研究[J]. 系统工程理论与实践，26（4）：67-72.

陈继勇，雷欣，黄开琢. 2010. 知识溢出、自主创新能力与外商直接投资[J]. 管理世界，（7）：30-42.

陈劲. 1994. 从技术引进到自主创新的学习模式[J]. 科研管理，（2）：31，32-34.

陈小洪. 2009. 中国企业 30 年创新：机制、能力和战略[J]. 管理学报，6（11）：1421-1429.

陈悦，宋刚，郑刚，等. 2011. 中国创新管理研究的知识结构分析[J]. 科研管理，32（2）：10-19.

董岗，傅铅生. 2004. 关于企业创新能力的评价模型研究[J]. 商业研究，（9）：33-36.

傅家骥. 1998. 技术创新学[M]. 北京：清华大学出版社.

官建成，史晓敏. 2004. 技术创新能力和创新绩效关系研究[J]. 中国机械工程，15（11）：1000-1004.

胡恩华. 2001. 企业技术创新能力指标体系的构建及综合评价[J]. 科研管理，22（4）：79-84.

黄德春，陈思萌. 2008. 创新型企业创新能力评价实证研究[J]. 求索，（1）：66-68.

焦豪，魏江，崔瑜. 2008. 企业动态能力构建路径分析：基于创业导向和组织学习的视角[J]. 管理世界，4（4）：91-106.

金星. 2011. 企业规模与研发投入结构的理论与实证研究——基于企业知识和产品市场的视角[J]. 科学学研究，29（7）：1064-1070.

卡麦兹. 2009. 建构扎根理论：质性研究实践指南[M]. 边国英译. 重庆：重庆大学出版社.

李高勇，毛基业. 2015. 案例选择与研究策略——中国企业管理案例与质性研究论坛（2014）综述[J]. 管理世界，（2）：133-136，169.

李金明. 2001. 企业创新能力的分析模型[J]. 东华大学学报（自然科学版），27（2）：27-30.

李向波，李叔涛. 2007. 基于创新过程的企业技术创新能力评价研究[J]. 中国软科学，（2）：139-142.

李忆，马莉，胡冬云. 2015. 知识集中度与企业绩效的 U 型关系——基于 IT 行业上市公司的实证研究[J]. 科技管理研究，（16）：145-150.

林岩，陈剑. 2008. 以专利数据计量汽车零部件供应商的知识创造[J]. 科学学研究，26：152-158.

刘锦英，聂鸣，孙理军. 2006. 基于企业升级视角的企业创新能力内涵及特性分析[J]. 科学管理研究，（3）：8-12.
刘满凤，唐厚兴. 2011. 组织间知识溢出吸收模型与仿真研究[J]. 科研管理，（9）：74-82.
刘星，赵红. 2009. 外商直接投资对我国自主创新能力影响的实证研究——基于省级单位的面板数据分析[J]. 管理世界，（6）：170-171.
卢伟航，贺小刚. 2005. 彭罗斯企业成长内生论及其现实意义[J]. 南方经济，（1）：78-80.
路风，慕玲. 2003. 本土创新、能力发展和竞争优势——中国激光视盘播放机工业的发展及其对政府作用的政策含义[J]. 管理世界，（12）：57-82，155-156.
倪光南. 2006-07-11. 转引自：朱毅. IT 采购拿什么衡量自主创新[N]. 政府采购信息报（2）.
齐丽云，汪克夷，张芳芳，等. 2008. 企业内部知识传播的系统动力学模型研究[J]. 管理科学，21（6）：9-20.
斯特曼 J D. 2008. 商务动态分析方法：对复杂世界的系统思考与建模[M]. 朱岩，钟永光，等译. 北京：清华大学出版社.
宋河发，穆荣平，任中保. 2006. 自主创新及创新自主性测度研究[J]. 中国软科学，（6）：60-66.
宋志红，陈澍，范黎波. 2010. 知识特性、知识共享与企业创新能力关系的实证研究[J]. 科学学研究，28（4）：597-604，634.
汤超颖，丁雪辰. 2015. 创新型企业研发团队知识基础与知识创造的关系研究[J]. 科学学与科学技术管理，36（9）：81-92.
王华，赖明勇，柒江艺. 2010. 国际技术转移、异质性与中国企业技术创新研究[J]. 管理世界，（12）：131-142.
王莉红，顾琴轩. 2013. 组织无形资本对突破性与增量性创新能力的影响——以组织二元学习为中介[J]. 科学学与科学技术管理，34（10）：152-160.
魏江，许庆瑞. 1996. 企业技术能力与技术创新能力之关系研究[J]. 科研管理，17（1）：22-26.
魏江，许庆瑞. 1997. 企业技术能力作用于创新效益的经济控制模型研究[J]. 数量经济技术经济研究，（9）：42-45.
吴荣斌，田志康，王辉. 2011. 自主创新的国民主体性[J]. 中国软科学，（8）：85-102.
习近平. 2015-11-19. 发挥亚太引领作用 应对世界经济挑战. 人民日报（002）.
熊彼特 J . 1990. 经济发展理论——对于利润、资本、信贷、利息和经济周期的考察[M]. 何畏，易家详，等译. 北京：商务印书馆.
徐康宁，冯伟. 2010. 基于本土市场规模的内生化产业升级：技术创新的第三条道路[J]. 中国工业经济，（11）：58-67.
许庆瑞. 2007. 全面创新管理：理论与实践[M]. 北京：科学出版社.
许庆瑞，张军. 2017. 企业自主创新能力演化规律与提升机制[M]. 北京：科学出版社.
许庆瑞，张素平，金露. 2012. 中国技术进步历程回溯及启示——从自行设计到自主创新[J]. 中国科技论坛，（2）：8-14.
许振亮. 2011. 50 年来国际技术创新研究的可视化计量分析——基于作者共被引分析视角[J]. 科研管理，32（5）：17-28.
严成樑，龚六堂. 2009. 熊彼特增长理论：一个文献综述[J]. 经济学（季刊），8（3）：1163-1196.
杨德林，陈春宝. 1997. 模仿创新、自主创新与高技术企业成长[J]. 中国软科学，（8）：107-112.
杨宏进. 1998. 企业技术创新能力评价指标的实证分析[J]. 统计研究，（1）：53-58.

杨瑞龙. 2005. 企业理论：现代观点[M]. 北京：中国人民大学出版社.
殷 R K. 2004. 案例研究：设计与方法[M]. 3 版. 周海涛，等译. 重庆：重庆大学出版社.
张春霖，曾智华，马科 W P，等. 2009. 中国：促进以企业为主体的创新[M]. 北京：中信出版社.
张军，金露. 2011. 企业动态能力形成路径研究——基于创新要素及创新层次迁移视角的案例研究[J]. 科学学研究，(6)：939-948.
张军. 2005. 企业内部知识有效转移障碍及其对策研究[J]. 科学学与科学技术管理，(1)：79-82.
张军. 2009. 浙江省中小企业创新现状、问题及原因分析[J]. 管理工程学报，(S1)：7-11.
张军. 2012a. 沟通在新产品开发中的作用：研究现状与未来方向[J]. 技术经济，31(1)：8-15,100.
张军. 2012b. 基于知识积累的企业创新能力演化规律研究[D]. 杭州：浙江大学.
张军，曲丽洋，许庆瑞. 2016. 不同新颖度知识创造与企业成长动态关系研究——基于华为时间序列数据的探索性案例研究[J]. 科学学研究，34（9)：1381-1390.
张军，许庆瑞. 2014. 知识积累、创新能力与企业成长关系研究[J]. 科学学与科学技术管理，35（8)：86-95.
张军，许庆瑞. 2015. 企业知识积累与创新能力演化间动态关系研究——基于系统动力学仿真方法[J]. 科学学与科学技术管理，36（1)：128-138.
张军，许庆瑞. 2017. 知识积累规律如何决定企业自主创新能力[J]. 清华管理评论，(10)：27-35.
张军，许庆瑞，张素平. 2014a. 企业创新能力内涵、结构与测量——基于管理认知与行为导向视角[J]. 管理工程学报，28（3)：1-10.
张军，许庆瑞，张素平. 2014b. 知识积累、知识激活与创新能力关系研究[J]. 中国管理科学，22（10)：142-148.
张军，许庆瑞，张素平. 2014c. 知识共享、知识基与企业创新能力关系研究[J]. 科技进步与对策，31（23)：149-153.
张军，张素平，许庆瑞. 2014d. 动态环境中企业知识管理与创新能力关系研究[J]. 科研管理，35（4)：59-67.
张军，张素平，许庆瑞. 2012. 企业动态能力构建的组织机制研究——基于知识共享与集体解释视角的案例研究[J]. 科学学研究，(9)：1405-1415.
郑春东，和金生. 2000. 一种企业技术创新能力评价的新方法[J]. 科技管理研究，(3)：41-44.
郑春东，和金生，陈通. 1999. 企业技术创新能力评价研究[J]. 中国软科学，(10)：108-110.
郑刚，何郁冰，陈劲，等. 2008. "中国制造"如何通过开放式自主创新提升国际竞争力——中集集团自主创新模式的案例研究[J]. 科研管理，29（4)：95-102.
Adams R, Bessant J, Phelps R. 2006. Innovation management measurement: a review[J]. International Journal of Management Reviews，8（1)：21-47.
Adler P S, Shenbar A. 1990. Adapting your technological base: the organizational challenge[J]. Sloan Management Review，25：25-37.
Ahuja G，Katila R. 2001. Technological acquisitions and the innovation performance of acquiring firms：a longitudinal study[J]. Strategic Management Journal，22：197-220.
Alavi M, Leidner D E. 2001. Review: knowledge management and knowledge management systems: conceptual foundations and research issues[J]. MIS Quarterly，1（10)：107-136.
Alchian A A. 1950. Uncertainty，evolution，and economic theory[J]. Journal of Political Economy,

58：211-221.

Al-Laham A，Tzabbar D，Amburgey T L. 2011. The dynamics of knowledge stocks and knowledge flows：innovation consequences of recruitment and collaboration in biotech[J]. Industrial and Corporate Change，20（2）：555-583.

Allen T J. 1977. Managing the Flow of Technology：Technology Transfer and the Dissemination of Technological Information within the R&D Organization[M]. Cambridge，MA：MIT Press.

Almeida P，Kogut B. 1999. Localization of knowledge and the mobility of engineers in regional networks[J]. Management Science，45（7）：905-917.

Almeida P，Phene A. 2004. Subsidiaries and knowledge creation：the influence of the MNC and host country on innovation[J]. Strategic Management Journal，25（8/9）：847-864.

Alvesson M，Kärreman D. 2001. Odd couple：making sense of the curious concept of knowledge management[J]. Journal of Management Studies，38（7）：995-1018.

Ambrosini V，Bowman C. 2009. What are dynamic capabilities and are they a useful construct in strategic management?[J]. International Journal of Management Reviews，11（1）：29-49.

Amit R，Schoemaker P J H. 1993. Strategic assets and organizational rent[J]. Strategic Management Journal，14（1）：33-36.

Andergassen R，Nardini F. 2005. Endogenous innovation waves and economic growth[J]. Structural Change and Economic Dynamics，16（4）：522-539.

Argote L. 1999. Organizational Learning：Creating，Retaining and Transferring Knowledge[M]. Boston，MA：Kluwer.

Argote L，Ingram P. 2000. Knowledge transfer：a basis for competitive advantage in firms[J]. Organizational Behavior and Human Decision Processes，82（1）：150-169.

Argote L，Beckman S L，Epple D. 1990. The persistence and transfer of learning in industrial settings[J]. Management Science，36：140-154.

Argyres N. 1996. Capabilities，technological diversification and divisionalization[J]. Strategic Management Journal，17（5）：395-410.

Argyres N S，Silverman B S. 2004. R&D，organization structure and the development of corporate technological knowledge[J]. Strategic Management Journal，25：929-958.

Athreye S S. 2005. The Indian software industry and it's evolving service capability[J]. Industrial and Corporate Change，14（3）：393-418.

Augier M，Teece D J. 2008. Strategy as evolution with design：the foundations of dynamic capabilities and the role of managers in the economic system[J]. Organization Studies，29：1187-1208.

Bacovic M，Lipovina-Bozovic M. 2010. Knowledge accumulation and economic growth[C]. Working Paper. ASECU，Podgorica.

Barney J B. 1986. Strategic factor markets：expectations，luck，and business strategy[J]. Management Science，32（10）：1231-1241.

Barney J B. 1989. Asset stocks and sustained competitive advantage：a comment[J]. Management Science，35（12）：1511-1513.

Barney J. 1991. Firm resources and sustained competitive advantage[J]. Journal of Management，

17（1）：99-120.

Barrales-Molina V，Benitez-Amado J，Perez-Arostegui M N. 2010. Managerial perceptions of the competitive environment and dynamic capabilities generation[J]. Industrial Management and Data Systems，110（9）：1355-1384.

Baum J A C，Ingram P. 1998. Survival-enhancing learning in the Manhattan hotel industry，1898-1980[J]. Management Science，44：996-1016.

Baumol W J. 2002. The free-market innovation machine：analyzing the growth miracle of capitalism[M]. Princeton：Princeton University Press.

Bell D. 1973. The Coming of Post-Industrial Society：A Venture in Social Forecasting[M]. New York：Basic Books.

Berends H，Garud R，Debackere K，et al. 2011. Thinking along：a process for tapping into knowledge across boundaries[J]. International Journal of Technology Management，53（1）：69-88.

Bierly P，Chakrabarti A. 1996. Generic knowledge strategies in the US pharmaceutical industry[J]. Strategic Mangement Journal，17：123-135.

Bierly P，Daly P. 2002. Aligning Human Resource Management Practices and Knowledge Strategies[M]//Choo C，Bontis N. The Strategic Management of Intellectual Capital and Organizational Knowledge. New York：Oxford University Press.

Bierly Ⅲ P E，Damanpour F，Santoro M D. 2009. The application of external knowledge：organizational conditions for exploration and exploitation[J]. Journal of Management Studies，46（3）：481-509.

Bingham C B，Eisenhardt K M，Furr N R. 2007. What makes a process a capability? Heuristics，strategy，and effective capture of opportunities[J]. Strategic Entrepreneurship Journal，1（1/2）：27-47.

Bojica A M，Fuentes M D M F. 2012. Knowledge acquisition and corporate entrepreneurship：insights from Spanish SMEs in the ICT sector[J]. Journal of World Business，47：397-408.

Bresman H，Birkinshaw J，Nobel R. 1999. Knowledge transfer in international acquisitions[J]. Journal of International Business Studies，30（3）：439-462.

Brockman B K，Morgan R M. 2003. The role of existing knowledge in new product innovativeness and performance[J]. Decision Sciences，34（2）：385-419.

Brown J S，Duguid P. 2001. Knowledge and organization：a social-practice perspective[J]. Organization Science，12（2）：198-213.

Burgelman R，Maidique M A. 1988. Strategic management of technology and innovation[M]. Home-Wood，IL：Irwin.

Burgers J H，van den Bosch F A J，Volberda H W. 2008. Why new business development projects fail：coping with the differences of technological versus market knowledge[J]. Long Range Planning，41：55-73.

Burns T，Stalker G M. 1961. The Management of Innovation[M]. London：Tavistock.

Burt R S. 1992. Structural Holes：the Social Structure of Competition[M]. Cambridge，MA：Harvard University Press.

Calantone R J, Cavusgil S T, Zhao Y. 2002. Learning orientation, firm innovation capability, and firm performance[J]. Industrial Marketing Management, 31 (6): 515-524.

Caloghirou Y, Kastelli I, Tsakanikas A. 2004. Internal capabilities and external knowledge sources: complements or substitutes for innovative performance?[J]. Technovation, 24: 29-39.

Cantor N, Kihlstrom J F. 1989. Social Intelligence and Cognitive Assessments of Personality[M]. New York: Psychology Press.

Carlsson B, Eliasson G. 1994. The nature and importance of economic competence[J]. Industrial and Corporate Change, 3 (3): 687-711.

Carmeli A, Tishler A. 2004. The relationships between intangible organizational elements and organizational performance[J]. Strategic Management Journal, 25 (13): 1257-1278.

Cebon P, Newton P. 1999. Innovation in firms: towards a framework for indicator development[C]. Melbourne Business School Working Paper.

Chamberlin T, Doutriaux J. 2010. Sourcing knowledge and innovation in a low-technology industry[J]. Industry and Innovation, 17 (5): 487-510.

Chan K Y A, Oerlemans L A G, Pretorius M W. 2010. Knowledge exchange behaviors of science park firms: the innovation hub case[J]. Technology Analysis and Strategic Management, 22 (2): 207-228.

Chandy R K, Tellis G J. 1998. Organizing for radical product innovation: the overlooked role of willingness to cannibalize[J]. Journal of Marketing Research, 35 (4): 474-487.

Chang J J, Hung K P, Lin M J J. 2014. Knowledge creation and new product performance: the role of creativity[J]. R&D Management, 44 (2): 107-123.

Chen C J. 2004. The effects of knowledge attribute, alliance characteristics, and absorptive capacity on knowledge transfer performance[J]. R&D Management, 34 (3): 311-321.

Chen J, Chen Y, Vanhaverbeke W. 2011. The influence of scope, depth, and orientation of external technology sources on the innovative performance of Chinese firms[J]. Technovation, 31 (8): 362-373.

Chen W R, Miller K D. 2007. Situational and institutional determinants of firms' R&D search intensity[J]. Strategic Management Journal, 28 (4): 369-381.

Chesbrough H W. 2003. Open Innovation: The New Imperative for Creating and Profiting from Technology[M]. Boston USA: Harvard Business Press.

Chirico F, Salvato C. 2008. Knowledge integration and dynamic organizational adaptation in family firms[J]. Family Business Review, 21 (2): 169-181.

Choi B. Lee H. 2002. Knowledge management strategy and its link to knowledge creation process[J]. Expert Systems with Applications, 23 (3): 173-187.

Clercq D D, Sapienza H J. 2006. Effects of relational capital and commitment on venture capitalists' perception of portfolio company performance[J]. Journal of Business Venturing, 21(3): 326-347.

Cockburn I M, Henderson R M. 1998. Absorptive capacity, coauthoring behavior, and the organization of research in drug discovery[J]. The Journal of Industrial Economics, 46 (2): 157-182.

Cockburn I M，Henderson R M，Stern S. 2000. Untangling the origins of competitive advantage[J]. Strategic Management Journal，21（10-11）：1123-1145.

Cohen J，Cohen P，West S G，et al. 2003. Applied Multiple Regression Correlation Analysis for the Behavioral Sciences（third ed.）[M]. Mahwah，New Jersey：Lawrence Erlbaum Associates Publishers.

Cohen W M，Levinthal D A. 1990. Absorptive capacity：a new perspective on learning and innovation[J]. Administrative Science Quarterly，35（1）：128-152.

Cohendet P，Simon L. 2007. Playing across the playground：paradoxes of knowledge creation in the videogame firm[J]. Journal of Organizational Behavior，28（5）：587-605.

Coleman J S. 1988. Social capital in the creation of human capital[J]. American Journal of Sociology，94：95-120.

Collis D J. 1994. Research note：how valuable are organizational capabilities?[J]. Strategic Management Journal，15（S1）：143-152.

Corredoira R A，Rosenkopf L. 2010. Should auld acquaintance be forgot? The reverse transfer of knowledge through mobility ties[J]. Strategic Management Journal，31（2）：159-181.

Crossan M M，Apaydin M. 2010. A multi-dimensional framework of organizational innovation：a systematic review of the literature[J]. Journal of Management Studies，47（6）：1154-1191.

Crossan M M，Lane H W，White R E. 1999. An organizational learning framework：from intuition to institution[J]. Academy of Management Review，24（3）：522-537.

Cummings J N. 2004. Work groups，structural diversity，and knowledge sharing in a global organization[J]. Management Science，50（3）：352-364.

Cyert R M，March J G. 1963. A Behavioral Theory of the Firm[M]. Englewood Cliffs，NJ：Prentice-Hall.

D' Este P. 2002. The distinctive patterns of capabilities accumulation and inter-firm heterogeneity：the case of the Spanish pharmaceutical industry[J]. Industrial and Corporate Change，11（4）：847-874.

Dahlman C J，Westphal L A. 1982. Technological Effort in Industrial Development：A Survey in the Economic of New Technology in Developing Countries[M]. London：Printer.

Damanpour F，Gopalakrishnan S. 1998. Theories of organizational structure and innovation adoption：the role of environmental change[J]. Journal of Engineering and Technology Management，15（1），1-24.

Damanpour F. 1987. The adoption of technological，administrative，and ancillary innovations：impact of organizational factors[J]. Journal of Management，13（4）：675-688.

Damanpour F. 1991. Organizational innovation：a meta-analysis of effects of determinants and moderators[J]. Academy of Management Journal，34：555-590.

Damanpour F. 1992. Organizational size and innovation[J]. Organization Studies，13（3）：375-402.

Damanpour F. 1996. Organizational complexity and innovation：developing and testing multiple contingency models[J]. Management Science，42（5）：693-716.

Damanpour F，Schneider M. 2006. Phases of the adoption of innovation in organizations：effects of environment, organization and top managers[J]. British Journal of Management, 17: 215-236.

Daniel F, Lohrke F T, Fornaciari C J, et al. 2004. Slack resources and firm performance: a meta-analysis[J]. Journal of Business Research, 57: 565-574.

Darr E D, Argote L, Epple D. 1995. The acquisition, transfer, and depreciation of knowledge in service organizations: productivity in franchises[J]. Management Science, 41 (11): 1750-1762.

D'Aveni R A, Gunther R E. 1994. Hypercompetition: Managing the Dynamics of Strategic Maneuvering[M]. New York: Simon and Schuster.

Davis J P, Eisenhardt K M, Bingham C B. 2007. Developing theory through simulation methods[J]. Academy of Management Review, 32 (2): 480-499.

Day G S. 1994. The capabilities of market-driven organizations[J]. Journal of Marketing, 58: 37-52.

DeCarolis D M, Deeds D L. 1999. The impact of stocks and flows of organizational knowledge on firm performance: an empirical investigation of the biotechnology industry[J]. Strategic Management Journal, 20 (10): 953-968.

DeTienne K B, Dyer G, Hoopes C, et al. 2004. Toward a model of effective knowledge management and directions for future research: culture, leadership, and CKOs[J]. Journal of Leadership & Organizational Studies, 10: 26-43.

Dhanaraj C, Lyles M A, Steensma H K, et al. 2004. Managing tacit and explicit knowledge transfer in IJVs: the role of relational embeddedness and the impact on performance[J]. Journal of International Business Studies, 35 (5): 428-442.

Díaz-Díaz N L, Aguiar-Díaz I, Saá-Pérez P D. 2008. The effect of technological knowledge assets on performance: the innovative choice in Spanish firms[J]. Research Policy, 37: 1515-1529.

Dierickx I, Cool K. 1989. Asset stock accumulation and sustainability of competitive advantage[J]. Management Science, 35: 1504-1511.

Donate M J, Guadamillas F. 2011. Organizational factors to support knowledge management and innovation[J]. Journal of Knowledge Management, 15 (6): 890-914.

Dosi G. 1988. Sources, procedures, and microeconomic effects of innovation[J]. Journal of Economic Literature, 26 (3): 1120-1171.

Dosi G, Faillo M, Marengo L. 2008. Organizational capabilities, patterns of knowledge accumulation and governance structures in business firms: an introduction[J]. Organization Studies, 29 (8/9): 1165-1185.

Dosi G, Freeman C, Nelson R, et al. 1988. Technical Change and Economic Theory[M]. London: Printer.

Dosi G, Nelson R R, Winter S G. 2000. Introduction: the nature and dynamics of organizational capabilities[M]//Dosi G, Nelson R R, Winter S G. The Nature and Dynamics of Organizational Capabilities. New York: Oxford University Press.

Drucker P F. 1968. The Age of Discontinuity: Guidelines to Our Changing Society[M]. New York: Harper & Row.

Drucker P F. 1992. Managing for the Future: the 1990s and Beyond[M]. New York: Dutton.

Drucker P F. 1994. The theory of the business[J]. Harvard Business Review, 72 (5): 95-104.

Dussauge P，Garrette B，Mitchell W. 2000. Learning from competing partners：outcomes and durations of scale and link alliances in Europe, North America and Asia[J]. Strategic Management Journal, 21：99-126.

Easterby-Smith M，Lyles M A，Burgoyne J. 1999. Organizational Learning and the Learning Organization：Developments in Theory and Practice[M]. London：Sage Publications Limited.

Easterby-Smith M，Lyles M A，Peteraf M A. 2009. Dynamic capabilities：current debates and future directions[J]. British Journal of Management，20（s1）：S1-S8.

Eccles R，Nohria N. 1992. Beyond the Hype[M]. Boston：Harvard Business School Press.

Eisenhardt K M. 1989. Building theories from case study research[J]. The Academy of Management Review，14（4）：532-550.

Eisenhardt K M，Martin J A. 2000. Dynamic capabilities：what are they?[J]. Strategic Management Journal，21（10/11）：1105-1121.

Eisenhardt K M，Furr N R，Bingham C B. 2010. Microfoundations of performance：balancing efficiency and flexibility in dynamic environments[J]. Organization Science，21（6）：1263-1273.

Epple D，Argote L，Murphy K. 1996. An empirical investigation of the microstructure of knowledge acquisition and transfer through learning by doing[J]. Operations Research，44（1）：77-86.

Ernst H，Lichtenthaler U，Vogt C. 2011. The impact of accumulating and reactivating technological experience on R&D alliance performance[J]. Journal of Management Studies，48（6）：1194-1216.

Evan W M. 1966. Organizational lag[J]. Human Organizations，25：51-53.

Evers N，O' Gorman C. 2011. Improvised internationalization in new ventures：the role of prior knowledge and networks[J]. Entrepreneurship & Regional Development，23（7-8）：549-574.

Fang Y，Jiang G L F，Makino S，et al. 2010. Multinational firm knowledge，use of expatriates，and foreign subsidiary performance[J]. Journal of Management Studies，47（1）：27-54.

Filippini R，Güttel W H，Nosella A. 2012. Ambidexterity and the evolution of knowledge management initiatives[J]. Journal of Business Research，65：317-324.

Fleming L. 2001. Recombinant uncertainty in technological search[J]. Management Science，47（1），117-132.

Fleming L，Sorenson O. 2001. Technology as a complex adaptive system：evidence from patent data[J]. Research Policy，30（7）：1019-1039.

Foray D. 1997. The dynamic implications of increasing returns：technological change and path dependent inefficiency[J]. International Journal of Industrial Organization，15（6）：733-752.

Forrester A T. 1961. Photoelectric mixing as a spectroscopic tool[J]. Journal of the Optical Society of America，51（3）：253-256.

Forrester J W. 1994. System dynamics，systems thinking，and soft OR[J]. System Dynamics Review，10（2-3）：245-256.

Forrester J W. 2007. System dynamics—the next fifty years[J]. System Dynamics Review，23（2/3）：359-370.

Foss N J. 1996. Knowledge-based approaches to the theory of the firm：some critical comments[J]. Organization Science，7（5）：470-476.

Foss N J, Husted K, Michailova S. 2010. Governing knowledge sharing in organizations: levels of analysis, governance mechanisms, and research directions[J]. Journal of Management Studies, 47(3): 455-482.

Foster J, Metcalfe J S. 2001. Frontier of Evolutionary Economics Competition, Self-Organization and Innovation Policy[M]. London: Edward Elgar Publishing Limited.

Foss N J, Pedersen T. 2002. Transferring knowledge in MNCs: the role of sources of subsidiary knowledge and organizational context[J]. Journal of International Management, 8(1): 49-67.

Francis D, Bessant J. 2005. Targeting innovation and implications for capability development[J]. Technovation, 25: 171-183.

Fredrickson J W. 1984. The comprehensiveness of strategic decision processes: extension, observations, future directions[J]. Academy of Management Journal, 27: 445-466.

Freeman C, Soete L. 1997. The Economics of Industrial Innovation[M]. London: Loutledge: 301-306.

Freiling J, Gersch M, Goeke C. 2008. On the path towards a competence-based theory of the firm[J]. Organization Studies, 29(8/9): 1143-1164.

Ganesan S, Malter A J, Rindfleisch A. 2005. Does distance still matter? Geographic proximity and new product development[J]. Journal of Marketing, 69(4): 44-60.

Garud R, Nayyar P R. 1994. Transformative capacity: continual structuring by intertemporal technology transfer[J]. Strategic Management Journal, 15: 365-385.

Gavetti G. 2005. Cognition and hierarchy: rethinking the microfoundations of capabilities' development[J]. Organization Science, 16(6): 599-617.

Gavetti G, Levinthal D. 2000. Looking forward and looking backward: cognitive and experiential search[J]. Administrative Science Quarterly, 45(1): 113-137.

Gino F, Argote L, Miron-Spektor E, et al. 2010. First, get your feet wet: the effects of learning from direct and indirect experience on team creativity[J]. Organizational Behavior and Human Decision Processes, 111(2): 102-115.

Gittelman M. 2008. Comment: the value of European patents[J]. European Management Review, 5(2): 85-89.

Gloet M, Berrell M. 2003. The dual paradigm nature of knowledge management: implications for achieving quality outcomes in human resource management[J]. Journal of Knowledge Management, 7(1): 78-89.

Graf H, Krüger J J. 2011. The performance of gatekeeper in innovator networks[J]. Industry and Innovation, 18(1): 69-88.

Granovetter M S. 1973. The strength of weak ties[J]. American Journal of Sociology, 78: 1360-1380.

Grant R M. 1996. Prospering in dynamically-competitive environments: organizational capability as knowledge integration[J]. Organization Science, 7(4): 375-387.

Grant R M. 1997. The knowledge-based view of the firm: implications for management practice[J]. Long Range Planning, 30(3): 450-454.

Grant R M, Baden-Fuller C. 2004. A knowledge accessing theory of strategic alliances[J]. Journal of Management Studies, 41(1): 61-84.

Griliches Z. 1990. Patent statistics as economic indicators：a survey[J]. Journal of Economic Literature，28：1661-1707.

Grossman G M，Helpman E. 1991. Quality ladders and product cycles[J]. The Quarterly Journal of Economics，106（2）：557-586.

Gupta A K，Govindarajan V. 1986. Resource sharing among SBUs：strategic antecedents and administrative implications[J]. Academy of Management Journal，29：695-714.

Gupta A K，Govindarajan V. 2000. Knowledge flows within multinational corporations[J]. Strategic Management Journal，21（4）：473-496.

Haas M R，Hansen M T. 2005. When using knowledge can hurt performance：the value of organizational capabilities in a management consulting company[J]. Strategic Management Journal，26（1）：1-24.

Haeckel S H. 1999. Adaptive enterprise：creating and leading sense-and-respond organization[M]. Boston，MA：Harvard Business School Press.

Hagedoorn J，Duysters G. 2002. External sources of innovative capabilities：the preferences for strategic alliances or mergers and acquisitions[J]. Journal of Management Studies，39：167-188.

Hambrick D C，Mason P A. 1984. Upper echelons：the organization as a reflection of its top managers[J]. Academy of Management Review，9（2）：193-206.

Hansen M T. 1999. The search-transfer problem：the role of weak ties in sharing knowledge across organization subunits[J]. Administrative Science Quarterly，44（1）82-111.

Hansen M T. 2002. Knowledge networks：explaining effective knowledge sharing in multiunit companies[J]. Organization Science，13（3）：232-248.

Hansen M T，Mors M L，Løvås B. 2005. Knowledge sharing in organizations：multiple networks，multiple phases[J]. The Academy of Management Journal，48（5）：776-793.

Hatch N W，Dyer J H. 2004. Human capital and learning as a source of sustainable competitive advantage[J]. Strategic Management Journal，25（12）：1155-1178.

He Z L，Wong P K. 2004. Exploration vs. exploitation：an empirical test of the ambidexterity hypothesis[J]. Organization Science，15（4）：481-494.

Heimerisks K H. 2010. Confident or competent? How to avoid superstitious learning in alliance portfolios[J]. Long Range Planning，43：57-84.

Helfat C E，Finkelstein S，Mitchell W，et al. 2007. Dynamic Capabilities：Understanding Strategic Change in Organizations[M]. Malden，MA：Wiley-Blackwell.

Helfat C E，Raubitschek R S. 2000. Product sequencing：co-evolution of knowledge，capabilities，and products[J]. Strategic Management Journal，21（10/11）：961-979.

Helpman E. 1993. Innovation，imitation，and intellectual property rights[J]. Econometrica，61（6）：1247-1280.

Henderson R M，Clark K B. 1990. Architectural innovation：the reconfiguration of existing product technologies and the failure of established firms[J]. Administrative Science Quarterly，35：9-30.

Hess A M，Rothaermel F T. 2011. When are assets complementary? Star scientists，strategic alliances，and innovation in the pharmaceutical industry[J]. Strategic Management Journal，32（8）：

895-909.

Higgins M C, Kram K E. 2001. Reconceptualizing mentoring at work: a developmental network perspective[J]. Academy of Management Review, 26（2）: 264-288.

Hill C W L, Deeds D L. 1996. The importance of industry structure for the determination of firm profitability: a neo-Austrian perspective[J]. Journal of Management Studies, 33（4）: 429-451.

Hill C W L, Rothaermel F T. 2003. The performance of incumbent firms in the face of radical technological innovation[J]. Academy of Management Review, 28（2）: 257-274.

Hinkin T R. 1998. A brief tutorial on the development of measure for use in survey questionnaires[J]. Organizational Research Methods, 1（1）: 104-121.

Hocking J B, Brown M, Harzing A W. 2004. A knowledge transfer perspective of strategic assignment purposes and their path-dependent outcomes[J]. The International Journal of Human Resource Management, 15: 565-586.

Hofer C W, Schendel D. 1978. Strategy Formulation: Analytical Concepts[M]. St. Paul: West Publishing Company.

Howitt P. 1999. Steady endogenous growth with population and R&D inputs growing[J]. Journal of Political Economy, 107（4）: 715-730.

Hong P, Doll W J, Nahm AY, et al. 2004. Knowledge sharing in integrated product development[J]. European Journal of Innovation Management, 7（2）: 102-112.

Hong P, Doll W J, Revilla E, et al. 2011. Knowledge sharing and strategic fit in integrated product development projects: an empirical study[J]. International Journal of Production Economics, 132: 186-196.

Hu M C. 2008. Knowledge flows and innovation capability: the patenting trajectory of Taiwan' s thin film transistor-liquid crystal display industry[J]. Technological Forecasting and Social Change, 75: 1423-1438.

Hu M C, Tseng C Y. 2007. Technological interdependence and knowledge diffusion in the building of national innovative capacity: the role of Taiwan' s chemical industry[J]. Technological Forecasting and Social Change, 74: 298-312.

Huff A S. 1990. Mapping Strategic Thought[M]. New York: Wiley.

Hult G T M, Hurley R F, Knight G A. 2004. Innovativeness: its antecedents and impact on business performance[J]. Industrial Marketing Management, 33（5）: 429-438.

Hummel M, van Rossum W, Omta O, et al. 2001. Types and timing of inter-organizational communication in new product development[J]. Creativity and Innovation Management, 10（4）: 225-233.

Hurley R F, Hult G T M. 1998. Innovation, market orientation and organizational learning: an integration and empirical examination[J]. Journal of Marketing, 62（3）: 42-54.

Iansiti M. 1995a. Technology development and integration: an empirical study of the interaction between applied science and product development[J]. IEEE Transactions On Engineering Management, 42（3）: 259-269.

Iansiti M. 1995b. Technology integration: managing technological evolution in a complex environment[J]. Research Policy, 24（4）: 521-542.

Iansiti M，Clark K B. 1994. Integration and dynamic capability：evidence from product development in automobiles and mainframe computers[J]. Industrial and Corporate Change，3（3）：557-605.

Jansen J J P，van den Bosch F A J，Volberda H W. 2006. Exploratery innovation，exploitative innovation，and performance：effects of organizational antecedents and environmental moderators[J]. Management Science，52（11），1661-1674.

Jansen J J P，van den Bosch F A J，Volberda H W. 2005. Managing potential and realized absorptive capacity：how do organizational antecedents matter?[J]. The Academy of Management Journal，48（6）：999-1015.

Jiang X，Li Y. 2009. An empirical investigation of knowledge management and innovative performance：the case of alliances[J]. Research Policy，38：358-368.

Jones C I. 1995a. R&D-based models of economic growth[J]. Journal of Political Economy，103（4）：759-784.

Jones C I. 1995b. Time series tests of endogenous growth models[J]. Quarterly Journal of Economics，110（2）：495-525.

Kale P，Singh H. 2007. Building firm capabilities through learning：the role of the alliance learning process in alliance capability and firm-level alliance success[J]. Strategic Management Journal，28（10）：981-1000.

Kale P，Singh H，Perlmutter H. 2000. Learning and protection of proprietary assets in strategic alliances：building relational capital[J]. Strategic Management Journal，21（3）：217-237.

Katz N，Du Preez N. 2008. The role of knowledge management in supporting a radical innovation project[M]// Bernard A，Tichkiewitch S. Methods and Tools for Effective Knowledge Life-Cycle-Management. Amsterdam:Springer.

Keeble D，Wilkinson F. 1999. Collective learning and knowledge development in the evolution of regional clusters of high technology SMEs in Europe[J]. Regional Studies，33：295-303.

Khodakarami F，Chan Y E. 2014. Exploring the role of customer relationship management（CRM）systems in customer knowledge creation[J]. Information & Management，51：27-42.

Kim Y K，Lee K，Park W G，et al. 2012. Appropriate intellectual property protection and economic growth in countries at different levels of development[J]. Research Policy，41（2）：358-375.

Koc T，Ceylan C. 2007. Factors impacting the innovative capacity in large-scale companies[J]. Technovation，27：105-114.

Kogut B，Zander U. 1992. Knowledge of the firm，combinative capabilities，and the replication of technology[J]. Organization Science，3（3）：383-397.

Kostova T. 1999. Transnational transfer of strategic organizational practices：a contextual perspective[J]. The Academy of Management Review，24（2）：308-324.

Lall S. 1992. Technological capabilities and industrialization[J]. World Development，20（2）：165-186.

Lane P J，Lubatkin M. 1998. Relative absorptive capacity and interorganizational learning[J]. Strategic Management Journal，19（5）：461-477.

Lane P J，Koka B R，Pathak S. 2006. The reification of absorptive capacity：a critical review and rejuvenation of the construct[J]. The Academy of Management Review Archive, 31(4): 833-863.

Lane P J, Salk J E, Lyles M A. 2001. Absorptive capacity, learning, and performance in international joint ventures[J]. Strategic Management Journal, 22: 1139-1161.

Laursen K, Salter A. 2004. Searching high and low: what types of firms use universities as a source of innovation?[J]. Research Policy, 33 (8): 1201-1215.

Lawson B, Samson D. 2001. Developing innovation capability in organizations: a dynamic capabilities approach[J]. International Journal of Innovation Management, 5: 377-400.

Lee J N. 2001. The impact of knowledge sharing, organizational capability and partnership quality on IS outsourcing success[J]. Information & Management, 38 (5): 323-335.

Leiponen A. 2006. Managing knowledge for innovation: the case of business-to-business services[J]. Journal of Product Innovation Management, 23: 238-258.

Leonard-Barton D. 1992. Core capabilities and core rigidity: a paradox in managing new product development[J]. Strategic Management Journal, 13 (s1): 111-125.

Levin R C. 1988. Appropriability, R&D spending, and technological performance[J]. The American Economic Review, 78 (2): 424-428.

Levinthal D A, March J G. 1993. The myopia of learning[J]. Strategic Management Journal, 14(S2): 95-112.

Levitt B, March J G. 1988. Organizational learning[J]. Annual Review of Sociology, 14: 319-340.

Lewin A Y, Volberda H W. 1999. Prolegomena on coevolution: a framework for research on strategy and new organizational forms[J]. Organization Science, 10 (5): 519-534.

Lin H F. 2007. Knowledge sharing and firm innovation capability: an empirical study[J]. International Journal of Manpower, 28 (3/4): 315-332.

Lucas R E. 1988. On the mechanism of economic development[J]. Journal of Monetary Economics, 22 (1): 3-42.

Lundvall B-Å, Nielsen P. 2007. Knowledge management and innovation performance[J]. International Journal of Manpower, 28 (3): 207-223.

Mansfield E, Papoport J, Remeo A, et al. 1977. Social and private rates of return from industrial innovations[J]. The Quarterly Journal of Economics, 91 (2): 221-240.

March J G. 1991. Exploration and exploitation in organizational learning[J]. Organization Science, 2 (1): 71-87.

March J G, Simon H A. 1958. Organizations[M]. New York: Wiley.

Marquis D G, Allen T J. 1966. Communication patterns in applied technology[J]. American Psychologist, 21 (11): 1052-1060.

Marsh S J, Stock G N. 2006. Creating dynamic capability: the role of intertemporal integration, knowledge retention, and interpretation[J]. Journal of Product Innovation Management, 23: 422-436.

Marshall A. 1920. Principles of Economics (8th ed.) [M]. London: Macmillan Press.

Martinez-Torrez M R. 2006. A procedure to design a structural and measurement model of intellectual capital: an exploratory study[J]. Information & Management, 43 (5): 617-626.

Matusik S F. 2002. An empirical investigation of firm public and private knowledge[J]. Strategic Management Journal，23（5）：457-467.

McGrath R G. 2001. Exploratory learning，innovative capacity and managerial oversight[J]. Academy of Management Journal，44（1）：118-131.

Metcalfe J S. 1998. Evolutionary Economics and Creative Destruction[M]. London：Routledge.

Meyer M，Gupta V. 1994. The performance paradox[M]//Cummings L L，Staw B M. Research in Organizational Behavior. Greenwich，CT：JAI Press.

Milkovich G T. 1987. Compensation Systems in High Tech Companies[M]//Anderson C S，Kleingartner A. Human Resource Management in High Technology Firms. Lexington, MA：Lexington Books：103-114.

Miller D J，Fern M J，Cardinal L B. 2007. The use of knowledge for technological innovation within diversified firms[J]. Academy Management Journal，50（2）：308-326.

Mintzberg H，Raisinghani D，Theoret A. 1976. The structure of "unstructured" decision processes[J]. Administrative Science Quarterly，21：246-275.

Mone M A，McKinley W，Barker III V L. 1998. Organizational decline and innovation：a contingency framework[J]. Academy of Management Review，23（1）：115-132.

Moorman C，Miner A S. 1997. The impact of organizational memory on new product performance and creativity[J]. Journal of Marketing Research，34（1）：91-106.

Mota J，de Castro L M. 2004. A capabilities perspective on the evolution of firm boundaries：a comparative case example from the Portuguese moulds industry[J]. Journal of Management Studies，41（2）：295-316.

Neill S，McKee D，Rose G M. 2007. Developing the organization' s sensemaking capability：precursor to an adaptive strategic marketing response[J]. Industrial Marketing Management，36（6）：731-744.

Nelson R E. 1989. The strength of strong ties：social networks and intergroup conflict in organizations[J]. Academy of Management Journal，32（2）：377-401.

Nelson R R，Winter S G. 1982. An Evolutionary Theory of Economic Change[M]. Cambridge，MA：Belknap Press of Harvard University Press.

Nohria N，Gulati R. 1996. Is slack good or bad for innovation[J]. The Academy of Management Journal，39（5）：1245-1264.

Nonaka I. 1994. A dynamic theory of organizational knowledge creation[J]. Organization Science，5（1）：14-37.

Nonaka I，Takeuchi H. 1995. The Knowledge-Creating Company：How Japanese Companies Create the Dynamics of Innovation[M]. Oxford：Oxford University Press.

Nonaka I，Toyama R，Konno N. 2000. SECI，Ba and leadership：a unified model of dynamic knowledge creation[J]. Long Range Planning，33（1）：5-34.

Nooteboom B. 1999. From Evolution to Language and Learning[R]. Mimeo，Netherlands Institute for Advanced Studies.

Nooteboom B. 2000. Learning by interaction：absorptive capacity，cognitive distance and

governance[J]. Journal of Management and Governance，4（1/2）：69-92.
Ocasio W. 1997. Towards an attention-based view of the firm[J]. Strategic Management Journal，18：187-206.
Pandza K，Thorpe R. 2009. Creative search and strategic sense-making：missing dimensions in the concept of dynamic capabilities[J]. British Journal of Management，20：s118-s131.
Parkhe A. 1991. Interfirm diversity，organizational learning，and longevity in global strategic alliances[J]. Journal of International Business Studies，22（4）：579-601.
Patton M Q. 1987. How to Use Qualitative Methods in Evaluation[M]. Newbury Park，CA：Sage.
Penrose E. 1959. The Theory of the Growth of the Firm[M]. Oxford: Blackwell.
Pfefer J. 1972a. Merger as a response to organizational interdependence[J]. Administrative Science Quarterly，17：382-394.
Pfeffer J. 1972b. Size and composition of corporate boards of directors：the organization and its environment[J]. Administrative Science Quarterly，17：218-228.
Phelps C C. 2010. A longitudinal study of the influence of alliance network structure and composition on firm exploratory innovation[J]. Academy of Management Journal，53（4）：890-913.
Pierce J L，Delbecq A L. 1977. Organization structure，individual attitudes and innovation[J]. The Academy of Management Review，2（1）：27-37.
Podsakoff P M，MacKenzie S B，Lee J Y，et al. 2003. Common method biases in behavioral research：a critical review of the literature and recommended remedies[J]. The Journal of Applied Psychology，88（5）：879-903.
Polanyi M. 1958. The Study of Man[M]. Illinois：University of Chicago.
Polanyi M. 1966. The Tacit Dimension[M]. London：Routledge & Kegan Paul.
Porter M A. 1980. Competitive Strategy[M]. New York：Free Press.
Porter M E. 1990. The Competitive Advantage of Nations：with A New Introduction[M]. New York：Free Press.
Powell W W，Koput K W，Smith-Doerr L. 1996. Interorganizational collaboration and the locus of innovation：networks of learning in biotechnology[J]. Administrative Science Quarterly，41（1）：116-145.
Prahalad C K，Hamel G. 1990. The core competence of the corporation[J]. Harvard Business Review，68：79-91.
Prescott E C，Visscher M. 1980. Organization capital[J]. Journal of Political Economy，88（3）：446-461.
Richardson G B. 1972. The organization of industry[J]. Economic Journal，82：883-896.
Richtnér A，Åhlström P. 2010. Organizational slack and knowledge creation in product development projects：the role of project deliverables[J]. Creativity and Innovation Management，19（4）：428-437.
Romer P M. 1990. Endogenous technological change[J]. Journal of Political Economy，98（5）：71-102.
Romijn H，Albaladejo M. 2002. Determinants of innovation capability in small electronics and

software firms in Southeast England[J]. Research Policy，31：1053-1067.

Rosenbloom R S. 2000. Leadership，capabilities，and technological change：the transformation of NCR in the electronic era[J]. Strategic Management Journal，21（10/11）:1083-1103.

Rosenkopf L，Nerkar A. 2001. Beyond local search：boundary-spanning，exploration，and impact in the optical disk industry[J]. Strategic Management Journal，22（4）：287-306.

Rothaermel F T，Hess A M. 2007. Building dynamic capabilities：innovation driven by individual，firm，and network level effects[J]. Organization Science，18（6）：898-921.

Rothwell R. 1994. Towards the fifth-generation innovation process[J]. International Marketing Review，11（1）：7-31.

Rumelt R P. 1984. Towards A Strategic Theory of the Firm[M]//Lamb R. Competitive Strategic Management. Englewood Cliff，NJ：Prentice Hall：556-570.

Sáenz J，Aramburu N，Rivera O. 2009. Knowledge sharing and innovation performance：a comparison between high-tech and low-tech companies[J]. Journal of Intellectual Capital，10（1）：22-36.

Sampson R C. 2005. Experience effects and collaborative returns in R&D alliances[J]. Strategic Management Journal，26：1009-1031.

Sanchez R，Mahoney J T. 1996. Modularity，flexibility，and knowledge management in product and organization design[J]. Strategic Management Journal，17：63-76.

Saviotti P P. 1996. Technological Evolution，Variety and the Economy[M]. Cheltenham，UK and Brookfield，US：Edward Elgar.

Saxenian A. 1994. Regional Advantage：Culture and Competition in Silicon Valley and Route 128[M]. Cambridge，MA：Harvard University Press.

Schatzel K，Iles TA，Kiyak T. 2005. A firm' s technology demand receptivity：the development of the construct and a conceptual model[J]. The Journal of American Academy of Business，7（2）：1-6.

Schreyögg G，Kliesch-Eberl M. 2007. How dynamic can organizational capabilities be? Towards a dual-process model of capability dynamization[J]. Strategic Management Journal，28：913-933.

Schilling M A，Phelps C C. 2005. Interfirm collaboration networks：the impact of small world connectivity on firm innovation[EB/OL]. https://ssrn. com/abstract=564422.

Schriesheim C A，Hinkin T R. 1990. Influence tactics used by subordinates：a theoretical and empirical analysis and refinement of the Kipnis，Schmidt，and Wilkinson subscales[J]. Journal of Applied Psychology，75：246-257.

Schulze A，Hoegl M. 2006. Knowledge creation in new product development projects[J]. Journal of Management，32（2）：210-236.

Schulze A，Hoegl M. 2008. Organizational knowledge creation and the generation of new product ideas：a behavioral approach[J]. Research Policy，37（10）：1742-1750.

Schumpeter J A. 1934. Capitalism，Socialism and Democracy[M]. New York：Harper & Row.

Schumpeter J A. 1939. Business Cycles：A Theoretical，Historical，and Statistical Analysis of the Capitalist Process[M]. NY：McGraw-Hill Book Company.

Schumpeter J A. 1942. Capitalism，Socialism and Democracy[M]. New York：Harper & Row.

Selznick P. 1949. TVA and the Grass Roots：A Study in the Sociology of Formal Organization[M].

Berkeley：University of California Press.

Sen F K，Egelhoff W G. 2000. Innovative capabilities of a firm and the use of technical alliances[J]. IEEE Transactions on Engineering Management，47（2）：174-183.

Shane S. 2000. Prior knowledge and the discovery of entrepreneurial opportunities[J]. Organization Science，11（4）：448-469.

Shapiro S M. 2001. 24/7 Innovation：A Blueprint for Surviving and Thriving in An Age of Change[M]. New York：McGraw-Hill Trade.

Shu C，Page A L，Gao S，et al. 2012. Managerial ties and firm innovation：is knowledge creation a missing link?[J]. Journal of Product Innovation Management，29（1）：125-143.

Singh J. 2008. Distributed R&D，cross-regional knowledge integration and quality of innovative output[J]. Research Policy，37：77-96.

Singley M K，Anderson J R. 1989. The Transfer of Cognitive Skill[M]. Boston：Harvard University Press.

Smith K G，Collins C J，Clark K D. 2005. Existing knowledge，knowledge creation capability，and the rate of new product introduction in high-technology firms[J]. The Academy of Management Journal，48（2）：346-357.

Sørensen J B，Stuart T E. 2000. Aging，obsolescence，and organizational innovation[J]. Administrative Science Quarterly，45（1）：81-112.

Spender J C. 1989. Industry Recipes[M]. Worcester：Billing & Sons Ltd.

Spender J C. 1996. Making knowledge the basis of a dynamic theory of the firm[J]. Strategic Management Journal，17：45-62.

Spender J C，Grant R M. 1996. Knowledge and firm：overview[J]. Strategic Management Journal，17：5-9.

Spithoven A，Frantzen D，Clarysse B. 2010. Heterogeneous firm-level effects of knowledge exchanges on product innovation：differences between dynamic and lagging product innovators[J]. Journal of Product Innovation Management，27（3）：362-381.

Stieglitz N，Heine K. 2007. Innovations and the role of complementarities in a strategic theory of the firm[J]. Strategic Management Journal，28（1）：1-15.

Su Z，Ahlstrom D，Li J，et al. 2013. Knowledge creation capability，absorptive capacity，and product innovativeness[J]. R&D Management，43（5）：473-485.

Subramaniam M，Youndt M A. 2005. The influence of intellectual capital on the types of innovative capabilities[J]. The Academy of Management Journal，48（3）：450-463.

Swan J，Newell S，Scarbrough H，et al. 1999. Knowledge management and innovation：networks and networking[J]. Journal of Knowledge Management，3（4）：262-275.

Szeto E. 2000. Innovation capacity：working towards a mechanism for improving innovation within an inter-organizational network[J]. The TQM Magazine，12（2）：149-158.

Szulanski G. 1996. Exploring internal stickiness：impediments to the transfer of best practice within the firm[J]. Strategic Management Journal，17：27-43.

Teece D J. 2007. Explicating dynamic capabilities: the nature and microfoundations of (sustainable) enterprise performance[J]. Strategic Management Journal, 28: 1319-1350.

Teece D J. 1984. Economic analysis and strategic management[J]. California Management Review, 26（3）: 87-110.

Teece D J, Pisano G. 1994. The dynamic capabilities of firms: an introduction[J]. Industrial and Corporate Change, 3（3）: 537-556.

Teece D J, Pisano G, Shuen A. 1997. Dynamic capabilities and strategic management[J]. Strategic Management Journal, 18(7): 509-533.

Thompson J D, McEwen W J. 1958. Organizational goals and environment: goal-setting as an interaction process[J]. American Sociological Review, 23: 23-31.

Thornhill S. 2006. Knowledge, innovation and firm performance in high-and low-technology regimes[J]. Journal of Business Venturing, 21: 687-703.

Tidd J, Trewhella M J. 1997. Organizational and technological antecedents for knowledge acquisition and learning[J]. R&D Management, 27（4）: 359-375.

Tidd J, Bessant J, Pavitt K. 2001. Managing Innovation: Integrating Technological, Market and Organizational Change[M]. New York: John Wiley & Sons.

Tiwana A. 2008. Does interfirm modularity complement ignorance? A field study of software outsourcing alliances[J]. Strategic Management Journal, 29（11）: 1241-1252.

Toffler A. 1990. Power Shift: Knowledge, Wealth and Violence at the Edge of 21st Century[M]. New York: Bantam Books.

Tripsas M, Gavetti G. 2000. Capabilities, cognition, and inertia: evidence from digital imaging[J]. Strategic Management Journal, 21（10/11）: 1147-1161.

Tsai W. 2001. Knowledge transfer in intraorganizational networks: effects of network position and absorptive capacity on business unit innovation and performance[J]. Academy of Management Journal, 44（5）: 996-1004.

Tung R L. 1982. Selection and training procedures of United States, European, and Japanese Multinationals[J]. California Management Review, 25: 57-71.

Tushman M L, O' Reilly Ⅲ C, Medcof J W. 1998. Winning through innovation[J]. R&D Management, 28（3）: 221.

Utterback J M, Abernathy W J. 1975. A dynamic model of process and product innovation[J]. Omega, 3（6）: 639-656.

Uzzi B. 1997. Social structure and competition in inter firm networks: the paradox of embeddedness[J]. Administrative Science Quarterly, 42: 35-67.

Uzzi B, Lancaster R. 2003. Relational embeddedness and learning: the case of bank loan managers and their clients[J]. Management Science, 49（4）: 383-399.

van Wijk R, Jansen J J P, Lyles M A. 2008. Inter-and intra-organizational knowledge transfer: a meta-analytic review and assessment of its antecedents and consequences[J]. Journal of Management Studies, 45（4）: 830-853.

Vanhaverbeke W, Gilsing V, Beerkens B, et al. 2009. The role of alliance network redundancy in the creation of core and non-core technologies[J]. Journal of Management Studies, 46（2）: 215-244.

Verona G. 1999. A resource-based view of product development[J]. Academy of Management Review，24（1）：132-142.

Volberda H W，Foss N J，Lyles M A. 2010. PERSPECTIVE-Absorbing the concept of absorptive capacity：how to realize its potential in the organization field[J]. Organization Science，21（4）：931-951.

von Hipple E. 1994. Sticky information and locus of problem solving：implications for innovation[J]. Management Science，40（4）：429-439.

Voss G B，Sirdeshmukh D，Voss Z G. 2008. The effects of slack resources and environmental threat on product exploration and exploitation[J]. The Academy of Management Journal，51（1）：147-164.

Walsh J P，Ungson G R. 1991. Organizational memory[J]. Academy of Management Review，16（1）：57-91.

Wang C L，Ahmed P K. 2007 Dynamic capabilities：a review and research agenda[J]. The International Journal of Management Reviews，9（1）：31-51.

Wernerfeld B. 1984. A resource-based view of the firm[J]. Strategic Management Journal，5：171-180.

West G P，Noel T W. 2009. The impact of knowledge resources on new venture performance[J]. Journal of Small Business Management，47（1）：1-22.

Westphal L E，Rhee Y W，Pursell G. 1981. Korean Industrial Competence：Where It Came from[M]. Washington，DC：The World Bank.

Wiklund J，Shepherd D. 2003. Knowledge-based resources，entrepreneurial orientation，and the performance of small and medium sized business[J]. Strategic Management Journal，24（13）：1307-1314.

Winter S G. 2003. Understanding dynamic capabilities[J]. Strategic Management Journal，24（10）：991-995.

Wu Y T，Tsai C C. 2005. Information commitments：evaluative standards and information searching strategies in web-based learning environments[J]. Journal of Computer Assisted Learning，21（5）：374-385.

Yin R K. 1981a. The case study as a serious research strategy[J]. Science Communication，3：97-114.

Yin R K. 1981b. The case study crisis：some answers[J]. Administrative Science Quarterly，26：58-65.

Young A. 1998. Growth without scale effect[J]. Journal of Political Economy，106（1）：41-63.

Zahra S A，George G. 2002. Absorptive capacity：a review，reconceptualization，and extension[J]. The Academy of Management Review，27（2）：185-203.

Zahra S A，Nielsen A P. 2002. Sources of capabilities，integration and technology commercialization[J]. Strategic Management Journal，23（5）：377-398.

Zander I，Solvell Ö. 2000. Cross-border innovation in the multinational corporation a research agenda[J]. International Studies of Management and Organization，30（2）：44-67.

Zhang J，Zhang S P，Xu Q R. 2012. A conceptual framework for proprietary-leveraged innovation capabilities[C]. ISMOT' 2012：Proceedings of The Seventh International Symposium on Management of Technology- Leveraging Innovation Capability toward Innovative Firm：43-46.

Zhao H，Tong X，Wong P K，et al. 2005. Types of technology sourcing and innovative capability：

an exploratory study of Singapore manufacturing firms[J]. Journal of High Technology Management Research，16：209-224.

Zhao Z J，Anand J. 2009. A multilevel perspective on knowledge transfer：evidence from the Chinese automotive industry[J]. Strategic Management Journal，30（9）：959-983.

Zhou K Z，Li C B. 2012. How knowledge affects radical innovation：knowledge base，market knowledge acquisition，and internal knowledge sharing[J]. Strategic Management Journal，33：1090-1102.

Zhou K Z，Wu F. 2010. Technological capability，strategic flexibility，and product innovation[J]. Strategic Management Journal，31（5）：547-561.

Zollo M，Winter S G. 2002. Deliberate learning and the evolution of dynamic capabilities[J]. Organization Science，13（3）：339-351.